· 新闻与传播系列教材 ·

初级新闻采访写作

李希光　著

清华大学出版社
北京

内 容 简 介

这部教材的编写工作历时十多年,作为国家精品课程配套教材和联合国教科文组织推荐教材,体现了作者对中国新闻教学实践的艰苦探索,整体框架体现创新性,案例新颖生动,易懂易学,是一部不可多得的新闻采访写作的实用教材和指南。

版权所有,侵权必究。举报:010-62782989,beiqinquan@tup.tsinghua.edu.cn。

图书在版编目(CIP)数据

初级新闻采访写作/李希光主编. —北京:清华大学出版社,2013(2025.1重印)
ISBN 978-7-302-32626-7

Ⅰ.①初… Ⅱ.①李… Ⅲ.①新闻采访-高等学校-教材 ②新闻写作-高等学校-教材 Ⅳ.①G212

中国版本图书馆 CIP 数据核字(2013)第 122405 号

责任编辑:纪海虹
封面设计:傅瑞学
责任校对:宋玉莲
责任印制:沈 露

出版发行:清华大学出版社
网　　址:https://www.tup.com.cn,https://www.wqxuetang.com
地　　址:北京清华大学学研大厦 A 座　　　邮　　编:100084
社 总 机:010-83470000　　　邮　　购:010-62786544
投稿与读者服务:010-62776969,c-service@tup.tsinghua.edu.cn
质量反馈:010-62772015,zhiliang@tup.tsinghua.edu.cn

印 装 者:天津鑫丰华印务有限公司
经　　销:全国新华书店
开　　本:185mm×235mm　　　印　　张:15.75　　　字　　数:339 千字
版　　次:2013 年 7 月第 1 版　　　印　　次:2025 年 1 月第 11 次印刷
定　　价:42.00 元

产品编号:053864-03

序

西默·托平

哥伦比亚大学新闻学院荣誉教授
《纽约时报》前主编、普利策新闻奖管委会前主任

随着中国逐渐成长为世界一流强国,承担越来越多的国际责任,中国的大学正面临着调整评估标准和更新课程设置的挑战。而在中国的大学各类院系中,新闻学院对这些变化的反应尤为重要。因为,新闻媒体不仅可以让中国人民了解自己的国家,也能让世人知道中国社会的方方面面以及为什么是这样。

事实上,为适应全球化、实现现代化,中国的新闻学院早在十多年前就已经开始进行改革。本书的作者李希光教授在中国最高学府——清华大学创建新全球新闻教育和开创新型的新闻学院,标志着这场改革的转折点。今天,清华大学的新闻专业教育在中国930所同类院系中名列前五,被誉为中国新闻教育全面改革的领路人。李希光教授就曾担任过清华新闻学院的常务副院长。他目前是清华大学国际传播研究中心主任、西南政法大学全球新闻传播学院名誉院长。他还是教育部新闻学科教学指导委员会副主任和教育部新闻顾问。他同时在清华大学和西南政法大学讲"新闻采访写作"课。

在这本具有里程碑意义的《新闻采访写作》教材里,李希光教授与中国下一代的新闻专业学生分享了他丰富的实践经验。这一代的学生一毕业就会被要求报道和描述这个越来越复杂的世界。当他们在学习和阅读这本教材时,他们会发现这其实是一本可以教会他们新闻的有效报道技巧和编辑技巧的"秘籍"。而同时,李教授在教材中也讲明了道德准则的重要性。他要求那些有志向的记者在报道时坚持事实,避免鼓吹,避免加入个人观点。

他在教学中,把观点性的社论专栏写作与事实性的新闻写作分开。

李希光极力鼓励学生们向全世界范围内的记者学习,但同时也会要求他们"认清中国的媒体环境、认识中国的主要特点、辨清中国的突出问题"。换句话说,他希望中国学生明白这样一个道理:不仅要借鉴国外的道德标准,还要把这些标准与中国社会的历史、文化和特殊情况结合起来。

在过去的十多年里中国媒体自由地通过各种新闻调查,揭发了地方官员经济腐败和效率低下的丑闻。这些丑闻一经曝光,有时会起到很积极的作用,政府会对那些为自己曝光的不良行为"深深忏悔"的官员提起公诉。诸如此类的调查类报道技巧,李教授在这本教材中也进行了阐述。

李希光教授相信,一家写作水平高和质量高的报社对社会很重要。他在教材和他的课堂上再三强调培养新闻采写技巧和技能是非常非常重要的。李教授的教学理念、教学方案和教学方法得到了教育部的鼎力支持。他的新闻采访写作课因其被认定为中国新闻学科最好的培养模式,被中国教育部评为"国家精品课"。

李希光教授为什么要求新闻学院学生多向全世界的记者学习呢?这样做的好处是学生们可以得到技术方面的培训,尤其是在新数字技术方面得到培训并且能够拓展各种交流平台。现在,中国许多的大学正在把这些培训融入大学课程中。值得一提的是,清华大学在李希光的开拓和领导下,十多年来一直在开展新闻学科的国际项目。清华新闻学科的教员们已经设立了这样一个五年目标:为50%的本科学生和70%的研究生提供出国学习的机会。李希光教授更是为清华大学创立全球财经新闻硕士项目立下了大功,这是目前为止中国内地唯一的一个全英语教学的新闻学研究生项目。美国的彭博社为推进此项目,特地在清华大学建立了世界上最先进的全球财经新闻教学实验室,并派专门的编辑人员进行维护。李教授还与美国的新闻界同行保持密切的联系,经常邀请国际新闻界和新闻教育界的知名人士去清华大学或者西南政法大学演讲和交流。

李希光教授积极地推进教学方式的改革。他认为,师生间的互动,应该与正常的学术交流更加紧密。我在听李教授的课时会有一种如沐春风的感觉,他循循善诱,和蔼可亲。我很欣赏他的教学方式,他能把学生带入到对话中,引导他们表达自己的观点,挑战那些陈词滥调。李教授不仅是一名教师还是一名记者,一名采访者。他那脚踏实地的工作经验在书中成百上千的案例中得到了充分的体现。学生们在阅读这本书的时候,就会发现这不仅是一本教科书,更是一本人生笔记。

序二

乔迪·多伦特

联合国文明联盟媒介素养教育项目主任

  我是 2008 年在奥地利全球媒介素养学院遇见李希光的。从那以后,我们频繁交往。我们后来又在土耳其伊斯坦布尔举行的第二届联合国文明联盟大会上和重庆举行的媒体与全球议程国际研讨会上多次深入交流。

  不久前,联合国教科文组织、联合国文明联盟与清华大学等全球 8 所大学签署了协议,设立"联合国教科文组织媒体、信息素养与跨文化对话教席"。这是一个旨在提高传播教育水平的全球大学网络。李希光教授多年前创建的清华大学国际传播研究中心成为这个教席的创始成员。

  在过去的十多年里,李希光教授一直雄心勃勃地在中国最高学府——清华大学,开展他的新闻采访与写作课堂的教学实验,推动中国新闻教育的改革。这本教材是李希光教授对推进中国发展一个更专业的、更道德的新闻事业的另一个贡献。

  李希光教授新出版的《新闻采访写作》更多的是来自他个人的新闻采访写作实践与经验。这本教材是把联合国教科文组织的新闻教育模板与中国当前的媒介景观和新闻实践最好的结合。

  李希光教授撰写的这本教材还来自他 14 年来从事新闻教育的实践与经验。李希光主讲的新闻采访写作课是最早被中国教育部评选为国家精品课的新闻学课程,他的课被新闻界和新闻教育界公认为全国 900 多所大学新闻院系的模范课程。

  我特别要强调的是,这本教材是对新闻界的职业道德和记者职业化的深刻阐述。特别是今天,我们目睹了中国媒体进入了爆炸性的膨胀发展时期,媒体在中国的力量是早几年无法想象的。目前中国拥有 2000 余种报纸,9000家杂志,近5亿互联网用户,2.5亿微博用户和8亿手机用户。这是全球最大的新闻教育市场,但同时对保守的新闻学课堂也是一个大的挑战。

中国媒体和新闻界的飞跃发展也表现在中国拥有的新闻学院数量。今天,中国有大约900多所大学开设了新闻学专业。而在1989年这个数字只有50。在这种新的媒介环境中,新闻学院更重要的工作是为未来的媒体从业者提供一个知情的、清晰的新闻学教材。好的新闻学教材必须回答这样几个问题:新闻教育是什么?好的新闻学者等同于优秀的新闻教师吗?新闻教育应该培养怎样的人才?有道德的新闻报道面临的挑战是什么?

读了这本教材,你会发现李希光教授已经回答了这些问题。好的新闻教育应该是:教学永远为新技术和新知识敞开大门;通过师生间的交流传播知识;课堂教学是教师和学生最好的关系状态;学生和教师共同探讨问题;教师激励学生提出问题,引导他们理解和认识新闻报道的复杂性和观点的多样性;教师帮助学生发现,宣传、意见、事实三者是有区别的。

我相信,新一代的中国记者们从李希光教授的《新闻采访写作》中将学到很多东西。记住:李希光教授的人才培养目标就是唤醒学生的能力。正如古人苏格拉底说的,他是"知识的助产婆"。

序二

PREFACE

辛　格

联合国教科文组织驻华代表处代表

当前的问题和趋势,包括多媒体平台和新闻业新形式的出现,正在重新定义新闻实践工作。新闻工作的质量日益面临更大的考验,因为新闻工作已经从验证性转变为主张性工作。在这样的情况下,新闻教育不仅应该教学生如何写作,也应该教学生如何思考、验证、赞同和批评,并在此基础上教会学生如何将这些综合起来。为应对这一趋势,联合国教科文组织与清华大学国际传播研究中心合作,共同推动中国新闻教育的改革。

这本《新闻采访写作》由李希光教授编写。李希光教授是中国最杰出的新闻教育工作者之一,是清华大学新闻专业的开创者。此教材的编写受到《联合国教科文组织新闻学院课程模板》的启发,并将其修改以适应中国的媒体情况和新闻教育的需求。

这本教材针对中国新闻教育的特殊需求,涵盖了广泛的主题,如新闻写作和报道的原则;新闻写作技巧;报道的不同类型;成功采访的要素及职业道德和标准等。教材的设计旨在培育一种鼓励学生提问和批评,独立思考和探寻真理的文化。

我鼓励所有的新闻教育者和学生学习这本教材,并继续在中国的新闻教育和实践领域追求卓越。

目 录

如何使用这本教材？ 1
一、采访写作课的教学理念 …………… 1
   1. "故事在哪里？" …………… 2
   2. 学生是采访写作课的中心 …… 3
   3. 采访写作课对教员的要求 …… 3
   4. 采访写作课堂的建设目标 …… 4
二、采访写作课的六种实战教学法 …… 4
   1. 对话式练习 ………………… 4
   2. 作坊式教学 ………………… 4
   3. 大篷车课堂 ………………… 5
   4. 案例教学 …………………… 5
   5. 情景模拟教学 ……………… 5
   6. 新闻现场教学 ……………… 6
三、本课程的人才培养特点 …………… 6
四、本课程的学习方法 ………………… 7

第1讲 什么是新闻 9
一、什么是新闻 ………………………… 10
二、新闻不是僵硬的宣传模板 ………… 11
三、新闻报道不应使用令人麻木
   的宣传语言 ………………………… 12
四、中国新闻写作的癌症：很少
   使用直接引语 ……………………… 13
五、不提供背景，让新闻读起来索然
   无味 ………………………………… 14
六、客观报道的大忌：时刻不忘记
   者"我" ……………………………… 15
七、新闻不是谣言 ……………………… 16
八、新闻不是八卦娱乐 ………………… 17
课堂练习与课外作业 …………………… 20

第2讲 你准备好当记者了吗 21
一、好记者热爱自己的职业 …………… 23
   1. 记者既是脑力工作，
     也是体力工作 ……………………… 23
   2. 记者是干什么的 ………………… 24
二、好记者是可以后天培养的 ………… 27
   1. 记者的敏感来自观察 …………… 27
   2. 记者是个万事通 ………………… 29
三、学会使用职业工具 ………………… 30
   1. 常备工具 ………………………… 30
   2. 参考资料 ………………………… 31
   3. 个人资料库 ……………………… 32
   4. 关系网 …………………………… 32

第3讲 新闻写作基本要领 34
一、硬性新闻和软性新闻 ……………… 35
二、一事一报，一人一报 ……………… 37
三、新闻的5个W和1个H ……………… 39
四、组织新闻要素的第一步
   ——聚焦 …………………………… 41

课外作业 …………………………… 42

第4讲　新闻稿件的结构　43

　　一、硬新闻结构：倒金字塔结构 …… 44
　　二、软新闻的结构 …………………… 45
　　三、超越倒金字塔结构 ……………… 49
　　四、新闻采访与写作的程序 ………… 51
　　课外写作练习 ………………………… 55

第5讲　新闻导语的写作　56

　　一、如果你用2个小时写稿，
　　　　1个半小时就用来写导语 ……… 57
　　　　1. 好记者不会写出雷同的
　　　　　　导语 ………………………… 57
　　　　2. 有了好导语，就有了好
　　　　　　新闻 ………………………… 58
　　　　3. 导语就是让你非读不可 …… 58
　　二、什么不是好导语 ………………… 59
　　　　1. 无新闻型导语 ……………… 60
　　　　2. 会议型导语 ………………… 60
　　　　3. 无故事型导语 ……………… 61
　　　　4. 抽象概括型导语 …………… 63
　　三、写导语与谈恋爱 ………………… 64
　　　　1. 硬新闻的导语 ……………… 64
　　　　2. 讲故事新闻的导语 ………… 64
　　　　3. 导语写作的技巧 …………… 68
　　课外作业 ……………………………… 69

第6讲　新闻报道中的直接
　　　　　引语　70

　　一、新闻就是"他说" ………………… 71
　　二、直接引语的选择与捕捉 ………… 73
　　　　1. 什么是好引语，什么是
　　　　　　坏引语 ……………………… 73
　　　　2. 如何选择直接引语 ………… 74

　　　　3. 从哪里获得直接引语 ……… 77
　　三、用好直接引语 …………………… 77
　　　　1. 直接引语的数量 …………… 77
　　　　2. 什么时候使用直接引语 …… 78
　　　　3. 使用直接引语应该注意些
　　　　　　什么 ………………………… 80
　　　　4. 在文中不同位置使用直接
　　　　　　引语 ………………………… 81
　　　　5. 消息来源的写作 …………… 84
　　　　6. 正确引用 …………………… 88
　　课堂练习 ……………………………… 89

第7讲　新闻的语言　90

　　一、新闻的词语 ……………………… 91
　　　　1. 准确和清晰 ………………… 91
　　　　2. 语言简洁 …………………… 92
　　　　3. 使用具体、明确的词语 …… 93
　　　　4. 多使用动词 ………………… 94
　　　　5. 少使用空洞的形容词及其
　　　　　　衍生的副词 ………………… 96
　　　　6. 删掉多余的词 ……………… 98
　　　　7. 使用正确的称呼 …………… 100
　　二、新闻的句子与段落 ……………… 101
　　　　1. 新闻的句子 ………………… 101
　　　　2. 段落 ………………………… 102
　　课堂练习与课外作业 ………………… 103

第8讲　新闻观察与新闻点的
　　　　　发现　104

　　一、新闻的来源 ……………………… 105
　　二、新闻敏感 ………………………… 108
　　三、寻找新闻点的思维套路 ………… 110
　　四、记者为什么要观察 ……………… 112
　　五、观察的方法 ……………………… 113
　　课堂练习与课外作业 ………………… 115

第9讲　新闻的信源与采访　116

一、新闻源 …………………… 117
　1. 培养信源 ………………… 117
　2. 什么人是信源 …………… 118
　3. 引用信源的注意事项 …… 119
二、为什么要采访 …………… 120
　1. 记者为什么要采访 ……… 120
　2. 人们为什么会接受采访 … 121
　3. 人们为什么会拒绝采访 … 122
三、信源与采访 ……………… 123
　1. 选择采访对象 …………… 123
　2. 避免采访中的陷阱 ……… 124
　3. 遵守采访的道德原则 …… 125
课外作业 ……………………… 127

第10讲　采访方法与技巧　128

一、决定采访成败的因素 …… 129
　1. 信息 ……………………… 129
　2. 反馈 ……………………… 129
　3. 渠道 ……………………… 129
　4. 噪音 ……………………… 130
　5. 环境 ……………………… 130
　6. 记者的态度 ……………… 130
二、好采访者画像 …………… 131
　1. 具有强烈的好奇心 ……… 131
　2. 具有移情能力 …………… 131
　3. 礼貌、友好、有人情味儿 … 132
　4. 谦逊诚恳，但不低声下气 … 132
　5. 控制采访局面 …………… 132
　6. 采访前的准备工作 ……… 133
　7. 确定采访目的 …………… 133
　8. 采访前的文献研究 ……… 134
三、采访工作的第一步 ……… 134
　1. 如何说服别人接受你的
　　 采访 …………………… 134
　2. 采访的时间与地点安排 … 135
四、采访正式开始：确定你要获取
　　的新闻信息模块 ………… 136
五、采访中 …………………… 137
六、如何记录与整理采访笔记 … 139
　1. 直接记 …………………… 140
　2. 按问题记 ………………… 140
　3. 按信息块记 ……………… 141
　4. 分栏目记 ………………… 142
课堂练习与课外作业 ………… 143

第11讲　采访的提问与倾听　145

一、提问的准备 ……………… 146
二、提问的功能与问题的组成 … 149
　1. 提问的功能 ……………… 149
　2. 问题的组成部分一：假设 …… 150
　3. 问题的组成部分二：问题 …… 151
　4. 问题的组成部分三：回应与
　　 回答 …………………… 152
三、问题的类型 ……………… 153
　1. 按照信息分类的问题类型 … 153
　2. 回忆型问题与思考型问题 … 154
　3. 封闭型问题与开放型问题 … 154
　4. "感觉"问题 ……………… 156
　5. "为什么"问题 …………… 156
四、提问的技巧 ……………… 157
　1. 用回忆型、封闭型问题限制
　　 回答范围 ……………… 157
　2. 提选择题型问题 ………… 157
　3. 借助第三方提问 ………… 158
　4. 设立虚拟情境 …………… 158

5. 激将法提问 …… 158
6. 变换方式问同一个问题 …… 159
7. 抓关键字提问 …… 160
8. 问数字问题 …… 160
五、为什么要积极倾听 …… 160
六、倾听的方法 …… 161
  1. 准备倾听 …… 162
  2. 关注变化 …… 162
  3. 通过提问、陈述强化倾听 …… 163
课堂情景模拟练习 …… 163

第12讲 采访的类型   164

一、采访的类型 …… 165
二、中性采访 …… 166
三、正面采访 …… 170
四、负面采访 …… 171
五、隐性采访 …… 175
课堂练习与课外作业 …… 176

第13讲 新闻的描写与视觉化   178

一、文字视觉化 …… 180
二、描写与细节 …… 182
  1. 观察是第一步 …… 182
  2. 新闻需要什么样的描写 …… 184
  3. 细节是记者的指纹 …… 187
三、用对话制造视觉画面 …… 190
四、运用比喻创造视觉效果 …… 191
课堂练习与课外作业 …… 193

第14讲 新闻故事化的技巧   194

一、为什么记者要会讲故事 …… 195
二、新闻故事化的要素 …… 196
  1. 高情感场景 …… 196
  2. 感性化细节 …… 197
  3. 聚焦人物 …… 197

三、新闻故事化的技巧 …… 199
  1. 人物的细节描写 …… 199
  2. 使用轶事 …… 200
  3. 幽默轻松的叙事方式 …… 201
  4. 清新鲜活，令读者耳目一新的叙事风格 …… 203
  5. 细心观察 …… 204
  6. 直接讲故事 …… 205
  7. 用第三人称叙事，也可用第一人称讲故事 …… 206
课堂练习及课外作业 …… 208

第15讲 让你的报道流畅起来   209

一、报道的展开 …… 210
  1. 让读者产生疑问 …… 210
  2. 用新闻六要素展开新闻 …… 210
  3. 根据新闻现场发展，扩充新的问题 …… 211
  4. 写出中心提要、组织问题顺序、写下导语 …… 212
  5. 其他技巧 …… 213
  6. 新闻背景的使用 …… 215
二、报道的过渡 …… 217
三、报道的结尾 …… 218
  1. 首尾呼应式结尾 …… 218
  2. 高潮式结尾 …… 219
  3. 悬空式结尾 …… 219
  4. 未来行动式结尾 …… 219
  5. 事实性结尾 …… 220
  6. 直接引语结尾 …… 220
四、最后的修改 …… 221
  1. 通览全篇 …… 221
  2. 精简稿件 …… 221
  3. 核实事实 …… 222

课堂练习与课外作业 …………… 222

第16讲　微博的写作　223

一、策划你自己的微博 …………… 225
二、微博的写作技巧 ……………… 226
　　1. 一个意外的事实 …………… 226
　　2. 一个具有戏剧性的事件 …… 227
　　3. 一段极具争议的言论 ……… 227
　　4. 一个具有冲击力的观点 …… 227
　　5. 一个有趣人物，或一个有
　　　　个性的人物 ……………… 227
　　6. 一个让人哭笑不得的故事或
　　　　轶事 ……………………… 227
　　7. 一个连续不断的旅行笔记。
　　　　下面是《李希光乌梁海微博
　　　　旅行笔记》摘录 ………… 228
三、微博写作的道德操守 ………… 230
四、微博的生存法则 ……………… 232
　　课堂练习与课外作业 …………… 233

如何使用这本教材？

由我主讲的国家精品课教材《新闻采访写作教程》，自三年前正式出版后，没想到一到读者手里，就在亚马逊、当当和豆瓣的网上书店看到这样的评价："有用，书没白买。""新闻教材中国制造的很少有好的，这一本除外。""实用、易用，一定要用的好的新闻采访写作必备参考书。""实践性强，适合入门者。""一扫沉闷的传统新闻教学模式，在体制内框架下做探索和创新，在实际的操作上亦有很强的启发和指导意义，让从事和对新闻工作感兴趣的人值得一读。""蛮具体的，西式的写作风格加中式的国情。""李希光有着丰富的实践经验，他的书操作性很强，一些观点很新颖。特别是对国内新闻写作存在的问题讲得一针见血。""专业性相当强，好！非常好的一本新闻学教材！"

但有几条读者在网上的留言对我触动很大："案例很生动，采写入门好教材，但800页太夸张了。今日在图书馆看此书，还不小心把一杯水碰倒，旁边女生的一本剑桥商务英语湿透了好几页。"

《新闻采访写作教程》是根据我在清华教书十多年的教案、备课笔记和学生作业的积累，在我的同事孙静惟和王晶的仔细梳理和编辑下完成的。正如一位读者说的，"太厚了，拿到手的第一刻，我震惊了，太太太厚了，我期待考试之前我可以读完……"那本书的确太厚，放在记者编辑的案头，作为随时要用的工具书很方便。但是，放在学生的书包里，就显得重了。根据全国很多高校老师和学生的建议，我决定把《新闻采访写作教程》分编为《初级新闻采访写作》和《高级新闻采访写作》两册。《初级新闻采访写作》供从来没学过新闻的本科生和研究生作为新闻采写入门的必修课或选修课的教材。上完《初级新闻采访写作》课的本科生或研究生可接着学习《高级新闻采访写作》教材。

一、采访写作课的教学理念

自1999年创建清华大学国际传播研究中心以来，我在清华讲新闻采访写作课已经连续14年了。我对上好这门课的认识是，新闻学是一门实践教育和职业教育，新闻学需要的是实战和实践，而不是象牙塔里的学术。

什么是学术？古希腊哲学家说，是实践的智慧。新闻学的学术与实践的结合点在哪里？实践课与科学研究的结合点在哪里？在课堂上？在课外？课堂上的学术探讨与课堂外的实践教学不是对立的。科学研究的特点是实证的、可感知的、可测量的、可观测的、客观的、系统的、可积累的、可预测的（根据现实可以预测未来）。有用的理论在于成功地预测一个现象、一个事件。实践教学中的学术元素是什么？新闻学与实践的结合点：科学研究和新闻报道都是研究和发现事实。

在新闻采写课堂上，学生跟老师学习的是一门手艺，是师傅手把手教徒弟生产新闻产品的车间，没有比新闻采访写作课更需要师傅了。师傅给徒弟带来写作的欲望、灵感和自由的空间。师傅通过带徒弟到新闻现场，或课堂模拟情景教学，把课堂变成新闻编辑部，在课堂上，教师扮演编辑的角色，学生扮演记者的角色。教师和学生都像专业新闻工作者那样工作。在课堂上，教师通过指导学生做各种练习，学生学到了新闻采访写作和报道的原理、技能与方法：报道焦点、报道视点、报道框架、导语写作、直接引语、现场描写、背景解释、稿件长度、截稿时间。

但是，新闻界的元老们常批评说，学习了今天大学里传授的新闻传播理论教条和教学方法，作为记者最基本的素质——好奇心，全没了。新闻学院学生毕业那天再也提不出"故事在哪里？"或"新闻在哪里？"这样貌似简单的问题了。

1. "故事在哪里？"

这是作为人类最古老的职业之一的记者，几千年一直在问的核心问题。人类虽然经过了石器、青铜、铁器时代，经过了口头传播、甲骨文、铭文、帛书、竹简、纸张、刻板印刷、活字印刷时代，经历了报纸、广播、电视、电脑的诞生和发展，进入了媒体一体化的网络时代，但是，"故事在哪里？"这个古老的问题还将永远地问下去。

这个听似极其简单的问题，却是"新闻采访写作"课上不断要从新的视点和角度去解决的老问题：发生了什么事件？谁对这件事负责？他为什么做这件事？是什么促使他们做这件事？记者采访的提问是否被自己的偏见和成见所引导？记者最后还有什么问题需要问的？

在新闻媒体产业剧烈变革的网络年代，重新提出"故事在哪里？"这个问题，对新闻教育工作者的教学和学术研究是有帮助的。无论是在新媒体或是在旧媒体时代，这个问题应该是新闻传播学植入学生大脑的基本问题，是用于指导和建构新闻作品、拍摄新闻照片和制作电视片最贴近人本性的深层次问题。

无论新闻事件的大小，无论新闻事件是严肃沉重的内容或是轻松活泼的话题，记者通过回答"故事在哪里？"这个问题的调查思考和采访写作的过程，本身是一种高超的智力活动过程。

新闻是历史的第一章，而不是第一稿。在日新月异的网络时代，回答好"故事在哪里？"这个问题，也是精确真实地记录新的历史过程。回答好这个问题，不仅仅是依靠编辑部里的老总和资深记者们花几天的时间，开一场头脑风暴会；也不是依靠象牙塔里的学究们生搬硬套传播学理论的条条块块。回答和解决好这个问题，需要认真上好新闻采访写作这门课，通过这门课的扎实学习，培养下一代记者对社会发展的敏锐观察力，并能掌握和运用好采访写作的专业知识与技能，充分调动自己的大脑去不停地探寻、组织、思考、发现，再探寻、纠正、再思考、再组织。通过这门课，确保记者们能够在极其紧张的截稿时间内，完成一项深度的新闻采访报道任务——决定真正的故事（新闻）在哪里，并通过精确鲜活的文字、画面和声音讲述出来。

2. 学生是采访写作课的中心

长期以来，中国的新闻院系的学生普遍反映，新闻采访写作课堂面临的共同问题是，教条式的照本宣科，老师讲，学生记；灌输式教学，没有提问，没有回答问题；很少布置写作作业，即没有课外作业和课堂练习；如果布置作业，老师按照传统的新闻宣传模式，"斧正"或"枪毙"学生的稿件，把新闻写作变成了单调、压抑、缺乏乐趣的写作模式。

但是，在清华大学国际传播研究中心的课堂上，给初学采访写作的人上课不是一件简单的事情。写作是生命中无价的技能，是生存的需要和竞争的需要。首先要告诉学生，记者是干什么的，记者不等于一般意义上的作者和学者，记者是观察记录细节和声色。在课堂上，每个人都有故事，走出教室，到处都是新闻，都是故事。新闻写作，课堂无限。学生走出教室，把课堂延伸到了社会的各个角落。在寝室里、食堂里、校园里，他们沉浸在寻找新闻和故事的乐趣与兴奋中，甚至呼吸和做梦都是新闻写作课堂上的内容。在新闻采访写作的课堂上，训练的不仅仅是学生的大脑，还要训练学生寻找故事的嗅觉、观察细节的眼睛、聆听语言和各种声音的耳朵。通过这种训练，学生学习的写作不是玩文字游戏，不追求语言的雕琢、做作，不鼓励学生使用浓艳富丽、华而不实的辞藻语汇，努力纠正学生在作业中使用冗长拗口、曲里拐弯的啰唆句子。

采访写作课要求学生具备一种开放的态度，时刻准备被改变；有学习的欲望和投入；学习目标清晰；充满了疑问、好奇、开放的大脑，特别是对新思想的开放；具备倾听老师和其他同学发言的技巧；学以致用，勇于实践，不怕犯错误，不怕同学笑话。在课堂上，学生要乐于引起老师的注意，包括老师对其批评性的关注。学生要总是期待教师能讨论他的选题、指导他在采访报道中的观察角度、关注焦点、稿件的结构。

3. 采访写作课对教员的要求

课上有无数种学习方法，老师与学生共同探讨问题，老师不断启发学生提问，对问题的回答是开放的，没有唯一的答案。老师提问是为了引导学生自己解决问题，最终达到肯定学生和欣赏学生的目的。大学课堂培育的是一种质疑、开放的学习精神，培育的是一种智慧、一种聪明劲。在新闻学课上老师可以被质疑和挑战。例如，在讲解"新闻学要素"时，要求学生给"新闻"下个定义。教师对这道题的唯一要求：不用老师和教科书上的定义，要用自己的理解和语言给新闻下定义。然后，请学生结合自己给新闻的定义当堂编写一条新闻。从这条新闻的效果，老师与同学们一块讨论新闻价值判断和写作规律。

老师应该具备开放的头脑，在教学中学习和掌握新方法及理论的投入与热情；具有勇于教学改革的热情；具有诚实、坚强、可以信赖的人格；在教学中有高度的责任心；能够赢得学生的尊重和喜欢;有良好的口头表达能力和倾听别人讲话的能力。

新闻采访写作课对老师的要求:能给学生提出好问题、通过向学生提问,激发学生谈出自己的想法,倾听学生谈话。老师是在提问、倾听、交谈中向学生传达新闻写作原理、新闻判断价值。在听取学生采访和写作汇报整个过程中,老师像挤牛奶那样,不停地向学生提问,寻找有力的用词、挤出好细节、发掘好引语,加以鼓励。让学生在这种对话式的教学中,明白什么是老师认为最重要的新闻要素和写作要素。这样,老师的问题、点评、价值观就会在学生采写下一篇报道时,变成一种声音在他们的头脑里回响。

总之,在采访写作课堂上,老师培育的是一种独立精神,而非依赖,是一种在采访报道和写作上的自信,同时也是对老师的信任。

4. 采访写作课堂的建设目标

激发学习的热情;建立学习新闻学的自信;培养学生的新闻敏感;带给学生新闻采访写作的欲望、灵感和自由的空间;培养学生成为新闻的写作高手;同时把课堂变成新闻教育改革和新闻改革的实验室。这门课结束后,学生可以自信地回答下面这些看似简单的问题:我怎样才能成为一个好记者?我怎样才能提高新闻写作水平?我怎样才能在报道中保持公正、平衡?我怎样寻找和确定新闻选题?学生们能否学好这门"手艺"?学生们能否学好这门课?开课之初就应建立学生的自信:如果你学不好,谁能学好?如果你在这个课堂上学不好,何处能学好?如果你现在学不好,何时能学好?教师应该像传教士那样,想尽办法激发学生狂热地热衷于写作和文字工作。

二、采访写作课的六种实战教学法

采访写作课的战场即在教室里,也在教室外。学生在教师的指导下,无论是在教室里,还是在教室外,每时每刻都在实践教学中学习和练习。新闻的实践教学和练习模式有:1.对话式练习;2.作坊式教学;3.大篷车课堂;4.案例教学;5.情景模拟教学;6.新闻现场教学。

1. 对话式练习

为什么要和学生对话?通过对话可以引导学生把在采访中所见所闻的最动人的场面和精华部分挤出来,而这样的一些内容如果没有老师通过对话引导,学生往往会忽略。每堂课在教学上分为这样几个步骤:让学生明白写新闻就是写故事,更具体地说,是写人的故事,寻找新闻中人的声音,人的画面。即使是艰难抽象的科学研究,如理论物理的成果报道,也要设法从人性的角度(如生动的引语、趣闻、具体的细节、人物性格和场面的描写)加以报道。

2. 作坊式教学

在讲授式课堂上,教师传授的内容是指令性的,师生好像是对立的,最终结果是老师考学生,一切都是为了最后的考试成绩。但是,在新新闻学课堂上,师生是共同完成一篇作品和新闻报道的伙伴与同事,这个课堂好像一个制作新闻精品的工作室或作坊。新闻写作课培养的是一种快速、清晰、有力的写作,学生跟老师学习的是一门艺术。因此,要把课堂变成是新闻作品的生产车间。在作坊里,师生的关系是编辑与记者、师傅与徒弟。这是医学院解剖室里的师生关系、车间里的工作关系、编辑部里的合作关系。作坊里的课业是这样完成的:在作坊里,学生跟老师共同分析、解剖作品、作业。一条一分钟的电视新闻报道,可以分解成十几段,跟学生讨论一个小时。例如,通过解剖 ABC 广播的"中美撞机事件"报道,讲解新闻的报道框架、角度、语境。在作坊里,通过做这样的练习,培养学生的新闻价值,帮助学生理解新闻价值、新闻框架、新闻视角等基本原理:把《红楼梦》的故事改写成某晚报的当日新闻,不超过 300 字;把《人民日报》几千字的长篇报道、领导讲话、会议新闻改写成一句话新闻等。

3. 大篷车课堂

学习是一种真实情景的体验。如果学生在学校教学中对知识记得很熟,但不能用它来解决现实生活中的某些具体问题,这种学习是一种无效学习。记者是观察记录细节和声色。走出教室,到处都是新闻,都是故事。新闻写作,课堂无限。学生走出教室,把课堂延伸到了社会的各个角落。在新闻采访写作课上,训练的不仅仅是学生的大脑,还要训练学生寻找故事的嗅觉、观察细节的眼睛、聆听语言和各种声音的耳朵。由于交谈式教学场所、时间、方式不限,学生随时随地遇到问题就会找老师商量探讨,我引入了"学在路上"这个教学理念,即所谓"大篷车式新闻学课堂"。通过这种训练,学生学习的写作不是玩文字游戏,不追求语言的雕琢、做作,而是人生的故事。他们在真实的世界,采访真实的故事,接触真实的人物,学习真实的本领。

4. 案例教学

案例教学又称为抛锚式教学。所谓的"锚"就是指一个与实际情境相关的问题,这个问题一旦确定,这堂课的教学内容和教学进程也就被确定了,就像轮船的"锚"一样。例如,针对新闻报道中的平衡性原理,老师选择"伊拉克战争"为锚,分析解剖中外媒体的报道。案例教学法的特点是,学生不是死记硬背新闻采访和写作教科书上的条条框框,而是通过个案解剖和练习掌握新闻采访写作的精神和基本原理。正如孔子说的:"不愤不启,不悱不发,举一隅不以三隅反,则不复也。""若教则不愤而启,不悱而发,喋喋然徒劳而无益也。"例如,为了激发本科学生初学新闻采访写作的兴趣,师生共同就自己的童年相互采访、写作、点评。

5. 情景模拟教学

模拟训练,活跃了课堂气氛,增加了学生的参与性,调动了学生的积极性,增加了他们采访实战的感觉和经验。通常采用的模拟教学方式是:新闻发布会模拟、采访片段模拟、疑难问题模拟、危机事件模拟、突发事件模拟、各类采访与被采访角色模拟。具体做法可以分别由教师模拟、学生模拟、师生共同模拟。模拟训练,活跃了课堂气氛,增加了学生的参与性,调动了学生的积极性,增加了他们采访实战的感觉和经验。

6. 新闻现场教学

在真实的现场上课,比任何正式课堂或模拟课堂都有效。在这方面,每学期安排学生模仿真实的记者到当地政府、非政府组织或企业召开的发布会。

简而言之,在新闻课上,主角不是老师,而是学生。不是老师问自己:"我今天要做什么?"而是问:"我的学生今天该做什么?"通过作坊式教学、大篷车式课堂,建立一个学生敢于与老师交谈的课堂环境。在蒙古包里、藏人的木屋里、楼兰的大帐篷里、胡同的茶馆里、老师墙上挂着蒙古刀、马鞭、老枪、师生在草原、沙漠和雪山合影。这样的背景和环境会给予学生在情绪上、智力上及心理上跟老师对话的愿望。大学培养的是一代社会精英。作为新一代精英,他们是战略家,不是心胸狭窄的人;他们是鼓舞他人的力量;他们带给人明天的希望,而不是昨天的问题;他们能在混乱、矛盾、不确定中,带来突破性、创新性、有远见的行动,显示出超群的才华。在温暖的采访写作课上,同学们相互越来越熟悉,大家在相互欣赏和鼓励中,得到了充分的沟通,从而在课堂上更开放、更自由地发挥学生们的创造性和自信。

三、本课程的人才培养特点

记者从业的知识、能力和素质包括:

- 新闻与新闻采访写作理论知识:什么是新闻、什么是新闻价值、如何采访、如何写作等。
- 观察能力:发现、挖掘新闻的能力。
- 思辨能力:独立思考、批判性思维的能力。
- 学习能力:从他人和自己的写作、报道或经历中吸取经验教训的能力;学习新知识的能力。
- 实际操作、执行能力:在压力下工作的能力。
- 道德觉悟:面对职业道德困惑时做出选择的能力。

理论知识固然重要,但从某种意义上说,观察能力、思辨能力、学习能力、实际操作执行能力和道德觉悟也许比理论知识更为重要。显然,一本教材想要帮助学生掌握以上所有的知识、能力和素质是不可能的。但在教材撰写过程中,我们尽可能地通过各种案例,练习帮助学生认识到这些能力的重要性,并培养和训练这些能力。

总的来说,在撰写教材过程中,我们尽可能突出以下特点:

1. 循序渐进地组织知识结构。
2. 使用大量真实案例、模拟情景,为学生课上、课下提供各种实践和思考的机会,并增强练习的可操作性。
3. 增加一些传统教材中没有的内容,如统计知识、逻辑思考等。
4. 安排足够的阅读量。
5. 新闻的写作和采访练习贯穿始终。
6. 对道德伦理的探讨贯穿始终。
7. 鼓励"集体学习"的方式,即与他人互动学习、思考和实践。这主要体现在设计的练习中。一种练习要求每个学生为自己安排一个学习伙伴,在课下与学习伙伴互做老师和学生;另一种练习是小组练习,既有课堂练习,也有课外练习,练习题的难度通常也更高一些。集体学习一方面有助于学生培养团队合作能力;另一方面也能够促进同学之间相互学习和进步。

同时,我们还尽可能保持:

- 正文中知识部分与案例的平衡;
- 理论和实践的平衡;
- 新案例与老案例的平衡;
- 国内案例与国外案例的平衡;
- 个人练习与集体练习的平衡。

四、本课程的学习方法

《初级新闻采访写作》是一门实践课,学习成果最终由撰写或制作新闻作品的水平决定。这要求学生:

不断思考+不断实践

"不断"的含义是要保持开放的头脑,不被已有的知识或观点束缚思维。

本教材中提供了大量的新闻采访和写作的方法、技巧建议。学习这部分内容时,建议学生:

- 尝试在实践中使用这些方法、技巧。
- 每一种方法或技巧都有各自适用的时间、地点或情景,使用后请总结经验。特别是采访中,应找到适合自己的,同时也能有效采访的方法和技巧。

教材中还有大量的新闻报道实例。学习这部分内容时，建议学生问自己：
- 报道的优点是什么？或报道的不足是什么？为什么？
- 报道中运用了什么技巧？这些技巧达到了什么效果？我怎么用在自己的报道中？
- 是否有什么问题是我需要在新闻报道中避免的？

教材还要求学生能够分析、评估新闻事件。练习这部分内容时，建议学生问自己：
- 新闻事件的基本事实是什么？时间、地点、涉及人物、发生了什么？发生过程？
- 新闻事件的背景是什么？相关性有多大？
- 对于新闻事件的解释或发生的原因是什么？为什么会这样解释？是否有足够的事实支持这种解释？是否有多种不同的解释（学会容纳不同的解释）？
- 新闻事件的新闻价值是什么？不同记者的报道分别突出了什么新闻价值？你认为记者是否抓住了新闻价值？你认为记者抓住的新闻价值是否有意义？为什么？
- 尝试根据新闻事件的各种事实写自己的新闻报道。

其他的学习方法包括：
- 每天选一篇高质量的经典新闻或专栏作品认真研读；
- 既能静下来读书写作，也能走出去采访和实践，从现在起就把自己当作一名真正的记者；
- 在媒体界为自己找学习和效仿的新闻师傅，勇敢地把自己的作业投给他，请他帮助修改和发表；
- 永远在身边携带一个采访笔记本，记录有价值的直接引语、细节、场景、人物和新闻线索。

第 1 讲

什么是新闻

本讲重点学习的知识

- 什么是新闻
- 新闻与宣传的区别
- 新闻与谣言的区别
- 新闻不是"我说",是"他说"

20世纪80年代,新华社年轻的记者李希光接到主编指示,要采访和报道在北京召开的一次国际理论物理学学术研讨会。主编把李希光叫到办公室里说:"最近学术会议太多,你的报道最好能有些新意。而且,不要太长,500字封顶,下班之前给我。"如果你是李希光?该怎么做?

先别急,现在需要你的脑子立刻转换到"记者频道"来思考。作为一名记者,你在采访和写作前必须考虑什么呢?首先,你要弄清楚谁会看你的报道?他们对这件事是否感兴趣?接下来,你要问自己,怎样的讲述形式将最能吸引他们?选取和舍弃哪些事实以填补有限的版面或时段?最后,你得尽可能抢在其他媒体前面把这篇稿子刊播出去。根据上述记者的工作思路完成的作品便成为我们在媒体上看到的新闻,就此我们对新闻做出定义:

新闻是以最快速度对读者最感兴趣的事实进行的有选择的报道。

记者要想得心应手地完成这样一个新闻生产流程,需要多年的采访写作专业训练。然而,要想业务娴熟,成为一名合格的记者,仅仅靠实践还不够。优秀的记者通常对什么是新闻、为什么要这样报道新闻有着深刻的理解。本讲中我们将讨论两个大问题:一、什么是新闻?二、什么不是新闻?最后,我们再来看看李希光是怎么做的。

一、什么是新闻

中国传统的新闻定义:新闻是对新近发生的事实的报道。让我们看看今天或昨天的媒体,是不是各种事实都能获得报道?是不是所有新近发生的事情都会被刊播?显然,这是一个宽泛的定义,没有揭示新闻的内涵。

西方对新闻的定义直截了当:狗咬人不是新闻,人咬狗才是新闻。它揭示了新闻追求轰动效应,忽视身边的现实。这条定义反映了新闻的商业化和娱乐化特征,但是没有体现新闻与生俱来的政治、文化、社会和科学属性,只有把握住这些属性,才能够真正理解新闻。

究竟什么是新闻?本讲开头从记者采访写作的角度对新闻定义:新闻是以最快速度对读者最感兴趣的事实进行的有选择的报道。新闻的这种"选择"表现了媒体的立场、编辑的好恶,也包括记者自己的偏见。媒体所处地区的政治文化氛围、受众对新闻接纳和理解的水平、幕后商业运作程度、编辑部的意识形态、记者的知识结构等都会影响新闻的"选择"。

拿破仑称新闻是"第五大力量",他给记者下的定义是:"记者是发牢骚的人、爱责难人的人、给你忠告的人、是摄政王、是国家的智囊。四个敌对的报纸胜过一千把刺刀。"

传统新闻学认为:新闻媒体不能既做演员,又当批评家。新闻媒体不能由自己来组织公共讨论,只能报道别人组织的讨论。媒体不能制造新闻。

对于一个初学新闻学的大学生或研究生来说,新闻可能是学校食堂伙食太贵、学生宿舍熄灯太早、大学生的爱情生活、不给学生免费上国际互联网、暑期的攀登雪山计划,等等。而对于另外一些人来说,新闻可能是取消户籍制度、各航空公司实现自由浮动票价、中国实现高中义务教育,等等。

对新闻客观且简洁的定义是：新闻是经过媒体报道的对不同人有不同兴趣的最新的信息。

新闻的终极目标是凭借大众媒介的"扩音"功能影响受众的思维和行为，新闻媒体以大多数人感兴趣的方式和语言传递信息。因此，新闻采访写作的两个基本目标：一是让读者看；二是让读者关心。新闻应该包含"读者需要知道"和"读者想要知道"两个方面的内容。

二、新闻不是僵硬的宣传模板

在中国媒体上最让公众不满的是，越是重要的新闻、越是重要的人物、越是重要的讲话、越是重要的外事会见、越是重要的颁奖大会，中国的媒体越是程式化、模板化和脸谱化。例如颁奖或表彰大会的报道模板：

某某部门，于某日，在某某地方，举行了某某大会，中央某某、某某、某某、某某、某某……领导人参加，某某领导主持，某某、某某、某某领导向获奖代表颁奖、握手，某某领导讲话。

会场气氛隆重，某某领导宣布会议开始，在热烈的掌声中某某领导发表讲话……（领导讲话很长，但是很少使用直接引语）

如"两会"或党代会的报道模板：

某日，某会议在某地开幕，某领导讲话（通常记者把口号式的豪言壮语写进导语），某人主持会议，会场庄严，气氛热烈。

出席会议的人数、出席会议的主要领导人，出席会议的还有，出席会议的有关部门人士还有等等。

【案例1-1】①

十一届全国人大三次会议开幕

新华社北京2010年3月5日电 第十一届全国人民代表大会第三次会议5日上午在人民大会堂开幕。国务院总理温家宝向大会作政府工作报告时指出，在异常困难的情况下，全国各族人民在中国共产党的坚强领导下，从容应对国际金融危机冲击，在世界率先实现经济回升向好，改革开放和社会主义现代化建设取得新的重大成就。实践再次证明，任何艰难险阻都挡不住中华民族伟大复兴的历史进程。

今天的人民大会堂显得格外雄伟庄严，万人大礼堂里气氛隆重热烈。主席台帷幕中央，国徽高悬，10面鲜艳的红旗分列两侧。近3000名全国人大代表肩负神圣使命出席盛会。

---

① 《十一届全国人大三次会议开幕》，载《兰州晨报》，2010-03-06。新华社北京3月5日电，http://lzcb.gansudaily.com.cn/system/2010/03/06/011472436.shtml。

（续）

会议由大会主席团常务主席、执行主席吴邦国主持。大会主席团常务主席、执行主席王兆国、路甬祥、乌云其木格、韩启德、华建敏、陈至立、周铁农、李建国、司马义·铁力瓦尔地、蒋树声、陈昌智、严隽琪、桑国卫在主席台执行主席席就座。

胡锦涛、温家宝、贾庆林、李长春、习近平、李克强、贺国强、周永康等和大会主席团成员在主席台就座。

上午9时，吴邦国宣布：中华人民共和国第十一届全国人民代表大会第三次会议开幕。随后，全体起立，高唱国歌。

温家宝代表国务院向大会作政府工作报告。报告分两个部分：一、2009年工作回顾；二、2010年主要任务……

温家宝报告过程中，会场多次响起热烈掌声。

今天在主席台就座的还有：王刚、王乐泉、王岐山、回良玉、刘淇、刘云山、刘延东、李源潮、汪洋、张高丽、张德江、俞正声、徐才厚、郭伯雄、薄熙来、何勇、令计划、王沪宁、梁光烈、马凯、孟建柱、戴秉国、王胜俊、曹建明、廖晖、杜青林、帕巴拉·格列朗杰、白立忱、陈奎元、阿不来提·阿不都热西提、李兆焯、黄孟复、董建华、张梅颖、张榕明、钱运录、孙家正、李金华、邓朴方、万钢、林文漪、厉无畏、罗富和、陈宗兴、王志珍，以及中央军委委员陈炳德、李继耐、廖锡龙、常万全、靖志远、吴胜利、许其亮。

又如外事会见的报道模板：

某某领导人，于某某日，在某某地方，会见了某某国家某某领导人。
双方进行了亲切友好（或富有成效）的谈话……

三、新闻报道不应使用令人麻木的宣传语言

新闻教育家刘其中特别提出反对新闻报道浮华的文风。他指出，当前媒体流行的不良文风包括：

- 与新闻主题无关的铺垫太多，致使文字拉得太长；
- 遣词造句太花哨、太别扭，花哨、别扭得让人不得要领；
- 故弄玄虚，把本来十分简单的事情复杂化；记者不会用朴实无华的语言，把实质性的内容直截了当、明白无误地报道出来，而是追求华丽的辞藻。

如下面这篇报道的开头：

【案例1-2】①

伴随着"依法治国"方略的推进,人们法制观念的提高,法院越来越成为排解社会矛盾的场所,而法官因其工作与人们的利益密切相关,也同时成为社会关注的焦点。他们在为中国法制的建设而辛勤工作着,上海市高级人民法院民一庭庭长盛勇强就是他们之中的杰出代表。在20年的司法工作实践中,盛勇强刻苦钻研审判业务,努力探索市场经济条件下民事案件的审判规律,成为上海法院民事审判领域的带头人(……)

对这类文风刘其中批评说:"一连串口号式的直接引语,一大片黑压压的、浓重的文字,一大堆令人发憷的政治术语!试想,这样的一些套话组合怎么能激发一般读者的阅读兴趣?怎么能起到抓住读者,吸引他们继续往下阅读的作用?"

一位西方学者把中国新闻媒体的时政报道形象地形容为"数字政治"。这种比喻,虽有讽刺挖苦的意思,但是却很到位。比如,中国媒体上每个时期出现的大量的政治缩合语,如"一斗二批三改""一二一计划""三要三不要""四个不忘""双承诺、三管好"……

此外,中国媒体上还有大量的行业性缩合语,如"同比增长""低保阶层""四免一关怀"……很多地方政府也创造出自己的缩合语,如新华社播发的一篇文章题目是《安阳开展"一正一创一满意"》。

这些政治缩合语的出现,不仅令新闻编辑记者头痛,而且,更令读者头痛。

四、中国新闻写作的癌症:很少使用直接引语

刘其中在《诤语良言》中讲了这样一个故事:1995年他在天津世界乒乓球比赛中采访了国际奥委会主席萨马兰奇,并按照规定送稿给在场的天津市政府有关部门审稿:

萨马兰奇说,要组织好大型国际体育比赛,必须有两个条件,一是准备工作必须井井有条;二是东道主必须有较高的运动水平。

他说:"这次世乒赛的成功举办表明,中国已经完全具备了这两个条件。这次大赛的组织工作非常成功。"

他还说:"这次世乒赛的成功举办还表明,中国完全有能力举办更大规模的国际体育赛事。"

审稿人对这篇稿件的文字没有作任何改动,但是把直接引语的引号统统删除了。

英国作家路易斯·卡罗尔在《爱丽丝漫游奇境记》中借爱丽丝的口说过一句话:"没有图画、没有对话的书,有什么用处?"托尔斯泰在谈到《战争与和平》一书的力量时,说过这样

---

① 《忠诚于公正的天平——记全国模范法官、上海市高级人民法院民一庭庭长盛勇强》,载《人民日报》,2003-03-02。

一句话:"我不叙述,我不解释。我只展示,我让我的人物为我说话。"

大量使用直接引语的新闻写作风格早在19世纪末期和20世纪初记者这个职业诞生之初就开始成为最有效的新闻文体。早期的那些大力倡导并使用这种文体的一些西方记者后来都成了大作家,如海明威等。美国那个时代的现实主义传统就是依靠这些记者在他们的新闻报道和采写中形成的风格。哥伦比亚大学新闻学院《新闻报道与写作》教材中写道:"报道新闻应该进行'展示'而非'陈述'的定律就是:必须把直接引语写入新闻的重要部分。记者在采访时都会留意闪闪发光的言辞、犀利透彻的评说以及新闻人物对新闻事件的简要概括。直接引语能使新闻事件更具戏剧化色彩,能使读者直接聆听新闻人物'说话'。"密苏里大学新闻学院的新闻学教程则认为,直接引语会使新闻增加色彩,提高可信度。使用直接引语是在说话人与读者之间建立了直接联系。直接引语具有个人的性质。一看见引号,读者马上就会意识到,下面的内容必定非同一般。直接引语还能改变新闻的节奏和韵律,使扳着的面孔骤然"多云转晴"。

最为重要的一点是,直接引语一般都有出处,即消息来源。一旦因引述内容而陷入诽谤官司之类的麻烦,记者只要引述无误,都可以避免或减轻自己在法律上的责任。如果从新闻编辑记者和主编的职业化及专业化水平来判断,中国近些年来的大量媒体被告事件不乏与该媒体在新闻报道中太多地发表记者个人观点而不使用或少是用直接引语有关。

2001年,刘其中对《纽约时报》《华盛顿邮报》《洛杉矶时报》美国三大报使用直接引语的情况进行了调查,发现这三家美国大报在新闻中使用了直接引语的占93%,其中一篇稿件使用了三条以上直接引语的高达76%。在美国的报纸上,几乎是没有直接引语就不成新闻报道。而中国新闻界是什么情况呢?1996年的调查显示,《人民日报》使用了直接引语的新闻仅占8%,新华社使用直接引语的新闻仅占5%。刘其中2001年还对香港特区两家有影响的报纸《明报》和《东方日报》使用直接引语情况做了调查,发现两报使用直接引语的新闻仅占3%。

没有消息来源,意味着这是记者在发表自己的观点。这会导致读者对报道客观性的怀疑。

五、不提供背景,让新闻读起来索然无味

在所有的新闻报道中,与公众利益最密切相关的毫无疑问是时政新闻。在时政新闻中,政府部门的人士变动,毫无疑问是公众最想要知道的。但是,中国媒体对于这类公众想要知道的新闻人物、新选举或任命出来的领导人,往往是由新华社或《人民日报》发几十个字的短消息,通报这位新市长、新书记的名字,其他好像都属于保密范围,公众无权知晓。如下面的报道:

【案例 1-3】①

江苏省委决定：刘德民任盐城市委常委、纪委书记

记者在盐城市纪委主办的"镜鉴信息网"上获悉，日前江苏省委决定：刘德民同志任中共盐城市委委员、常委、市纪委书记，周福莲同志不再兼任市纪委书记职务。

【案例 1-4】②

冀文林任海口市委副书记、市政府副市长

记者日前在海南省委组织部主办的"海南党建网"上获悉，冀文林同志任海口市委委员、常委、副书记，市政府副市长（正厅级，列徐唐先同志之后）；林存斌同志挂职锻炼期满，免去其海口市政府副市长职务。

虽说现在大部分任职、免职的新闻都会添加有关人员的简历，但仍然有像上面这样人名堆积，读者不知道谁是谁的新闻。而即使是有简历的简讯，也只是把被任职的人教育、工作过程按照时间顺序排列，并没有突出此人的工作能力或业绩。这样的新闻不能称为新闻，只能是为了完成政治任务的通告。

提供新闻背景还要求记者对事件的来龙去脉有所交代，特别是当一个事件发生变化，事件焦点有所转移时。很多报道假设读者一直跟进一个事件，而不对必要的背景进行介绍。这一方面让受众感到莫名其妙；另一方面也不利于公众全面理解一个事件。

六、客观报道的大忌：时刻不忘记者"我"

新闻之所以坚持真实性第一的原理，是因为新闻出售的是真实。新闻的真实性品牌建树来自其客观公正的报道视角和写作手法。新闻客观报道的大忌是，在新闻报道的叙事中，把记者本人写进去。记者把"我"写进去，给读者的印象是，记者试图把自己变成故事中的一个人物，想让读者感觉到他/她是新闻事件（不是新闻报道）的制造者，感觉到记者"我"的重要性和记者"我"的观点的重要性。但是，记者"我"的视角，不仅不令读者感到记者"我"的重要性，反而感觉到他/她在卖弄自己。新闻报道的客观性也因此大打折扣。一个有智慧的读者只会感觉到这是记者"我"个人的观点和偏见，而不是公正客观的新闻报道。打开中国的报纸，差不多每天都可以看到这种突出记者"我"的立场、视角和观点的

---

① 记者董宇：《江苏省委决定：刘德民任盐城市委常委、纪委书记》，中国共产党新闻网，2010 年 11 月 4 日。引自：新华网 http://news.xinhuanet.com/politics/2010-11/04/c_12736098.htm。
② 记者董宇：《冀文林任海口市委副书记、市政府副市长》，中国共产党新闻网，2010 年 11 月 5 日。引自：新华网 http://news.xinhuanet.com/politics/2010-11/05/c_12741423.htm。

新闻作品。

除非极少数的新闻作品使用第一人称写的,绝大多数作品使用第三人称写的,新闻的作者是记者,这是不言自明的常识。然而,打开中国的报纸,读者满目是"记者日前从某某部门获悉""记者最近从某某会场了解到""某某告诉记者""某某接受记者采访时说"之类的废话。这种新闻写作中的自我中心,不仅不符合新闻语言精练的要求,同时也会隔绝新闻人物和受众。好的新闻作品,记者是隐身的,而知道如何隐身的记者是智慧的记者。

七、新闻不是谣言

新闻不应是谣言;而在今天的一些媒体上,新闻就是谣言。20年前,刘其中到美联社实习,报道当天,编辑为了考他,给他一些原始的"新闻"素材,让他编写成新闻稿件。其中有一条的内容是:上周末,在芝加哥有一个流传很广的谣言,说有一批汽车将削价1/4处理。刘其中就根据素材如实编写。事后讲评时,那个编辑说了一句让刘其中没齿难忘的话:"美联社从不传播谣言。"

今天,中国越来越多的人在公开讨论新闻自由。新闻自由的目的是满足公众的知情权,传播的是事实和真相。新闻自由的对立面是宣传、公关和操纵。一提到宣传,人们总认为宣传是政府的专利。其实,根据美国《新国际韦氏词典》对宣传的定义,宣传是"为帮助或损害某种制度、事业或个人而传播各种思想、消息或谣言"。也就是说,任何个人、组织、机构、公司只要是为了某种事业,传播夸大的、未经核实的,甚至虚假的信息都是对新闻自由的践踏。危害新闻自由最大的因素是新闻报道的不公正、不平衡;新闻自由的滥用是掌握媒体的编辑记者把自己个人的观点和偏见塞进新闻报道中。其中,新闻自由最大的敌人是谣言。

关于一个组织机构的谣言通常起因有两个方面:1.政府主管部门或相关部门对真情、真相默不作声;2.政府、媒体、企业或个人为了某种不可告人的目的,恶意散布虚假信息。

中国的媒体出现的虚假新闻近年来更是呈上升趋势。每天中国传统媒体和网络媒体制造与传播的虚假新闻不计其数,这其中有编辑记者和自由撰稿人为了几个稿费有意制造假新闻,同时,值得警惕的是,某些利益集团,为了集团的、商业的,甚至政治上的宣传目的,制造和散布谣言。请记住,记者制造假新闻跟药厂制造假药一样可恶。

传播谣言不仅损害受众的知情权,而且最终会葬送记者乃至记者行业的信誉。1998年,美国《新闻周刊》曾就捏造新闻事件问题做过一项民意调查。结果显示,有半数以上的受访者表示,传媒在人们心目中的形象已跌至历史新低,多数人认为"传媒经常报道失实"。为了讽刺那些编造虚假新闻,传播虚假信息的媒体,一个名叫乔伊·斯卡格斯的美国人,编造了一系列谣言故事传播给媒体,如宠物妓院、美国成立了禁止胖子乱吃东西的"肥人突击队"

等。斯卡格斯自称是讽刺专家,他在接受美国广播公司《20/20》采访时透露,①自己戏弄传媒已有三十多年历史,而被他戏弄的媒体机构无所不包——既有电视台、通讯社、电台等电子媒体,也有报纸、杂志等纸介媒体,美国广播公司《早安美国》、CNN、《华盛顿邮报》等大牌机构都曾中过斯卡格斯的招。更荒谬的是,报道其中一则假新闻的记者,竟因而获得美国电视最高奖项——艾美奖,令传媒的公信力备受质疑。斯卡格斯说,自己并非是为了恶作剧,而是意在提醒公众,对传媒报道同样应该保持清醒,不应照单全收。而他炮制的假新闻一再见诸媒体的事实也表明:媒体操作漏洞多多,天下文章一大抄是许多从业记者的工作现状,他们对许多所谓轰动性新闻根本不做查证。他为此才挺身而出,呼吁传媒维护报道的真实性。他还说,他不会停止编造假新闻的工作,除非媒体记者改变他们对报道内容不负责任的态度。

八、新闻不是八卦娱乐

2002年10月,香港一家杂志《东周刊》以某著名女星10年前的裸照作为封面,引发了一场裸照风波。请看《中国青年报》的文章:

【案例1-5】②

香港杂志《东周刊》最新一期以某著名女星10年前的裸照作为封面,引起多个团体强烈不满。报道概述照片来源,并对照片拍摄情况进行揣测,说照片乃该女星10年前被强迫拍下。报道强调该杂志对照片经过鉴定、研究,才追查背后故事,以此警示懵懂入娱乐圈的无知少女。

杂志出版后,来自影圈联盟十大属会的艺人、导演齐集,召开新闻发布会,分别发表措辞强硬的声明,对该杂志予以谴责。香港报业评议会亦发表声明说,尽管照片中受害人的双眼及胸部已用细小的格子遮盖,但她的容貌和上半身仍清晰可见,无疑是公开侮辱当事人。报业评议会称该周刊为求销量,不顾受害人的感受,连最普通的道德也谈不上,更不要说新闻道德。共49个团体联署发表声明,于报章刊登全版广告,以"天地不容"为题的声明谴责该杂志"扭曲新闻自由,为求促销,埋没良知",同时抗议杂志把促销建筑于暴力受害人的痛苦上、呼吁市民罢买罢看该杂志,并要求新闻媒体拨乱反正。

迫于压力,《东周刊》刊登道歉启事:"我们彻彻底底的错了! 谨对事件中的女受害人及全港市民,致以万分的歉意。"该周刊的大股东发表声明,要求《东周刊》立即停刊;而《东周刊》的3名主管随后宣布引咎辞职。

(……)

---

① 《假话大王玩惨美大牌媒体CNN、ABC未幸免》,http://community.21dnn.com/66/2002-07-18/35@333935.htm,原稿载《北京晚报》。

② 童大焕:《传媒在社会真相和个人隐私间走钢丝》,载《中国青年报》,2002-11-05。http://zqb.cyol.com/content/2002-11/05/content_558199.htm。

如果裸体照片事件对公众的生活、公共政策不会产生非常迫切的影响，有没有必要一定要揭露一个明星或者一个公众人物的隐私？如果一件事情对公众没有任何影响，它能成为一条值得媒体报道的新闻吗？记者编辑不仅自己窥视别人的私生活，还利用自己掌握的公共空间，把这些抖给广大公众。新闻不是八卦娱乐，新闻记者也不是狗仔队。

新闻成了八卦娱乐，源于媒体成了以利润为首要目标的商业而又缺乏相应的约束和自律。为了获得更多的广告，媒体营销学必须追求阅读率、收视率、收听率。为此，越来越多的名人新闻，如体育明星嫁给香港特区官员、年迈的诺贝尔得主娶了年轻的新娘、台湾女议员的性丑闻、著名主持人的生活艳史、香港明星的"艳照门"、台湾明星四次约会后就订婚住进豪宅，等等。而且为了这样一条与最广大的中国人民利益无关的新闻，媒体却不惜笔墨，从各个角度和侧面不厌其烦、不厌其细地报道。而与此同时，许许多多与中国广大人民群众利益相关的新闻却很可能被漏发了。这些与公众利益更为关联的新闻涉及公共健康、医学、环保，等等。但是，在现代媒体时代，媒体越来越重视和关注娱乐新闻。因此，无论是电视台或是报纸杂志，由于重视娱乐内容的新闻报道和节目制作，雇用了大量的"娱记"，其结果是，越来越少的媒体雇用专职的科学记者、环保记者和医学记者。

传统新闻学认为，有什么样的读者就有什么样的报纸。而今天在某种程度上却是，有什么样的记者，才有什么样的报纸。一个媒体不设专职科学、环境或医学记者，可能意味着这方面的重大新闻可能会被漏报，但并不意味着这方面的新闻没有发生。而公众由于没有从媒体上获得这方面的新闻，很可能会以为没有什么重大的科学或医学新闻发生。从这一点上看，媒体的商业利益等同于读者的兴趣，但不一定等同于读者的利益。读者的阅读兴趣并不等于读者的利益。比如，中国媒体跟着美国媒体炒作"克林顿性丑闻"、"辛普森案件"和"戴安娜之死"长达一年，迄今还念念不忘，新闻的定义被克林顿的雪茄烟和一条沾满了精液的裙子所改变。

媒体为什么热衷于这类新闻呢？因为克林顿、莱温斯基、辛普森、法官都是免费的演员，而且法庭、法官、检察官每天都会提供大量的免费文字稿件，而收视率又是持续性的居高不下。由于这些廉价获取的名人新闻占据了媒体大量的版面和时间，媒体就不会给当地社区公民关心的本地新闻留下多少空间了。这意味着当地新闻的减少，与公民关联新闻的减少。如果《花花公子》允许在中国销售，其发行量和广告一定很大，但中国读者对杂志里面裸体照片的兴趣，并不代表着这些裸体照片会给读者带来个人工作、就业、读书、健康方面的满足。尽管煽情的、高度商业化和娱乐化的内容不会给公众带来任何好处，但是，媒体继续在以尼尔孙的收视调查作为追求目标：煽情、犯罪、灾难、NBA、脱口秀……

尽管有人开始批评这类大众文化产品不仅肤浅无聊，但它更像鸦片一样，麻醉着公众。例如，脱口秀、NBA等节目是在受众中培养一种对主持人或球星的英雄崇拜。这也是以CNN为代表的所谓CNN新闻学。CNN对于其明星主持人付天价的工资，而对于大多数编导制片记者却十分吝啬。主持人被当成影星被人当成商品热卖,他们的书成了畅销书。名人新闻学演变成了名主持人新闻学。在海明威时代,人们崇拜文字记者、作家和诗人,而今天,人们追崇的是明星主持人。但是,这些明星不是建立在超人的道德魅力、人格魅力和思想魅力上,而完全建立在媒体制造的一种浮华上。卖座的脱口秀在于主持人提出哗众取宠的问题,而且主持人指望这种问题能够引出被提问者发表具有强烈个人色彩的言论,甚至奇谈怪论,或者指望被访者就某个事件或人物发表某种武断的个人意见。新闻媒体从传统的原创新闻学演变到了今天的这种偏见新闻学。这些用他们的那张嘴巴影响亿万国民和下一代年轻人的明星们,每天过着五星级酒店的生活,他们究竟了解多少真实的中国?长此以往,我们这个社会和民族就会变成一个不关心他人、不关心所在社区、不关心民族的命运,只关心个人利益,以个人利益为善恶丑美的判断标准的极端自私的社会和民族。

最后,让我们回到开篇的场景。李希光听了一上午的理论物理学术报告,虽然很多复杂的数学公式没有听懂,但他发现上午的演讲都是当时物理学最新研究的进展,其中一个是关于基本粒子领域的新发现。会后,他采访了几位专家后,回到办公室,写了下面的简讯:

【案例 1-6】①

物理学家锁定魅、真、美

(新华社 1986 年 8 月 11 日北京电　记者李希光)　来自中国、美国和西德的科学家汇聚在北京讨论人类对魅、真、美认识的最新发展。

他们讨论的不是一个漂亮的姑娘。

魅、真、美是理论物理学家给物质最基本组合部分——原子核中的基本粒子——所起的名字。

过去,理论物理学意味着研究原子核中中子和质子的性质。

但最近几年,理论物理学更加深入到原子核内部,进一步研究中子和质子不能解释的现象。

这些现象就是今天在北京开幕的一个科学会议的中心议题。

大部分发言都集中于重味粒子。这种粒子比中子或质子更重,能量更高。科学家给它们起名为魅(charm)、真(truth)和美(beauty)。

北京大学理论物理教授胡宁说,"所谓'味',指的就是这些粒子所拥有的不同特性。"

胡宁说,自 1964 年在北京组建了第一个基本粒子研究组后,中国在这一领域的研究取得了长足的进步。

中国物理学家最早提出过一种更小、被称为"夸克"(quark)的粒子是像中子和质子这样的粒子的基本构成元素。

---

① 记者李希光:《物理学家锁定魅、真、美》,新华社 1986 年 8 月 11 日北京电。原稿为英文。

（续）

　　为了进一步加强在这一领域的研究,中国正在建设第一台正负电子对撞机。2亿元人民币投资的对撞机预计今年10月投入使用。

　　"虽然我们没有指望通过这台机器发现新的粒子,但我们坚信通过它,我们会观察到新现象以及解决一些悬而未决的问题。"北京大学物理学教授赵光达表示。

　　"物理学家通常都把精力集中在他们所能理解的现象上,但最重大的发现往往完全出乎意料。"来自加州大学劳伦斯实验室的试验物理学家M.查诺维茨(M. Chanowitz)指出。

课堂练习与课外作业

　　（一）从当日的《人民日报》、《参考消息》、新浪网新闻首页中分别选一条最喜欢的和最不喜欢的新闻,讨论下面的问题:

　　（1）为什么读者要关注或不关注这条新闻?（尝试从读者的眼光来判断）

　　（2）讨论你喜欢的新闻,你为什么喜欢它?

　　（3）讨论你不喜欢的新闻,你为什么不喜欢它?

　　（4）如何把你不喜欢看的新闻变成你喜欢看的新闻?

　　（二）骑自行车到学校周围转一圈,看看有什么不寻常的迹象? 在那里的餐厅或咖啡厅吃点东西,听听周围人的谈话,把自己观察到或听到的不寻常的东西记到笔记本上,看看其中有没有新闻线索。

第 2 讲

你准备好当记者了吗

本讲重点学习的知识与技能

- 记者是干什么的
- 记者应具备的素质
- 记者是可以后天培养出来的
- 记者应会使用的职业工具

1986年11月,在中国社科院研究生院新闻系完成一天的学习后,李希光骑着自行车,沿着北京北三环路回中关村的家。半路上,他忽然感到脚蹬得有些异样,停下车来一看,原来是一只皮鞋开线了。他看看周围,发现前面不远处有一个年轻农村女子在路旁摆了个修鞋摊。他走上前,请女子帮他补鞋。女子干活时,他和她攀谈起来。

过了一会儿,鞋修好了,他交了修鞋钱,继续上路。回到家,他立刻放下书包,拿出打字机,把今天修鞋获得的故事记录下来,写成一篇英文新闻稿。

第二天,他有些犹豫了。毕竟,修鞋工不是什么名人,这篇新闻稿又是随手采访写的,更何况他准备投稿的《中国日报》的读者大多是外国人,他们会对中国一个来自农村的修鞋女工感兴趣吗?他把稿件交给了《中国日报》特稿部的主编。

没想到,主编看了稿后说:"虽然只是一个普通的修鞋女工,但她的故事也是千千万万农民工的故事。"两个月后全文在《中国日报》人物版刊出:

【案例 2-1】[①]

浙江修鞋女

11月末的午后,北京的气温常常降至零度以下。

寒风凛冽,马路上骑自行车的人们缓缓前行。

在三环路的一盏路灯下,蜷缩着一个农村姑娘,用她粗粗的手指笨拙地缝补着一双鞋。

她叫周楚娇(音译),来自浙江省温州周岙乡,今年20岁,到北京已有9个月了。

自中国1979年经济改革以来,农村人纷纷涌向北京,希望能有机会挣更多的钱。

年轻人离开家乡,期盼着过上比在田地里耕田更好的生活。而很多来自南方的米农,在首都北京变成了街边小贩、木匠、保姆或者修鞋工。

按照中国传统观念,最好的保姆来自安徽,最好的裁缝来自江苏,而最好的木匠和鞋匠则来自浙江。近些年来,这一传统又在年轻人中复兴起来。兄弟姐妹、街坊邻里组成一支支小小的队伍,来北京寻求发挥特长的机会。

今年早春,周楚娇把父亲的缝纫机装进行李包,和同村的两个姑娘一起坐上了开往北京的火车。然而,她过去几个月的经历似乎破灭了她的梦想。

北京市政府为了控制农民工进城潮,对外地进京人员颁发营业执照采取了严格的限制措施。

"我在市工商部门没有关系,所以他们从未考虑给我执照。"周楚娇说道。

而没有营业执照,她只能在市郊的路边做生意,因为城管人员很少到这里查抄无照商贩。

"有一次,我被抓到了,还交了一元罚款。他们警告我说,如果下回再看到我,就要没收我的缝纫机。"周楚娇一边说,一边在人行道旁耐心地等待顾客。她的旁边,是一台缝纫机,一个鞋匠架,还有一摞鞋跟和鞋钉。

由于顾客不多,她每个月大概能挣150元左右,其中一半要支付在北京的生活费,包括饮食、

---

① 李希光:《浙江修鞋女》,载《中国日报》,1987-02-17,原稿为英文。

(续)

住房、还有做饭取暖的燃料费。

因为市政府不允许她们登记,她和同村的三个修鞋女工只好"非法"租住在北京北郊的一个农民家里。

除此之外,她还要面对一些当地居民的恶劣态度。

她修鞋的价格已经比有执照鞋匠要的价格便宜,但还是有很多顾客和她讨价还价,为5分钱1角钱争执不休。每每碰到这种情况,周楚娇最后总是妥协,"好吧好吧,就这个价吧"。

不过,如果有顾客想不付钱就走,她一定会把他们拉回来辩理,直到他们付钱为止。

"这种事其实很常见,不少年轻人总是喜欢挑我手艺的毛病。"周楚娇说。

来北京之前,她花了10天时间从哥哥那里学会了修鞋。"修鞋其实不难,谁都能做。"她说道。

她老家的村子只有1000人口,但大部分年轻人都在北京或内蒙古打工,做木匠、泥匠或鞋匠。她村里有10个女孩都在北京修鞋。

"我在这儿挣的钱的确比在家挣得多。但这里的生活却很无聊,也很辛苦。我没法按时吃饭,也没法睡在暖和的屋子里。"她抱怨道。

每天早上9点,她支起修鞋摊,下午5点收工。中午她会在附近的小饭馆吃一顿便宜的午饭,晚上则在租的小屋里用煤炉煮饭。

还在浙江老家的时候,她和村里其他的年轻姑娘为一家外贸公司制作棉质假花,那时她一天能挣两元钱。

"我来这里一个目的就是想看看首都北京。现在,我已经看够了,特别是城里人的傲慢。"周楚娇说道。

当问到她的父母是否需要她的钱时,她不好意思地回答:"不需要。我存下的钱是结婚用的。邻村的一个小伙子明年春天要娶我过门。"说着,她圆圆的脸颊变红了。

"我再也不会回来了。"她又补了一句。这时,一阵夹杂着尘土的风吹过,扫过她梳得整整齐齐的头发。

一、好记者热爱自己的职业

1. 记者既是脑力工作,也是体力工作

记者不仅是脑力劳动,也是体力劳动,这是因为媒体是没有休息日的,它一天24小时,一周7天,无时无刻不在运转。这要求记者有很好的身体,极强的适应能力和自我调节的方法。也就是说,记者一定要能吃苦耐劳,否则很难胜任高强度的工作和旅途的奔波。当记者是辛苦的行当,想过安逸舒适生活的人,是不适合做记者的。

记者具有一定的工作自由度,特别是资历较深的记者,可以凭自己的喜好选择报道方向。不过,刚刚从事记者这一职业的年轻人都是按照上级分配的任务进行报道,因此记者也要具有服从意识。

前香港《大公报》记者孙静惟曾讲述过她的经历①:

"我最害怕蟑螂和老鼠了。但是当时我工资不高,所以在香港只能住比较差的地方。那里蟑螂有老鼠那么大,老鼠有猫那么大。每天下了夜班回家后一开灯,就看见油黑的蟑螂慌忙逃窜,每次我都哇哇尖叫。不过更惊险的是回家路上要穿过一条没有路灯的胡同,成群的老鼠就像黑社会帮派一样聚集在那里。我要不就踮着脚小心翼翼地走过,要不就屏住一口气直冲过去。有一次,我正努力往前冲的时候,一只比小猫还大的肥老鼠突然窜出来和我狭路相逢,我没来得及停下,结果一脚把它踢飞了。现在想起来还心有余悸。"

有过这样的艰苦经历,孙静惟后来在战火不断的情况下,2003年赴伊斯兰世界,采写了美军阴影下的穆斯林人民生活的系列报道,获得当年香港最佳新闻。

2. 记者是干什么的

记者的工作主要分为三大部分:调查、准备(如背景调查、采访准备等);与人打交道(如采访、会议等);写稿。这也意味着记者需要具备三个基本能力:调查能力、人际交往能力和写作能力。我们在本书中主要教你如何写稿、如何采访、如何调查,但人际交往能力则需要你在课下有意识地自我培养。关于人际交往能力,我们要说的就是记者对"人"有着天然的兴趣。

你为什么要做记者?记者的功能是什么?新闻界和学术界对这个问题都给予了各种不同的答案,例如:服务社会、报道真相、代表公众利益、看管公众利益的"警犬"、影响社会进程、满足好奇心、追求出名、追求财富、追求冒险,等等②。我们现在分别审视一下这些功能。

1) 是否服务社会

很多人说,一个好记者就是要服务社会,伸张正义,曝光不公正的事情,要求政府向公众负责,帮助在危难时刻的国家和人民。但是很多其他职业,如医生、教师、政府官员、法官、工人、农民、警察、军人等也在服务社会。因此,服务社会这个目的本身不能解释人们为何要成为记者。

2) 是否报道真相

很多记者和学者称他们致力于追求真相。但"真相"是一个极为复杂的概念,不同的人

---

① 孙静惟:《访谈》,2010-03-28。
② 有关记者的这几项功能是伦敦大学新闻学教授Ivor Gaber于2007年7月在清华大学国际传播研究中心举办的"面向2008年奥运的新闻发布研究班"上讲课时提出的。

看到的"真相"是不同的。这是因为,世界是复杂的,记者报道的许多问题也是复杂的。鉴于记者有限的知识结构、带有偏见的思想方法以及记者个人和所代表媒体的新闻议程,一个记者是否有能力确定真相一直是学界争论的问题。我们强调的是记者报道的是"事实性信息",但不等于报道"真相"。

3) 是否代表公众利益

一些学者会强调记者是代表公众利益的。但现实情况是,大部分记者会自觉不自觉地将自己看作他们所在圈子里的一分子,这个圈子是由记者来自的国家、地区、所代表的媒体以及记者个人的经济状况、政治追求、教育背景和家庭环境等因素而形成的。通常,记者更乐于报道其他地方的负面新闻。这是因为,记者在异国他乡没有家庭、经济和社会利益,更没有当地的文化荣誉感和认同感,因此,他们不在乎负面报道的破坏性后果,如果受到威胁,卷铺盖卷走人就可以了。但是,外来记者的报道是以牺牲对当地的情感和认识为代价的,他们往往不会从本地人的角度去评价和报道新闻事件,因此也不可能代表本地公众的利益。

4) 是否为看管公众利益的"警犬"

知情的公众是所有民主社会的基石。记者对重大问题精确而公正的报道可以产生革命的力量。记者因此需要得到关于政治领袖和官员行动的可靠信息。政府的政策公正并且合理有效吗?某个领导人或官员诚实吗?承诺的政策和项目是否在按计划开展?但是,因个人升迁问题而不满的官员、代表某商业或政治集团的精英向记者大量灌输有偏向的观点,挑战记者维持公正、平衡和独立报道的能力。

5) 是否影响社会进程

应该承认,很多记者进入新闻行当,目的是想影响社会进程。记者利用手中的媒介和新闻话语权的确可以施加很强的影响力。通过建立记者的影响力,带来了一支追崇自己的观众群或读者群,这对记者的公信力和薪水的提升大有好处。具备了难得的公信力之后,某些记者可以通过新闻报道和新闻评论帮助所代表的媒体或财经、政治集团做不少事情。记者和其所在媒体这种与日俱增的新闻话语权会损毁记者和媒体的公正性,一旦记者与财经界和当权者关系过于亲密,最终会丧失公信力。

6) 是否能满足好奇心

永不满足的好奇心是好记者不可或缺的品质。就像科学家一样,好记者有一种天生的好奇心,令他们可以充满活力地做好工作并享受日常工作。他们是"新闻猎犬",他们阅读所有可以阅读到的东西,包括和他们观点不同的报纸文章。他们关注细节,总想知道"为什么";当发现了什么有意思的东西,他们希望将信息告诉他人。但是,这种天性会带来巨大的工作压力,导致新闻报道变成一种无情的工作,需要全身心投入才能保持状态,最后只有少数记者成为某个话题受人尊重的专家和评论家。但是,在今天的媒体环境和就业环境里,很多记者编辑是在大学或研究生毕业时,不知道自己适合干什么,或者找不到工作时,才进入新闻媒体寻个饭碗。这种不是出于好奇心的所谓媒体人才,没有新闻志向,或默默无闻了却一生,或者很快离开新闻界。

7) 是否追求出名

许多记者希望出名,这种愿望是可以理解的,而且也是很多成功记者工作的动力。年轻的新闻学院学生或青年记者可能受到媒体界明星记者的影响,梦想他们的面孔也会上电视。"伊拉克战争"期间凤凰卫视某记者一夜成名,之后还出了书,个人博客和微博也十分火爆。记者的名气虽然能给媒体和记者个人带来好处,但它也能上瘾和分散精力。名气永远都不应该比新闻报道重要。最好的记者通过他们新闻报道的准确性、公正性和洞察力而受人尊重。

8) 是否追求财富

在今天高度商业化的媒体环境里,除了少数几位媒体上的明星记者能够实现他们的财富梦想外,更多的媒体人仅把记者当成一种谋生的手段,目的就是养家糊口。由于中国多数商业化媒体对其雇员采用的是一种"民工式"的用人体制,大多数记者收入不高,主要靠卖稿或爆料为生,导致一些记者把新闻采访和报道当成获取不正当报酬,甚至贿赂的途径。

9) 是否追求冒险

的确有人当记者出于喜欢旅行和冒险。他们喜欢早上起来就听到一个新鲜的故事,或是能遇到一个与众不同的人,向他提出各种各样的问题。或者在某些极端情况下,前往考验人类忍耐力极限的地方,如灾区、战区等地采访。这些活动也带来一种强烈的同志友情感,掩盖了这一行业中常见的激烈竞争。但是,我们应该清醒地看到,大多数记者每天面对的是大量令人厌烦的日常工作——新闻发布会、政府会议、领导讲话、公司业绩、市场报告。经常外出采访也会让记者疲倦。半夜忽然在酒店房间里醒来却不知身在哪个城市,这种经历让记者个人生活和家庭生活大受影响,导致许多记者酗酒、抽烟,身体状况十分糟糕。年轻记者在追求理想化冒险的同时,却往往忽略了冒险带来的种种代价。而一旦代价来向你讨债的时候,没有心理准备的记者常会有不可逆转的幻灭感。

记者职业是服务社会的,记者力争报道真相,代表公众利益、看管公众利益,并影响社会进程。但这些努力无法十全十美,记者有自己的偏见和利益驱使,因此"真相"和"利益"就会有不同的解读。从个人角度来看,记者选择这一职业可能是出于好奇心,想出名,想挣钱,或者渴望冒险。无论你成为记者的动力是什么,记者工作的中心原则就是:完整地展现事实性的信息。这是记者最本质的工作,也就是说,记者应是社会忠实的观察者和记录者。

对于记者来说,写作很简单但也很难。简单在于,所有的材料都是现成的,记者只要肯挖掘,善观察,是不愁没有新闻故事可写的。但新闻写作的难在于:记者要快速完成报道,还要保证报道的准确性;记者要在有限的篇幅内,提供最大量的信息;记者要看到别人没有注意到的事物;记者要保持客观,不能任由自己的情感偏见泛滥;记者还要把复杂的事物用最简单的语言陈述。

任何一个职业都有"工匠"和"艺术家"之分,区分"工匠"记者和"艺术家"记者的最重要指标之一就是其写作能力。写作能力一方面来源于写作技巧;另一方面,也是更重要的,是来源于对写作的热爱,它是推动你不断进步的源泉。本书会教给你很多新闻写作技巧,但无法教你对写作的热爱,因为它是流淌在你的血液中的。

二、好记者是可以后天培养的

美国早期新闻教育家约瑟夫·普利策相信,新闻学教育的目的是培养优秀记者。为了实现这个理想,他20世纪初捐款在哥伦比亚大学建立了新闻学院。当时,有人不同意建立新闻学院,他们认为,优秀的新闻记者是天生的,记者的新闻敏感和写作灵感是凭直觉。为此,普利策1904年在《北美评论》上写道:"一个人的'新闻鼻'可以在摇篮里诞生,但是他的新闻直觉却不可能是天生的。跟许多伟大的素质一样,新闻直觉需要通过教育、培训和实践来嗅出和判断善恶、是非、真假、美丑、成功、失败。"简而言之,新闻敏感是可以通过教育培养出来的,新闻学教育是培养一种塞满了各种知识并对世界万物都有好奇心的未来记者。[①]

1. 记者的敏感来自观察

你坐在什么地方看这本书?你坐下之前,注意到今天的天气和昨天有什么不同吗?如果你的周围有其他人,有几个男人、几个女人?他们在聊什么?他们穿什么衣服?他们在看什么书?他们的神情是什么样的?他们的年龄?

除非是有意识地观察,一般人都不太会注意生活中微小的细节,它们太琐碎、太平庸了。我们的大脑会自动屏蔽一些外来的感官刺激,这让我们可以全神贯注地做一件事情。但是,缺乏观察,则会让我们对一些值得注意的事情视而不见。心理学家会说:我们只看见自己想看见的东西。一个好记者,会用心观察,这也是为什么即使是报道同一个事件,好记者会写出与众不同的故事。

观察是记者敏感的来源,而观察则出自记者的好奇心。对周围的人、事漠不关心的人是很难观察到什么的。在后面的章节中,我们还会深入介绍观察的方法。这里,我们来看看观察对于新闻写作的重要性。下面这篇报道选自《纽约时报》2002年8月,记者大卫·罗德在巴基斯坦拉合尔市看到许多街头牙医,引起了他的好奇。为了让美国的读者能够身临其境,记者必须仔细观察,而观察得到的东西就成为报道的重要组成部分。在阅读时,请用红笔标注出所有来自记者观察的信息。阅读之后,再回顾一下你用红笔标画的地方,思考:记者

---

① Betty Medsger: "Winds of Change: Challengers Confronting Journalism Education," Arlington, VA: Freedom forum, 1996.

观察的是什么？记者用什么观察？记者如何描述他的观察？记者又是如何在报道中组合他的观察？除了观察外，记者报道的信息还来自哪里？

【案例 2-2】①

街头牙医

（巴基斯坦，拉合尔市）在满是尘土、充斥着尿味的公园里，穆罕默德·阿斯兰姆用老虎钳、钢丝剪和金属锉为病人看牙。

另一位街头牙医穆罕默德·伊沙克·汗认为，牙痛和牙齿没有任何关系。"如果有人牙齿有问题，我可以立刻知道他的消化系统有问题。"他解释说。

穆罕默德·贾梅尔在拉瓦尔品第街头接受的牙医训练。他从来没上过学，也不识字。"我在卡拉奇和一个中国人学的，"他说，"从10岁我就开始给人看牙了。"

在巴基斯坦，像他们三个这样的牙医有上千个。每年，他们在大街上、公园里、公共汽车上和火车上，为数以万计甚至更多的可怜病人提供粗糙的"牙齿护理"服务。就像所有精明的零销商一样，他们聚集在行人多的地区。他们削掉病人牙齿上的蛀虫洞，把金属线穿过坏牙的中心，还用金属锉刀磨平插入病人嘴里的假牙，活生生看下来让人很痛苦。

"我跟他们聊天，当他们注意力分散了，我就用这个，"汗先生说，举起一个带有剃刀刃的金属探头，"只有疼痛才能驱散疼痛。"

大量的街头牙医是对巴基斯坦人疼痛忍受力和极度贫困的见证。巴基斯坦1.4亿人口中，有近1/3生活在国际贫困线以下，每月收入不到37美元。由注册牙医装一颗假牙可能花费40美元。

"我可付不起。"穆罕默德·萨基德解释说。他是一名工人，最近刚请贾梅尔先生修复了一颗在两年半前打架时损坏的门牙。他解释说，疼痛开始受不了了。

萨基德先生坐在铁轨上面过街天桥的一张小板凳上，贾梅尔先生撬下数块棕黄色的坏牙块，轻弹到板凳下面的红色塑料布上。其间，这位业余的牙医点燃了一支烟，一边工作一边抽。过了一会，一辆火车从桥下驶过，喷出黑色的柴油烟雾，烟雾飘到各种工具上，飘进病人的嘴里。

这位工人在贾梅尔先生给他挫牙时，没有显示出任何不适。甚至他牙龈开始流血时，他也没有抱怨。在整个历程中，他的脸只轻轻抽动了两次。之后，他手拿一面小镜子，欣赏着自己的新牙齿，并感谢他的牙医。

"我一年前来这修过另外一颗牙，"他说，"质量很好。"

巴基斯坦卫生官员说他们曾试图把街头牙医赶走，但需要他们服务的人太多了。

"整个次大陆都是这样，"巴基斯坦医学与牙医学理事会助理秘书，M. 拉士德·安吉穆博士

---

① David Rohde: "Street Dentists, Always Ready to Do Their Worst", *New York Times*. August 19, 2002. http://www.nytimes.com/2002/08/19/world/lahore-journal-street-dentists-always-ready-to-do-their-worst.html? scp=1&sq=pakistan+dentists&st=nyt.

(续)

说,"通常都是最穷的人。"

卫生状况似乎也不太可靠。贾梅尔先生赤手工作。当那位工人牙龈的血流到他手上,他只用一块布把血擦掉。他和其他街头牙医都说,他们经常清洗他们的工具——使用一种当地的蒸馏酒。

新奇的医学理论随处可见。那位说牙痛是由消化系统问题造成的汗先生继续说,刷牙对牙齿有害,因为它会损伤你的牙龈。这位能言善道的 54 岁牙医说,最好用你的指头和他卖的一种草药刷牙。

"我们这种草药有一股香甜味,病人们可以去任何一个聚会而不用担心口臭,"他一边说,一边把这个刺鼻的、闻起来像是指甲油和薄荷的混合物塞到一个看热闹的过路人鼻子下面,"你只需要两滴就够了。"

初中三年级文化水平的汗先生在拉合尔中央火车站对面的公园里从事牙医工作已有 38 年了。他同时还是文身艺术家。这个粗犷的男人留着修剪整齐的白胡子,他还一度暗示西方医学教育也无法和他美白牙齿的秘方相媲美。

"就算是拿了英美的学位也做不了这个,"他说,指的是他去除牙斑的方法,"但是我可以。"

但是他和其他六七个接受采访的街头牙医对自己的能力似乎有自知之明。所有人都说他们从不拔牙,更乐意把这个工作留给真正的医生。

所有人都至少有牙医需要的部分工具,而且和注册牙医一样,他们都使用珐琅质假牙。他们说他们从牙科用品供应店购买工具、假牙和胶黏剂。

拉合尔公园的一位牙医,阿斯兰姆先生说,旁观者和有钱的医生也许会嘲笑他们的工作——"外国人会觉得有趣"——但是他们是在帮助穷人。

监管官员安吉穆博士说,他希望巴基斯坦能有条件消除街头牙医。但是,如果没有他们提供的服务——无论是不是粗糙——人们可能连这种服务都得不到。

"如果有人能减轻你的痛苦,能为你提供某种治疗,"他说,"你可能会忍不住要感谢他。"

记者在报道中没有记录任何无用的观察,也没有过多表示自己的感受。通过准确的动词,对颜色、气味等的注意,记者的报道把读者带到了现场,让读者从各个感官来感受这个场景。另外值得注意的是,记者对街头牙医这一现象保持较为公正的态度,报道指出街头牙医行医时恶劣的卫生条件,指出政府的态度,但也指出街头牙医和他们的病人们的态度,让读者自己认识到:街头牙医虽然不专业、卫生条件虽然差,但他们的存在实际上是帮助了穷人。

2. 记者是个万事通

记者除了爱观察,也爱学习各种不同的知识。这些知识包括生活的方方面面:佳能相机和尼康相机有什么区别?为什么高速公路上大家喜欢结队行驶?现在流行什么网络游戏？怎么挑选衣服？记者的脑子里时常会冒出这些问题，然后再去找寻问题的答案。记者一旦离开了学校，就没有时间精力系统地学习，因此好记者都会在平时为自己充电。

互联网、报纸、杂志、书籍、科教节目、与他人交流等，都是你获得知识的源泉。学习是一生的过程，而无论何时何地你都可以学习。

广博的知识对于记者职业是必不可少的。具有丰富知识的记者，会让写出的故事更准确、更有吸引力，也更能提出到位的问题。

三、学会使用职业工具

记者工作时会使用各种各样的职业工具。善于使用职业工具，可以大大减轻记者的工作负担，让记者把主要精力投入到新闻挖掘和写作中。

1. 常备工具

- 笔记本和笔：记者与时间赛跑，被采访人也都是公务繁忙的人，记者不能在马上要开始采访前，对信源说："不好意思，等我打开电脑。"然后花上5分钟等电脑就绪。有时，记者可能会随机采访。这就要求记者随身携带一个小型笔记本和好用的笔，可以立刻做采访笔记或记录下自己的想法。

- 笔记本电脑：功能强大的笔记本电脑可以让记者走到哪里都可以记录想法、编辑稿件、图片、查阅资料等。现在很多记者使用上网本，这种小型的笔记本电脑通常可以不插电使用很久，重量也比较轻，但都是以降低性能为代价的。习惯使用上网本的记者一般还会有另一台功能更强的电脑来编辑各种文件，完成更为高级的工作。

- 软件：就算是拥有全世界最好的电脑，但没有相应的软件还是白搭。一般说来，记者工作基本的软件包括：防毒、防木马软件（你不希望马上就要写完的稿件瞬间消失吧？）；文字处理、数据处理、幻灯制作（如微软的 Word、Excel、PowerPoint）；网络软件（如网络浏览器、电子邮件软件等）。有时候，记者还会需要比较高级的图片、视频、音频编辑软件，以及通讯软件。

- 数据存储：U盘或移动硬盘等数据存储装备可以为记者交换文件、备份文件提供便利。电脑有时候会喜怒无常，因此要养成每天备份一次文件的习惯。

- 电话：电话的好处不言而喻。现在无线通讯的发展日新月异，有的手机可以上网、录音、进行电话会议、摄影摄像、为笔记本电脑提供上网服务等，这些功能都可能为记者的工作提供便利。另外，深入灾区、战区的记者还会使用卫星电话，确保和总部随时联系。

- 摄影、摄像器材：记者有时候既要写文章，又要拍摄具有新闻价值的照片或视频。

图片和视频常会增加受众对新闻的关注。
- 录音笔：采访时使用录音笔，可以减轻记者记笔记的负担，并为采访提供证据。但这并不是说，录音笔可以完全代替笔记。如果被采访人说得太快，说得太多，录音笔可以让记者回顾采访内容，确保引用的准确性。要是完全没有笔记，很多懒记者恐怕也懒得听录音。另外，最好和被采访人说明你正在录音，否则信源会有被欺骗的感觉，也会觉得你鬼鬼祟祟、不可相信。

2. 参考资料

记者在撰写新闻故事时，各种参考资料是必不可少的，它可以让报道内容更丰富，也能确保报道内容的准确性。准备采访、提问时，参考资料也可以帮助记者问出好问题。

- 互联网：信息高速公路让资料获取和收集更加简便。不过记者要注意，互联网上的信息鱼龙混杂，使用时一定要注意出处来源，使用权威、中立的资料。一般说来，记者在网络浏览器的收藏夹中会收藏如下的网站：
  - ✓ 搜索引擎：如百度、谷歌、雅虎等。
  - ✓ 新闻门户网站：如新浪、搜狐等。搜索引擎常常也是新闻门户网站。
  - ✓ 重要新闻媒体的官方网站：如新华网、人民网、中国日报等。
  - ✓ 字典类网站：如在线新华字典、爱词霸等。
  - ✓ 百科全书类网站：如维基百科、互动百科、百度百科等。
  - ✓ 政府部门网站：如政府网站、中国共产党新闻网，以及不同政府机构的官方网站。
  - ✓ 与报道方向相关的网站：报道科学类新闻的记者会收集一些科学研究机构、期刊的网站；报道艺术类新闻的记者会收集某些艺术组织、博物馆等网站。

网络上的资源非常丰富，上网最重要的技巧就是使用搜索引擎。另外，遇到有用的网站时，也不要忘了把它添加到收藏夹中。

- 图书馆：即使现在互联网上可以得到几乎关于任何事的任何信息，但仍然不能替代图书馆。图书馆可以让你获得：
  - ✓ 各种以前和现在的报纸、杂志
  - ✓ 专业的数据库
  - ✓ 许多你在网络上无法获得的参考资料，如专业字典、专业百科全书、年鉴、传记、地图册、历史文献等。

使用图书馆最重要的技巧就是询问图书馆员。他们工作的一部分就是帮助读者找到想要获得的资料。

- 政府资源：随着政务公开的推进，政府部门收集的数据也逐步向普通人开放。现在很多政府部门都定期在网上发布工作报告和统计数据。取得该部门的同意后，记者甚至还可以亲自查阅一些文件。从政府部门获得的数据是非常权威的。

3. 个人资料库

个人资料库是每个记者为自己量身定做的资料库,是记者宝贵的财富之一。除了平时积累、工作时产生和遇到的资料外,记者也可以有意识地收集一些资料放入个人资料库。个人资料库可以包括：

- 通讯录、名片：同行、专家学者、政府官员等各种人你可能随时需要联系。现在数字化管理通讯录可以防止信息丢失,并能及时更新,与他人分享通讯录或者打印也更加方便。目前智能手机和个人电脑的发展也让通讯录管理更简便。
- 个人新闻报道：自己曾经写的新闻报道一定要留好,它记录了你作为记者成长的历程。
- 你认为好的新闻报道：一些好的新闻报道可以激励你前进,也可以给你启迪。
- 令你感兴趣的文章：这些文章,无论是不是新闻报道,都可能会在无意间给你一些想法。同时,它们也可以扩大你的知识面。
- 无意看到的数据、事实：有些有意思的数据事实你看到后可以留起来,它们可以让你的报道更具有趣味。
- 采访、参加新闻发布会收集的资料：这些资料不仅对记者当时的报道会有帮助,在日后也可以成为参考资料。
- 采访、读书笔记：采访笔记中常会有一些你报道时没有用到,但极为有用的资料。另外,如果你有做读书笔记的习惯,也可以收集在个人资料库里。

很遗憾,记者既需要电子资料库,也需要纸质资料库,这是因为有些纸质资料没有电子版,如剪报,而有些电子资料没有必要变成纸质资料。此外,两者各有各的优劣。电子资料库不占物理空间,可以复制,但湮没在许多文件夹中,记者很可能不去查阅,最后沦为"电子垃圾";纸质资料占用物理空间,复制也较为麻烦,但翻阅起来却很方便。无论哪种资料库,你需要一个合理的分类系统,这样可以帮助你快速找到你想要的东西。

4. 关系网

记者的关系网很重要,而好记者也会广结人脉。结交各方朋友让记者有更多的信息来源,了解自己不知道的事情、接触从未想过的观点。强大的关系网也能让记者更容易找到合适的采访对象。

哈佛大学心理学教授斯坦利·米尔格兰提出过一个"六度分离"理论,即一个人和另一个陌生人的间隔不会超过6个人,也就是说,如果你想要找到世界上的任何一个人(如美国总统、大明星成龙、南美的某个印第安人),你最多只需跨越6个人。到目前为止,还没有人推翻这个理论。

如果这个理论正确,这意味着记者的关系网越广泛,与世界的连接点就越多,找到一个人的步骤也就越简短(即使没有该理论,这个道理也是显而易见的)。

(一)课堂讨论与练习

1. 新闻学到底是一门什么样的学问?新闻的学术家园在哪里?新闻和什么学科有关?

2. 你认为记者应该具备什么样的技能?具备什么样的知识背景?请列在一张纸上。

(二)写作练习

闭上眼睛,回想一下你学校的图书馆。它的外观是什么样的?用200字来描述。写完后,再去图书馆看一下,你描述的准确吗?

(三)课外作业

选择某个老师的办公室,你走进这个办公室,待上几分钟,通过眼睛的观察、鼻子的嗅觉、口的味觉、耳朵的聆听、手脚的触觉,写一篇描写《×××老师的办公室》的场景。要求这篇描写不空洞、有具体内容、描写细腻、有质感、现场感,能激发读者的阅读情绪,字数300字。另外注意:文章中不可有记者个人声音的表达、不可使用价值判断的语言文字、尽量避免使用形容词和副词。

第 3 讲

新闻写作基本要领

本讲重点学习的知识与技能

- 硬新闻和软新闻
- 一事一报与一人一报
- 新闻的5个W和1个H
- 新闻的聚焦

一、硬性新闻和软性新闻

从写作的角度来看,新闻可以分为硬性新闻(或硬新闻)和软性新闻(或软新闻)。软性新闻有时也称为"特写""人物特写"或"通讯"。

硬性新闻是时效性极强的刚发生、正在发生或马上就要发生的事件。它客观地记述了发生了什么事情,为什么会发生,以及人们现在可能会受到什么影响。硬性新闻也可以理解为"消息""新闻综述""简讯",它以事实陈述为主,一般不太注重观点和意见,但记者可能会引用他们的话来强调新闻的价值。硬性新闻常见于报纸、电台、电视台、手机报,但许多新闻周刊也有类似一周新闻回顾这样的栏目,通常都是硬性新闻。

【案例 3-1】

青海玉树县 7.1 级地震已致 67 人遇难　官方紧急行动

中新网 4 月 14 日电　综合消息:截止到 14 日 11 时 30 分,青海省玉树藏族自治州玉树县已经连续发生 6 次地震,其中最大一次地震震级为 7.1 级。目前,地震已造成 67 人死亡。中国地震局已启动青海玉树地震Ⅱ级应急响应,同时,该局和青海省地震局正在组织现场工作队伍赶赴震区开展应急处置工作。民政部也已启动国家四级救灾应急响应。当地政府则在召集各部门人员参与挖掘和抢救工作。

……

上面这条新闻就可以称为硬性新闻,记者在青海玉树发生地震当天中午,就发出了消息。地震当时还未结束,但记者尽可能全面地从地震的情况、当地居民所遭受的影响、政府的救援行动和专家意见四个方面向读者介绍了情况。一般来说,硬性新闻不宜太长,这是因为硬性新闻是赤裸裸的什么人、什么时候、什么地方、做了/发生了什么、为什么发生、怎么发生这样的事实,记者的任务是告知情况。文字过长可读性必然降低,读者也没有耐心读完流水账。此外,一条新闻聚焦一个事件,牵扯过多人物会让焦距分散。不过,考虑到玉树地震的重大影响,出现这种比较长的硬性新闻也情有可原。

相比之下,软性新闻或特写没有硬性新闻时间上的紧迫性。软性新闻也称为"讲故事新闻"。采写软性新闻,记者力图选取某一新颖角度,并以具有人情味的故事向读者展示人物、事件或问题的某一方面,旨在为读者提供教育性或娱乐性的信息。但这并不是说,软性新闻就没有时效性。软性新闻的内容都有一个"新闻钩",也就是和当前正在发生的新闻事件、热点问题联系起来,否则读者不太会去关注。例如,奥运会期间,记者专题报道礼仪小姐或志愿者;世博会期间,记者发表一篇关于升旗手的新闻报道;或者抗日战争胜利纪念日,一家报纸刊发抗日战士的专访,等等。用个比喻的话,硬性新闻采用的是广角镜头,让读者了解全局;软性新闻采用的是聚焦镜头,让读者看到一个动人的画面。

由于软性新闻侧重一个新闻事件或热点问题的某一个角度,因此它考量记者、编辑的观察力、新闻发掘力和创造力。一家媒体是否具有竞争力,记者编辑水平是否过硬,很大程度就仰仗于其软性新闻的独特视角。影响力大、擅长特写的媒体还可以主动推动议程。

在实际操作中,硬性新闻和软性新闻有时并非泾渭分明。记者要记住的就是,在读者眼中,只有好看的新闻和不好看的新闻。无论是写硬性新闻,还是写软性新闻,记者都要努力抓住读者的兴趣,让读者一口气把新闻读完。下面我们来看一则特写,了解硬性新闻和软性新闻的区别。

【案例 3-2】

37 岁藏族妇女被困 66 小时获救,11 小时后产子

废墟边的新生

《中国青年报》记者张伟、张鹏

巴桑旺毛的绝望和希望之间只隔了 11 个小时。

11 个小时前,她被压在木板和砖土堆成的废墟下,怀胎 9 月,生死未卜;11 个小时后,她躺在废墟边的天蓝色帐篷里,怀里抱着新生儿子。

4 月 17 日,青海玉树结古镇,37 岁的藏族女人巴桑旺毛被压在废墟下约 66 个小时之后,于凌晨 1 时许获救,并于中午 12 时顺产一名男婴。因为没有称体重,接生的女医生郭山英用手掂了掂这个包在衣服里的新生儿,判断他"差不多有 7 斤重"。

这是一个在死亡阴影中出生的婴儿。帐篷外面是玉树藏族自治州生态复原林,附近的民居几乎全部倒塌。不过,来自四川甘孜县的郭山英说,当这个孩子被放在紫色泡沫垫上时,他的哭声和她在 24 年妇产科工作中接触的所有新生儿一样响亮。

产前,这个全身脏兮兮的孕妇,还没有完全从灾难的折磨中恢复过来。她身上带着许多大大小小的挤压伤,那是 66 个小时的废墟经历留下的。她被裹在一件分不出颜色的藏袍里,全身满是灰土,护士们只好用酒精为她做了简单的消毒。她有些紧张,尽管人们还没来得及询问她在废墟下经历了什么。

但对巴桑旺毛来说,那段不幸的经历毕竟已经过去。当把孩子递过去时,郭山英看到她脸上的表情"总体比较兴奋,但也掺杂着复杂"。她不怎么会说汉语,只是反复地说"谢谢",语调生硬,念叨了很多遍。

巴桑旺毛是这场巨大不幸中的一名幸运者。救援者发现,几根互相支撑的木棍为她撑下一个容身的空间。来自兰州军区的战士发现了她,彻夜未眠,将她挖了出来。

甚至,就像是作为对这位不幸女人的补偿,她的肚子不偏不倚地紧接着阵痛起来。丈夫不在身边——他赶到几公里外去领补助品。邻居们也手足无措,只能让她平躺着。一直守在现场的一名来自四川德阳的志愿者驾车来到郭山英所在的医疗队。当时,赶到灾区已经一天多的郭山英,正因为缺乏睡眠而犯困。

(续)

当郭山英和她的4名甘孜同事来到离废墟不远的帐篷里时,巴桑旺毛的"宫颈全开",眼看着就要生了。护士给她做了简单的检查,她神志清醒,生命特征平稳,但郭山英还是提心吊胆——尽管她曾经在很多艰苦的条件下接生,但面对一个刚刚被埋了近3天的孕妇,她还是没有把握。

护士摸摸巴桑旺毛的耳朵,拍拍她的肩膀,想借以平复她的情绪。只过了半个小时,孩子就生了下来。

"她生过几个孩子了,有经验。"郭山英如此总结这场顺利地生产。她是甘孜县派出的医疗队成员之一。这支医疗队原本没打算带妇产科大夫,她在临出发前才被补充进来。不过她相信,这次,自己的任务会很多。在两年前发生在她家乡的那场特大地震里,她听说了不少新生命诞生的故事,个个都让她很感动。

因为医疗队所在的灾民聚集点风沙过大,这个瘦弱女人的黑皮鞋早就变得脏兮兮的,白大褂上也沾着污渍。她用纱布在帐篷里为巴桑旺毛的新生儿隔出一个"相对无菌区",但因为没有水,她只能用纱布勉强把孩子的全身擦了擦,就算迎接了他的新生。

因为没有婴儿包,郭山英不得不用邻居们凑来的脏衣服和毯子把这个孩子裹得严严实实。她发现,这个紧随灾祸降生的孩子没有显示出一点畏惧。他放声大哭,使劲喝奶。

他在这个被地震击中的小镇上出生了。郭山英在他的哭声中走出帐篷,她发现,地震3天来的第一场雪,正悄然降落在这个成为一片废墟的古镇上。

上面这篇报道就是一则软性新闻。记者在青海玉树地震采访时,发现一个感人的故事,便把它记录下来。它体现了人与自然的搏斗、体现了人和人之间的互助,还体现了绝望中的希望。记者在叙述的时候,没有掺入个人情感,也没有表达个人观点,而是客观地讲述了这个故事。

二、一事一报,一人一报

对新闻细节,最有效的写作是一事一报、一人一报。最好不要在一条新闻中笼统地写很多人的故事和背景。比如,中国媒体上常常出现的群体人物或先进集体的宣传报道效果往往很差。1997年5月10日,星期天,全国各大报纸大多在头版头条的位置刊登了各报记者采写的同一题材的长篇通讯。《人民日报》刊登的是该报记者和新华社分社记者合写的近5000字通讯《大漠壮歌——记空军某试验基地的知识分子》;《光明日报》刊登的本报记者自采的长达6000字的连载《永远是祖国第一——空军某基地知识分子群体素描》;《中国青年报》自采的约5000字通讯《大漠雄风—— 记空军某试验基地的知识分子》;《人民日报》(海外版)自采的长达8000字的通讯《大漠风流—— 来自中国空军某试验基地的报告》;《解放军报》5000字通讯《大漠科技尖兵——空军某试验基地科研群体攻关纪实》。

新闻界人士乍一看,会以为是推出的又一个宣传典型,无论从大标题到导语,或是从

《鹰击剑啸惊九天》《生命化作不息的"霹雳之火"》《钻现代化 奋力攻关》《想现代化 艰苦创业》到《现实道出加速度 自主研制"争气机"》这些提示具体内容的小标题,都不具有很大的新闻价值。这条中国官方宣传部门精心策划的报道只能在国内的官方媒体上刊播,而不具有什么新闻价值。

但是,这里面是否含有具有价值的信息呢?这天我在新华社对外部值班室用最快的速度阅读了各大报纸刊登的这些报道后,发现这批稿件中详细披露了过去从没有报道过的下面这些重大信息:

——中国首次透露它唯一的导弹试验基地位于北京西边1600公里的巴丹吉林沙漠;

——这个沙漠基地发射过几千枚导弹;

——这个基地为中国的核武器试验,卫星发射和远程运载火箭发射做过试验;

——中国是继美国之后的世界上第二个拥有超音速无人驾驶靶机的国家;

——近年来,基地进行了两次大规模技术改造,用数字信号代替了雷达信号,并具备了全方位空对空导弹试验的能力。

上面这些信息,足够我重新写一条新闻性极强的硬新闻。但我没有这样做,我发现,在这批长篇通讯中包含了基地的总设计师、中国第一架无人驾驶靶机总设计师和中国第一个空对空导弹测试模拟实验室总设计师这些有名有姓人物的访谈和直接引语。通讯中还对基地的设施和地理甚至历史环境做了详细描述。何不以新华社通稿为基础,综合各报改写一篇可读性强的、更有吸引力的特写?下面这篇稿件就是我在消化了当日各报近3万字的公开报道的材料后,重新改写的英文稿的翻译:

【案例3-3】

特写:导弹基地在戈壁沙漠中秘密崛起

新华社兰州5月10日电 在北京以西1600公里处的沙漠里,导弹专家赵煦的手指正在娴熟地拨弄算盘,他正在实验室里为中国第一架无人驾驶飞机的试飞做最后的计算。

在这片荒凉可怖的戈壁大漠中,散布着许多古代废墟,这些废墟是2000年前中国帝王为了抵御匈奴人的侵扰而修建的防御工事。

这块土地本可以成为考古学家和冒险家梦寐以求的去处,但如今,这里已成为对外封闭的秘密军事基地。这片沙漠里掩藏着中国最现代化的导弹实验基地,数以千计的导弹曾在这里实验发射升空。

30年前,基地的资深科学家赵煦和他的同事们使用算盘完成了导弹发射的设计和运算工作。而如今,基地配备了大型电子计算机和各种先进的光学、电子和激光设备。

基地的总设计师左继章少将说:"从人迹罕至的不毛之地,发展到今天这个样,几代知识分子付出的是青春,智慧和热血。"

（续）

在基地中央街道上闲逛，来访者会发现位于中国西北巴丹吉林沙漠中的这个导弹基地就像一个经济繁荣的小镇，如雨后春笋一样从早已被沙漠掩埋的丝绸之路上崛起。基地小镇绿树成荫，遮蔽超市、学校、宾馆、邮局、银行、书店和公寓楼、科研楼、办公楼。

基地内，一座座试验站、雷达站，巍然矗立；一处处观测点、发射阵地，星罗棋布。停机坪上，从超音速歼击机到轰炸机、运输机，分列两侧；导弹库里，从几十年前引进国外的到国产最新型号的数十种空对空导弹陈列有序。

1958年夏，随着已故毛泽东主席手中那杆如椽大笔在一份筹建导弹试验基地的报告上落下，大漠深处拉开了建设导弹试验城的序幕。

从那以后，基地的飞行员们先后进行了核武器试验，卫星发射和远程运载火箭发射试验。1984年和1988年，基地进行了两次大规模技术改造，用数字信号代替了雷达信号，并具备了全方位空对空导弹试验的能力。

1994年，基地的靶机总设计师赵煦教授率领的一个研究小组成功地试飞了他们自己设计和制造的超音速无人驾驶靶机，使中国成为继美国之后的世界上第二个拥有超音速无人驾驶靶机的国家。

"美国人攻克这一世界难题用了8年时间，并花费了10亿美元，"赵教授说，"而我们只花了4年时间，耗资不到100万美元。"

几个月前，中国第一个空对空导弹测试模拟实验室在这个基地建成，将中国空军带入了数字化时代。

三、新闻的5个W和1个H

一则新闻要回答读者可能会提出的问题，而读者最基本的问题概括起来就是5个W和1个H：Who（关于谁的事？）、When（什么时间发生的事？）、Where（在哪儿发生的新闻故事？）、What（发生了什么事？）、Why（为什么发生？）、How（怎么发生的？）和So what（意义究竟有多大）。5个W、1个H和1个So what是新闻的基本要素。

- 时间要素：告诉读者新闻是何时发生的。时间一定要限定得极其具体和清楚。多半是今天、今天下午、这个周末、这个星期天、昨天、昨天夜里。绝对不可以用"最近"、"近日"、"日前"之类模糊的时间概念。
- 故事要素：告诉读者究竟发生了什么新闻、什么故事。不可笼统地说，在这次火灾或空难中造成了"上百人伤亡"。

下面我们来看两则新闻，分析新闻的基本要素都在哪里。

【案例3-4】

美研究人员首次合成人造单细胞生物

新华网华盛顿5月20日电 美国一个研究小组(Who)20日(When)报告说,它们合成了一个人工基因组,并用它使一个被掏空的单细胞细菌"起死回生"(What)。研究人员表示,这是第一个完全由人造基因指令控制的细胞,它向人造生命形式迈出了关键一步(Why)。

美国J.克雷格·文特尔研究所的研究人员在最新一期美国《科学》杂志上报告说(Where),他们人工合成了一种名为蕈状支原体的细菌的脱氧核糖核酸(DNA),并将其植入另一个内部被掏空的、名为山羊支原体的细菌体内。经过多次失败的尝试后,最终他们使植入人造DNA的细菌重新获得生命,并开始在实验室的培养皿中繁殖。

"这是第一个人造细胞,"领导研究的克雷格·文特尔说,"这是地球上第一个父母是电脑、却可以进行自我复制的物种。"

许多科学家积极评价这一成果,但也不乏担忧的声音。美国宾夕法尼亚大学生物伦理学家阿瑟·卡普兰在《自然》杂志上评论说,文特尔的成果终止了有关生命的存在是否需要特殊力量或能量的争论。他说:"在我看来,这使它成为人类历史上最重要的科研成果。"

美国波士顿大学生物医学工程教授吉姆·柯林斯则反驳说:"这项成果破坏了我们有关生命属性的基本信念,而这种信念对我们如何看待(人类)自己、如何看待我们在宇宙中的位置都非常重要。"

还有一些人担心这项技术可能被用于制造生物武器。环保组织"地球之友"成员埃里克·霍夫曼表示,必须确保相关的法规到位,以保护环境和人类健康免受这项有潜在危险的新技术的伤害。

从上面例子看,5个W和1个H在报道的头两段就全部回答了。这是硬性新闻的特点。新闻的基本要素并不一定都要在导语(文章的第一段,有时也包括第二段,被称为次导语)中回答,新闻价值点就在"科学家昨天合成了第一个完全由人造基因指令控制的细胞,是人造生命研究中关键的一步"。因此,它被放在最重要的第一段中。对于普通读者来说,谁完成研究、研究在哪里发表、研究怎么完成的、为什么成功了这些问题重要性相对低一些,因此放在第二段中。

除了上述5个W和1个H外,还有一些新闻工作者提出记者在写作中要以受众的角度问:So what?(那又怎样?)美国记者培训专家罗伊·彼得·克拉克说:"许多新闻故事都没有回答读者最具有挑战性的问题:那又怎样?"也就是说,这个新闻故事和读者有什么关系?读者为什么要关心?

在各类信息源并存,媒体竞争激烈的时代,这个问题尤为重要。陕西日报社社长杜耀峰在我的班上讲课时说:"记者编辑要有卖点意识,也就是说,10秒钟就要和读者发生关系。"除了我们在第2讲中提到的新闻价值外,记者在写作中,要力图把读者带到现场,让读者"亲眼看到"现场,这也有助于让读者关心、在乎你所报道的新闻事件。

在新闻写作中,你不妨拿出一张纸,把 7 个问题列出来,然后一一回答。在此基础上再进行事实组合。

我是否回答了读者最基本的问题?

> 这条新闻是关于谁的:
> 发生了什么:
> 什么时间发生的:
> 在哪里发生的:
> 为什么会发生:
> 怎么发生的:
> 读者为什么要关注这条新闻:

四、组织新闻要素的第一步——聚焦

你通过观察、采访等途径发现了一则值得报道的新闻,并对上面列出的 7 个问题进行了回答。这时你要做的第一件事不是立刻开始着手写作,而是写出你要报道的新闻要点,也可以称为中心提要。这一过程,就是一个聚焦过程。现在我们来假设你要报道歌星迈克尔·杰克逊死亡这个事件。你目前获得的新闻基本要素包括:

> 关于谁:迈克尔·杰克逊
> 发生了什么:死亡
> 什么时间发生的:2009 年 6 月 25 日
> 在哪里发生的:美国洛杉矶,加州大学洛杉矶分校医疗中心
> 为什么会发生:心脏病发作
> 怎么发生的:6 月 25 日下午心脏病发作深度昏迷,被送往医院后抢救无效死亡
> 读者为什么要关注:迈克尔·杰克逊是世界级巨星,被誉为"流行乐之王"

现在你的任务是写出一篇新闻稿。如果你关注迈克尔·杰克逊之死这一事件本身,那么你的新闻报道很可能就是一篇硬性新闻,目的是向读者告知情况。你报道的中心提要会是:

迈克尔·杰克逊,美国一代巨星、流行乐之王,于 2009 年 6 月 25 日在美国洛杉矶因心脏病发作抢救无效死亡。

为了完成报道,你会注重死亡的过程,而你采访的对象也多会集中于参与抢救的医护人员以及可能目击到心脏病发作的目击者。

如果你不满足于写其他 300 万记者都会写的硬性新闻，那么你会试图选取某一个角度来报道此事。例如，你观察到在抢救医院的门口，聚集了许多粉丝，意识到杰克逊对西方歌迷的影响力，这时你报道的中心提要会是：

迈克尔·杰克逊于 2009 年 6 月 25 日在美国洛杉矶死亡，他的死让歌迷陷入悲痛迷茫。

为了完成这篇报道，你会更加关注迈克尔·杰克逊的粉丝，描写他们的反应，记录他们的言论，也就是解释怎样的"悲痛"与迷茫。同时你也自然会问一个你在报道上面那篇新闻时不会问到的问题：为什么人们会悲痛？这就要求你不仅要深入地采访，还要做相应的文献调查，了解迈克尔·杰克逊的生平。

你的新闻选题与报道角度决定了新闻写作的各个环节：我从已有的材料中选取什么？我还需要什么材料、采访什么人？我写作中需要什么细节、什么引用？我该如何组织这个报道？等等。当然，随着访谈调查的深入，你的中心提要有可能发生变化，但无论怎样，你最后的报道都要围绕你最终的中心提要，对准焦距。

如果你想知道你有没有对准焦距，你也可以在写完中心提要后以及完成稿件后，向自己问几个问题：这篇报道是关于什么的？我要我的读者从中了解到什么？这篇报道的中心问题是什么？新闻在哪里？新闻的意义在哪里？主题是什么？这篇报道回答的最重要的问题是什么？我能不能用一个段落、一句话、9 字、6 个字、3 个字把这条新闻写出来？

课外作业

每年北京都召开"两会"。你今年报道"两会"的任务是写一篇软性新闻。
(1) 请尽可能多地思考报道角度，包括选题、人物。
(2) 针对你的选题、人物，列出你所需要的资料和你要采访的人。

第 4 讲

新闻稿件的结构

本讲重点学习的知识与技能

- 硬新闻结构
- 软新闻结构
- 超越倒金字塔
- 采访与写作的程序

1986年12月29日,安徽老孤山煤矿发生透水事件,25名矿工被困在煤矿井底。李希光当时在中国社科院研究生院念新闻学研究生。听说此事,拿起包,买了张火车票,连夜坐硬座赶了过去。第二天,李希光一个一个采访被救上来的23名矿工。晚上没有睡觉,连夜用从北京背过去的老式英文打字机写稿,然后用挂号信通过邮局把稿件寄给《中国日报》。《中国日报》用大半个版面刊登文字和照片,美联社转载文字和照片,全世界才知道了这件事。这篇长篇报道如何入手?其结构是什么样的?我们先讨论完新闻稿件的结构后,再看我26年前写的这篇报道。

一、硬新闻结构:倒金字塔结构

倒金字塔结构是新闻报道、特别是硬性新闻最常见的结构,据美国学者统计,用倒金字塔结构写成的新闻约占美国新闻总量的80%。所谓倒金字塔结构,就是把最重要的内容放在最前面,较重要的放在第二段,最不重要的放在最后一段,就像一个倒立的金字塔,文章内容的重要程度随着文章的发展而逐步递减。

倒金字塔结构可以分为四大部分:导语、说明、扩充、结尾。在厚报纸的时代,读者生活在媒体轰炸中,有线电视、手机短信、网络新闻、多达几十版的报纸已经让读者变得浮躁起来,没有人会耐心地把整份报纸的每一篇新闻都从头读到尾,一旦导语没有吸引住读者,整条新闻都会被从读者眼中溜掉。因此,倒金字塔结构把故事的高潮、最重要的和最有新闻价值的内容或情节放在稿件的开头,然后在后面的段落里添加并扩充细节。

新闻稿的开头非常重要。记者不要吟诗作赋展示文采,而应该开门见山、语言简朴。导语的长度最好控制在50个字以内。另外,测试硬新闻导语好坏的一个方法,就是看它是否能当作一条可以独立成文的新闻简讯。有关如何写出好导语,在下一讲中会有更具体的方法。

紧跟着导语,故事进入到说明部分,陈述文章的主要事实、事件涉及的个人和组织,以及有争议的问题。扩充部分进一步阐述要点,揭示更多细节,为新闻稿增添深度和色彩,并增加一些参与者的引语。

【案例 4-1】

无家可归的男人在教会区被杀

2010年5月25日《旧金山纪事报》

一个游民在星期一教会区一所他经常借宿的饭店台阶上被发现被人捅死,旧金山警方报道(导语:直接报道发生了什么)。

警方在早上5点56分接到电话说受害人,其身份还未确定,被人发现死在18街和19街之间、位于教会街2280号的普利达饭店楼梯平台上。警察赶到时此人已经死亡,警方说(更具体地介绍事件的细节)。

（续）

　　调查人员正在询问几名可能的目击证人，但还没有拘留任何人（回答读者其他会因事件而产生的问题：有没有目击者？有没有疑犯？为什么他会在那里？等等）。

　　凶杀案件负责官员麦克·斯塔思科警长说受害人属于无家可归者，并一直在未经许可的情况下睡在饭店台阶上。

　　"他并不是总是待在那里，"斯塔思科说，"他正好那晚在那里。"

　　一个同样经常光顾该饭店的流浪女子发现了尸体，斯塔思科说。目前还不清楚他的尸体在那里有多长时间（结尾：补充了更多的细节）。

　　上面这篇新闻是对一个凶杀案的实时报道。全文虽然只有6段（6句话），但遵循倒金字塔结构，先从最重要的事实说起——一个流浪街头的人被人捅死。之后文章在慢慢补充一些记者获知的可以证实的细节。需要注意的是，记者的信源全部是处理案件的警察，因为他们最具有此事的发言权。另外，文章非常精简，没有一句废话，但却包含了此时此刻可以获得的全部信息。

　　倒金字塔结构符合新闻的目的——快速、清晰、准确而简单地向读者展现事实。另外，这种结构也符合编辑的需要，它可以让编辑快速地将新闻故事缩短来配合更短的版面或广播时间，以符合随时变化的情况需要。例如，假设《人民日报》国际版编辑计划让某驻外记者写一篇长度为800字的环境特稿，但是一场突发事件打乱了计划，某国总统遭到刺杀。这时编辑必须马上对突发新闻进行报道，而其他新闻的版面必须压缩，有时甚至会被删除。如果新闻采用了倒金字塔结构，编辑就可以简单地从后往前删除新闻的部分内容，而不用担心损失最重要的信息，即使只剩下一段文字，新闻仍然能保持清晰、完整，并能向读者提供重要信息。这也是为什么倒金字塔结构经久不衰的重要原因。

二、软新闻的结构

　　作品的倒金字塔结构也造成了新闻写作的难点，即新闻稿件的构成是没有逻辑性的。稿件以震天动地的一声惊雷开头，却以蚊子般的哼唧声结束。由于倒金字塔结构缺乏逻辑性，许多特写记者指出这种结构并不完全适合讲故事。下面我们来看三种适合讲新闻故事时使用的结构：正金字塔结构、沙漏结构和讲故事体。

　　1. 正金字塔结构：正金字塔结构类似于短篇小说的结构。用细节开头，把故事的高潮放在末尾。正金字塔结构尤其适合引导读者的情感，让读者阅读到最后得到感情的升华。

　　2. 沙漏结构：沙漏结构是倒金字塔和正金字塔的组合。把新闻中关键的事实按照重要性堆叠到稿件的开头几段，接下来的段落都是按照事件发生的时间顺序而组合的。沙漏结构的好处是既有倒金字塔结构吸引人的开头,又能加强后面按时间顺序叙述故事的戏剧化。

【案例 4-2】

"北京猿人"头盖骨流落何处?[①]
——北京国际会议访人类学专家
记者 李希光

大公报 1989 年 12 月 3 日电(记者李希光) 来自世界各地的近百位人类学家最近聚集在周口店这块古人类发祥地,纪念北京猿人第一颗头盖骨发现 60 周年。然而,这颗价值连城的头盖骨在何处?迄今却是一个难解的谜。

自 1929 年 12 月 2 日,中国学者裴文在北京城西南 50 公里的小山村周口店掘得一颗完速的 60 万年前的猿人头盖骨后,近 60 年来,经国内外数以百计的科学家的辛勤劳动,在周口店,"北京猿人遗址"共发现了 6 颗头盖骨化石。

据出席这次国际会议的中国人类学权威人士吴汝康、吴新智、张森水等介绍,除了 1966 年发掘的那颗头盖骨(现被锁在中国科学院古脊椎与古人类所的保险柜中)外,包括第一颗头盖骨在内的全国解放前发现的另外 5 颗头盖骨迄今下落不明。

不知所终的 5 颗头盖骨是在 1929 年到 1937 年,"七七"事变前这段时间里发现的。当时的发掘计划是根据中国地质调查所与美国人办的北平协和医院关于合作研究华北地质堆积物协议进行的,经费由美国地质调查所所有,不准带出中国国境。

"七七"事变后,发掘工作停了下来。1941 年春天,日本军队即将占领北平,研究工作的主持人,犹太人魏顿瑞欲把化石带到美国自然博物馆继续进行研究。但由于中美协议的限制,他未能如愿,只带走了一套模型。

1941 年 9 月,战局更趋严峻,中国地质调查所新生代研究室北平留守处负责人裴文中电告重庆的翁文灏所长,请示如何保管这些化石。翁复电示,可以交给美国人先保管,待抗战胜利后再运回来。裴文中即与美驻华使馆联系,但美使馆长时间不予答复。11 月初,重庆电示北平可交给协和医院,由它们转交给美国海军陆战队运往美国。今天仍健在的见证人胡承志回忆,他当时是新生代室的技工。"珍珠港事件"前的两个星期,他把 5 颗头盖骨装在两个白木箱子里,由中国工友运到协和医院的 F 楼。不久,太平洋战争爆发,化石由此也就失去了下落。

---

① 本文原载 1989 年 12 月 3 日香港《大公报》。

疑案难解

今年74岁的吴汝康教授是中国著名的研究古人类化石的学者。他对记者说,头盖骨的下落可能有以下几种可能的情况,(1)装箱以后,转到了美国运输舰上,这艘军舰在秦皇岛附近被日军炸沉;(2)美国海军陆战队在秦皇岛附近被日军俘虏后,化石被日本士兵当作一钱不值的骨头丢弃了;(3)美国人把化石运到了美国的某个地方;(4)美海军陆战队将化石藏匿在天津某个地方。

据吴新智教授介绍,日本人占领北京后,曾到协和医院搜查过"北京猿人头盖骨",由于没有搜寻到,还逮捕了裴文中,并追问他头盖骨的下落。

1945年,抗战胜利后,前中央研究院历史语言组组长李济代表中国政府去日本盟军总部接收被日本掠去的中国文物,曾打回电报称在日本帝国大学看到了化石。但是,第二天他又回电报说看到的只是模型,不是真正的"北京猿人头盖骨"。

抗战后,裴文中教授曾到东京大学去寻找过,但是也没有结果。

1970年,美国《纽约时报》突然刊出一位名叫威廉姆的神经科医生的广告,声称他掌握三个关于"北京猿人"下落的线索:(1)存放在天津一友人家中;(2)存放在天津法国人开办的巴斯德研究所里;(3)藏在天津瑞士人办的伯利洋行中。根据这些线索,天津市公安局为此成立了一个"绝密案件专案组"调查此事。

不久,在中国科学院古脊椎和古人类所的配合上,天津市公安局通过大量调查,否定了这些线索,但也留下了一个尾巴:伯利洋行设在北京的总行在1949年曾进行过一次走私活动。古人类所的张森水教授当时写了一个报告呈给郭沫若院长,要求对此进行深入的调查。但是由于某些原因,这封信一直未能送到郭老手中。

"文革"期间,有人写过一本《血泪斑斑救协和》的小册子,里面曾称"北京人猿"根本没有出中国。但由于这位作者迄今下落不明,他所提供的线索也就中断了。

70年代初,吴新智教授曾陪同美国希腊后裔基金会代表团参观周口店。代表团中的一位名叫杰诺斯的银行家允诺在国外悬赏50万美元寻找"北京猿人"。

在这之后,美国有人声称找到了这两只木箱。吴汝康看到这些木箱里装的头盖骨照片后。认为这些"化石"可能是模型。他说:"如果是真的话,过了这么多年,也该拿出来了,这些东西藏起来就失去了价值。"

两年前,美国国家自然历史博物馆的一位人类学教授声称获得线索:美军陆战队把头盖骨存放在天津一家瑞士人的仓库里。但由于这座仓库今天已变成了一所卫生学校的操场,从而亦无法依此线索进行查寻。同时,这位美国教授至今也没有披露线索的来源。

1980年,吴新智教授赴美国哈佛大学访问,该校一位教授说"北京猿人"在他那里。吴新智打开那人收藏的木箱,发现里面有人头骨和大腿骨,但却不是"北京猿人"。他曾多次来中国,也曾在国外广泛地寻找过,但终无结果。

时至今日,还没有人敢对"北京猿人"的下落下定论,但已故的周恩来总理曾说过一句非常中肯的话:"'北京猿人'是几个中国人交给几个美国人保管,在美国人手里丢的,有良知的科学家应该把它找回来。"

3. "讲故事"体:"讲故事"体遵循一个固定的模式,从具体到一般。文章先从一个小故事或一段描述开始,可能是某个人、某件事,这个故事承载了文章的主题。接着,记者会指出这样的故事并不是特例,而是千万个类似故事中的一个。在这里,记者会用一段被称为"核心段"的文字阐明报道的目的,这个故事为什么重要等问题。后面的内容则提供了对文章主题的各种支持证据。文章结尾,记者会使用直接引语或一个小故事,回到文章开头,旨在引发读者思考。许多记者都使用这种方法报道讲故事新闻。讲故事体适合报道趋势类新闻,可以让读者深刻意识到某个趋势、某个新闻事件对人们的影响,它加强了故事中人性化的一面,也更能让读者感兴趣。讲故事体遵循从具体到一般的模式,从小故事开头,总结规律或趋势并进行补充说明,结尾回到开头小故事点题。

【案例 4-3】

老年人面临新威胁

《联盟镇先去标准报》,1983 年 4 月 14 日,记者保罗·桑亚克

去年 7 月,64 岁的朱利亚·斯万兹开车到市中心买做果冻用的糖。晚上 6 点,她回到车旁,打开车门,试图坐到司机座上。她没有成功。

"我打开车门想进去,结果'砰!'——有人从后面袭击我,"斯万兹说,"我被一个男人按在车身上,他使劲拽我的提包。提包挂在我肩上,我紧紧地抓着不放。但是他一只手不停地把我往车身上砸,另一只手拉提包的带子。最后,提包带还是滑下肩膀,他抓起提包,一溜烟逃跑了。"

在这场持续几分钟的搏斗中,身高 1.61 米的斯万兹输给了 21 岁、身高 1.82 米的袭击者。她也成为一个统计数字:针对老年人犯罪的受害者。

与人们普遍想象的不同,统计数字显示老年人比其他年龄层的人更少成为暴力犯罪的受害者。他们也更少成为小偷、入室盗贼、偷车贼的受害者。一项全国犯罪调查报告指出,65 岁及以上的人群遇到针对个人犯罪的比例极低,他们也较少碰到针对住宅的犯罪。地方警察对报告的发现表示认可。他们说老年人(被一些社会服务组织定义为年龄在 60 岁以上的人群)不常成为严重犯罪事件的受害者,而且也确实较少是犯罪活动的受害者。

然而调查指出,老年人经常成为某些特定犯罪的受害者,如抢包等。地方警察还把一系列诈骗犯罪也加进来。"至于暴力犯罪,老年人成为受害者确属罕见,"尤宁敦警察局负责警官乔治·萨科托说,"但与其他年龄层相比,我们发现老年人更容易成为诈骗犯罪的受害者。"据萨科托讲,老年人常常成为假扮成读表员、维修工的诈骗犯的对象。骗子一旦进屋就变成了小偷,盗窃钱财及值钱物品。

另一个常见的骗局是修房骗局。施工队工人,因为来自外地而常被称为"吉卜赛人",通常在夏季涌入某一地区。他们使用高压销售手段,说服老年人签约美化家居。这些工程即使真的完成也是极为低劣的,而且要收高额费用。前警察局社区关系及安全教育官员罗伯特·麦克奈特下士说:"这些骗子用低得离谱的装修价格来吸引老年人。他们常常要求预先支付一半的费用,之后要不就卷钱逃走,要不就用不合标准的材料完成工程。"他们会用石灰水粉刷仓房。一下雨,"涂料"就被雨水冲下来了,麦克奈特说,"他们还会签约重铺车道,但只是涂一层油让它看起来

(续)

好像是新铺的一样。"

还有一种常见的骗局是两名女子假装要使用电话。当一个打电话的时候,另一个就开始偷窃值钱东西。

据麦克奈特介绍,两类最常见的犯罪是社会保险和银行查账员骗局。具有讽刺意味的是,这两类骗局都利用了受害者想要做良好公民的心态。在这两类骗局中,骗子(可以是男也可以是女,可以单独作案或合伙作案)乔装成调查员。他接近受害者,然后找个借口要求受害者的帮助,例如,请受害者帮忙抓一个被怀疑挪用公款的职员。最终,骗子说服受害者从自己的银行账户中提款出来。受害者或者被公开表扬的承诺所打动,或者被"调查员"所说的自己的银行存款也会不保所威胁,最终同意取款。骗子再用狸猫换太子之计卷钱逃走,留给受害者一个满是废纸的信封。并非所有的受害者都会报警。有些老年人为自己的轻信感到极为羞耻以至于他们不会告诉任何人。麦克奈特曾遇到过一个老年妇女被骗走 7000 美元,但没有跟任何人,甚至自己的子女提这件事。

尽管从统计数字上讲,老年人成为受害者的比例要比其他年龄层小很多,但他们却比其他年龄层的人更害怕成为犯罪受害者。他们会花很多时间担心犯罪问题,并想出一些办法来保护他们的生命和财产。这种自我灌输的恐惧会影响他们的行为和态度。"在大街上,一个 30 岁的妇女和一个 60 岁的妇女在付账时被抢包的几率是相等的,"麦克奈特说,"但是 60 岁的妇女往往是那个紧紧握住提包的人,因为她会担心被人抢走。"州警察局信息教育项目就是为了减轻老年人的担忧。"最大的恐惧就是无法保护自己,"麦克奈特说,"告诉老年人如何保护自己可以让他们更安心一些。"

但对于受害者来说,受害经历显示了他们的弱点,这不是轻易就会忘记的。例如斯万兹,从肩到胳膊肘全部瘀青,花了四个星期才好。虽然她的提包后来被找到了——她只丢了 4 美元和一些零钱——但斯万兹现在更谨慎了。就算只是看看案发地点也会让她不寒而栗。"我再也不会觉得自己是完完全全安全的了,"她说,"虽然这种事可能再也不会发生,但它深深留在脑海中。这种事会让你受惊,我想我不可能会忘记。"

上面的这篇报道使用的是讲故事体。文章一开始使用一名老年妇女斯万兹被抢包的经历,从具体到一般,接着用两段文字提出报道的主题:虽然从统计上讲,老年人成为犯罪受害者的比例很低,但老年人常常是某些特殊犯罪的受害者。这个主题正是一个社会趋势。接着,记者用警察的话和实际案例来支持这一主题。值得注意的是,作为地方报纸的记者,他采访的是地方警察,这样就把一个全国的趋势地方化了,更能引起当地读者的注意。文章的结尾回到开头故事,引用受害者斯万兹的话来强调这类犯罪对老年人心理的影响。

三、超越倒金字塔结构

什么是新闻的价值判断标准?媒体最常用的标准有两个:(1)正常秩序的严重破坏。如杀人放火等。(2)死亡。人死得越多,新闻价值越大,如伊拉克战场上的死亡。但是,讲故事新闻不是写这些极端的事件,讲故事新闻是写新闻的过程,是写人民的日常普通生活,而不是写新闻的极端结果。如果2003年春天，北京有200人因"非典"病故，你采写的这条新闻上了报纸的头版头条，这只能证明你是一个水平一般的记者。在"非典"期间，中外媒体每天关注和炒作的新闻都是又有多少人染上"非典"或死于"非典"。截至4月底，北京将近有1万人或染上"非典"或疑似"非典"或作为怀疑对象被隔离。如果作为一条新闻来报道，主要是从死亡和染病人数上写。但是，如果要从讲故事新闻角度写，就需要找到一个人性的元素：一对热恋但无法相见的情人；一个因"非典"失去父母的女孩；或者一个孤苦伶仃的老人在"非典"时期的生活。优秀的新闻作品听起来都是好听的故事；讲故事新闻是用新闻中的故事抓住受众。讲故事的新闻是一种突出描述艺术的写作风格，强调文字描述对感官的刺激，要求记者像语言艺术巨匠那样，用感觉化、视觉化的文字报道新闻并发掘这个故事对读者生活的意义。

在讲故事新闻中可以运用的叙事技巧包括：5个W和1个H："Who"变成故事中的人物；"What"变成故事情节；"Where"变成故事发生的场景；"When"变成故事发生的时间顺序；"Why"变成故事的动机；"How"变成叙述方式。具体讲，讲故事的新闻写作需要具备下面要素：

细节：不仅仅用Who、What、Where、When、Why这5个W，不仅仅需要记下引语和事实，还要用你对细节的捕捉力，通过画面的描写，把读者带到新闻现场。

悬念：一篇优秀的叙事新闻应该让故事慢慢展开，步步引诱，让读者不停地想要读下去。诱导留给读者的应该是娓娓动听、慢慢道来。

人物：通过故事中人物的眼睛叙述新闻事件，让读者感觉到记者不仅仅是报道事实，更是从人性的视角讲述这个事件。

对话：把对话穿插到新闻报道中，会揭示新闻或新闻人物的意义。掌握好新闻报道使用对话的窍门，能加深新闻报道的深度和广度。

变化：故事在叙述中要有跌宕起伏的变化，这样才能紧紧地抓住读者的注意力。

结构：忌讳使用散文式的结构，结构要紧凑。

视点：观点要一步到位，要毫不吝啬地铲除模糊报道主题和报道焦点的画面，不要乱糟糟地把各种细节和画面杂乱无章地堆积在一起。

读者：在写作上，记者要清楚地知道读者是谁，能够超越业内的行话、顺畅并有一定的节奏感，读起来不可疙疙瘩瘩地不顺畅，最好是清晰透明直截了当。

篇幅：讲故事的目的是增添读者对新闻的理解深度，绝不是夸张或是增加稿件的长度。另外，数字的使用要少而精。

结尾：故事化的写作用细节一步步制造一种越来越强烈的期待情绪，直到最后，最后一段通常有个戏剧性的结尾，据说每年黄山都有几对男女跳崖殉情。但是，并没有多少人为他们像罗密欧与朱丽叶的自杀那样偷偷流泪。这是因为莎士比亚通过超人的讲故事手法，在故事的最后，当读者或观众已经对这对情侣产生了感情，他们的自杀一定会在读者心中产生极度的悲伤那一刻，把这个戏剧性的高潮告诉观众。如果按照新闻倒金字塔的结构，某晚报的开头是这样写的:"欧洲某家族一对男女少年自杀,警方调查结果是殉情。"这种硬新闻的报道手法相信不会从读者那里赚到眼泪。

四、新闻采访与写作的程序

已故的哥伦比亚大学新闻学教授詹姆斯·凯瑞说:"新闻写作是一项最严格的描述艺术。"所谓严格,包括严格的训练,包括严格把握的文字文风,也包括严格的写作过程。当然,没有什么写作程序是被刻在石头上,一成不变的。我们这里向大家介绍的新闻采访与写作程序,是经过许多记者亲身实践总结出来的。它可以帮助你更有效地选题、采访和写作,也可以帮助你避免因为马虎、偷懒而造成的错误报道。

第一步 选题构思:新闻选题的产生需要的是一双好奇的眼睛、一对灵敏的耳朵和聪明的大脑。敏感的记者可以从餐厅、咖啡厅、茶馆、网上、微博获得新闻的选题。即使是所有记者都会报道的重大事件,好记者也会找到与众不同的角度。

第二步 资料调研:资料调研帮助你充实你的报道,扩展你的思路,并问出有价值的问题。如果你报道乙肝,你知道乙肝是如何传染的吗?你知道全国有多少人是乙肝病毒携带者吗?如果你报道联想集团,你知道这家公司是哪年成立的吗?哪年上市的?创始人是谁?现任董事长、总裁是谁?虽然这些问题的回答你不会都在报道中使用,但了解的越多,你心里的把握就越大,可选的报道角度就越多。

第三步 确立报道焦点:新闻如果没有焦点,就会像一张没对准焦距的照片让人看不清楚。在第4讲中,我们提到新闻要点。写出新闻要点,可以帮助你问自己:新闻是什么?故事是什么?我需要什么样的信息?我要采取的态度?我选用何种事实可以抓住受众的注意力?

第四步 素材采集:你要采集的素材包括:文字报道中的直接引语、广播报道中的声白、电视报道中的画面、最后还有照片。素材采集时要注意平衡信源,采访不同观点的人士。采访时,要边采访边观察,并记录现场细节。

注意:第二、三、四步并非线性流程。有时候,你采集素材后会希望改变报道焦点,因为你发现了更有价值的内容;或者你采访后还需要更进一步调研。这三步可同时进行或交替进行,直到你找到你认为最好的焦点并收集到足够的素材。

第五步 报道框架:正式写作前,需要你回顾一下你收集的素材资料。围绕新闻焦点和选题确定新闻报道的取景框架,并围绕新闻框架在采访笔记中标出、选择出那些相关的引语、细节和背景。此外,你以怎样的形式和结构报道最能体现你所要传达的信息?列出一个小小的提纲让你不会天马行空。

第六步 写导语:导语是一篇新闻报道中最重要的环节,它决定了你的报道是不是能够吸引读者。如果你用两个小时写作,那么一个半小时写导语都不为过。

第七步 有没有不清楚的地方?无论你是一气呵成,还是边写边检查,不要忘了问自己这样的问题:我的新闻组织结构合适吗?我有没有解释读者不懂的地方?我交代必要背景了吗?我把问题阐述清楚了吗?我的新闻是以事实为基础的吗?我使用直接引语了吗?

第八步 检查与核实:这一遍检查,关注事实性错误,如日期、人名、地名、组织机构名称、头衔,等等。一个小技巧就是写的时候,把不能确保准确性的地方重点标注出来,这样检查时就不会忘记。

讲故事新闻关心的是和普通读者息息相关的人和事,而不是惊天动地的事件。因此,讲故事新闻需要更高的叙事技巧,这些技巧包括人物的描写、细节的取舍、对话的取舍、故事的悬念与起伏,等等。讲故事新闻更能考量一个记者的报道、写作水平。

现在让我们回到开篇,看一下老孤山煤矿透水事件的报道。

【案例 4-4】

70 小时的生命大营救

《中国日报》,1987年2月10日,记者李希光,原文英文

故事发生在去年12月一个寒冷的冬天,25名矿工被透水事故困在安徽省萧县老孤山一个煤矿井中。在这严酷的三昼夜中,地下的矿工们(其中两名身亡)与自然抗争,最终获得了胜利。但是他们对待生命的态度和以前再也不一样了。

1986年12月29日 早上8:30

萧县一座荒芜的山脚下,隐藏着中国最古老的煤矿之一——老孤山煤矿。

地下100米,副矿长张盛宇(音译)刚刚接管早班,他正带领着24名矿工沿着倾斜的通道前往采掘现场。顶部有时会出现裂缝,黑色的水滴从坑道壁中滴落下来,煤矿实在太老旧了。宋朝(公元960—1279年)年间,这个煤矿让著名诗人苏东坡产生灵感,写下《石炭》一诗描述矿工们的生活。元、明、清三朝,煤矿时开时关。20世纪30年代后期,日本侵略者又重新开始使用煤矿。他们离开后,煤矿一度被废弃。去年7月,附近村民筹钱又重建了这个煤矿。

现在,张副矿长和工人们默默地在采矿现场工作。他们搭起安全架,凿开旧石壁,一点点往前挖,完全没有意识到危险已经临近。

1986年12月29日 上午10:20

张燕军(音译),50岁,正蹲着修理传送带。突然他听到从坑道方向传来一声巨响。他的一个工友即刻被从坑道深处涌出的一股急流冲走。张燕军紧紧抓住顶架,把身体撑起。他的脚下冲过1.4米高的水流,混合着石块、木头,甚至还有传送带的金属部件。水流顺着倾斜的通道一路冲下去。有水涌进井底。"这里只有我一个人。他们……"胡德永(音译)——另一名矿工——试图把情况通报给地面控制室。可还没等他说完,电话就被水流冲走。胡德永绝望地紧紧抓着坑道顶部的横杆。李志新(音译)在控制室听到这个打了一半的呼救电话,心立刻提到嗓子眼。他马上组织起救援队,但水流一直堵到通道顶部,根本没有办法进去。李志新立即打电话请求外援。

1986年12月29日 中午

年长的工人张燕军悬在顶部横杆上已经快两个小时了。

滚石发出的巨响已渐渐平息。他忽然感到横杆晃动了一下,似乎横杆马上就要塌下来。他

(续)

挣扎着抬起头,隐隐约约看到水面远处的黑暗中有光亮在闪烁。他慢慢伸出一只脚,试了试水流缓急,觉得可以站住脚。冰凉的水漫过胸部,他抓着井底的支柱,慢慢地沿着斜坡往下朝亮光走去。一个 23 岁的年轻矿工正在呼喊救命。张燕军朝他喊,"往坡上走!"

在斜坡上半部,张燕军又看到有亮光。他们找到一个洞,其他的矿工正躲在里面。

与此同时,地面上已经组织了 1200 人的救援队伍,将近 100 辆运送救援设备的卡车和从安徽及邻省江苏派来的 10 辆救护车已经准备就绪。从附近村庄赶来的男女老少上千人,聚集在煤矿周围,许多人都在哭泣。40 名民警被派往现场维持秩序。

1986 年 12 月 29 日　晚

救援人员决定,必须尽快让新鲜空气进入矿井底部。

按照地下通道的路线图,一辆探矿车在地面凿开了一个 70 米深的通风洞,但没有找对位置。地下,可怕的洪流已在慢慢消退。张盛宇数了数洞中的人,还有 23 名幸存者。"我们必须通知地面,我们还活着。"张盛宇说。

在泥水中摸索了好几个小时,他们终于找到了被冲走的电话。没有钳子,也没有改锥,他们只好用一根小螺丝钉修理损坏的电话。

1986 年 12 月 30 日　临晨 3:40

地面控制室连接地下的电话响了。一个微弱的声音传出来:"所有人都在 …… 没有氧气……"

电话扫去了营救人员脸上的乌云。"他们还活着!"人们喊起来,"把水排干,立刻把水排干!"古老的井筒只能安装三台抽水机。全速运转,它们一个小时也只能排掉 200 立方米的水。把矿工们救出来要花多久时间呢?

老孤山一整天都在下暴风雪。上千名农民以及矿工家属都在焦急地观望。

几个小时过去了,积水似乎一点也没有减少。冰凉的水拍打着矿工,"我们不能坐着等死。我们必须挖个洞逃离。"张盛宇说。他们随即动身往水流挖去。煤炭、石块、泥土挡住了他们前进的道路。他们用手,用脚,用铲子,终于挖到了斜坡通道,但那里的水已经没顶了。

1986 年 12 月 30 日　早上 6:30

矿工怎么才能获得必需的氧气、食物和水呢?控制室里人们讨论着。"潜水去!"突然有人提议。

一份紧急电报发往人民解放军东海舰队。几分钟后,由 14 名海军军官和潜水员组成的救援小组整装待发。他们跳进一架米格-8 直升机。天气阴晦,能见度只有 1.5 公里,直升机被迫降落在距煤矿 40 公里的徐州机场。

地面控制室告诉矿工用灯光发信号,敲打铁块,让潜水员尽快找到他们。

听到这个消息,矿工们热泪盈眶,他们又燃起了新的希望。大家立刻打开所有的油灯。

在地面,潜水员已换上轻便的潜水服,背上潜水器具。20 分钟后,第一个潜水员返回,报告说他只能深入 7 米。第二个潜水员只能深入 9 米。水太深太冷,需要重型潜水服。

地道深处,矿工们还在继续发信号,敲铁块,但极度的缺氧就要麻痹他们的大脑和身体了。

（续）

1986年12月30日　下午4点

又过去了几个小时。矿工们的期盼一点点消逝。一个矿工几乎是歇斯底里地急喘着说，"我们没法活着出去了！"

每个人都口干舌燥，但环绕在他们周围的水又脏又臭。张盛宇不让矿工们喝，告诉他们这水有毒。不顾张盛宇的规劝，44岁的杨志清（音译）还是喝了一口。"真他妈甜。"他苦笑着说道。生生吞下了苦涩的煤水后，他从嘴里往外吐煤渣。随后，他又从兜里掏出三张当手纸用的卷烟纸，一口咽了下去以缓解饥饿。

潜水员没有成功的消息传到了北京海军总部。海军将领们随即命令北海舰队派出10名装备重型潜水服的潜水员到青岛飞机场待命。一架飞机从北京起飞，降落在青岛机场接上潜水员们。最后这架安—26飞机终于停到徐州机场。几分钟之前，1000名军官战士刚刚扫走跑道上的积雪和淤泥。

1986年12月31日　上午9:30

刘荣传（音译），东海舰队潜水主教官，穿着79公斤重的潜水服，已经准备好将200米长的通风管、巧克力和果汁送往矿工们被困的地点。

"我们要得救了！"矿工们从电话里得知这个消息，眼里涌出激动的泪水。

3小时后，矿工们还在继续等待。纪朝东（音译），一个年轻的矿工开始急躁起来，起身跳进了冰冷的水中。游了大约10米，他感到水下有动静。"海军来了！"纪朝东一边喊，一边使劲敲打铁块。

一名在水中已经找了3个多小时的潜水员终于钻出水面。他示意大家不要靠近他。"也许他有点怕我们吧。"一名矿工事后回忆。

尽管如此，一名矿工还是从背后拥抱住潜水员。另一名矿工紧紧握着他的手臂，哭了起来。张燕军情不自禁地在潜水员面前跪下，想要给他磕头。

潜水员厚重的头盔让他不能和矿工们直接交谈。纪朝东用一块煤在手上写了"渴"、"饿"两个字。

潜水员打开袖口，为他们放出一些氧气。之后他掏出一封地面人员的来信，上面写着，"你们在地下有25名矿工，但在上面，2500多群众和解放军战士正尽一切努力把你们救上来"。

1987年1月1日　午夜

救援人员决定在新年一大早把被困的矿工们两两救出来。但是两个水泵已经坏了，救援工作再次被耽搁下来。

不过这次海军潜水员给矿工们带来了更多的食物和饮料，以及一部新电话。送完这些物资后，潜水员与每一位矿工握手，鼓励他们坚持下去。

张副矿长给地面写了一封信，很冷，我们快神志不清了，不过我们会互相帮助。如果死，我们也会死在一起。

1987年1月1日　上午9:15

用尽所有的意志和力量，矿工们在70多个小时中战胜了饥饿、干渴、疲倦和死亡。他们太累了，以至于连蹚过冷水的力气也没有了。

(续)

救援指挥张亮强（音译）两次进入矿井测量水深。终于救援负责人决定把矿工们拉上来。两名救援人员把矿工的头扶在水面上，站在另一边的两名救援人员用绳子把矿工们拉上来。救援队打算用一只笼子一次从井筒中拉上三个人。马上就要得救了，矿工们却争执起来，不过他们不是抢着先走。"我最后一个走。"每一个矿工都这么坚持。

第一只笼子拉上三个最年轻的矿工。纪朝东第一个走出笼子，一出来他就流着泪扑到李志新矿长怀中，又累又激动，一个字也说不出来。

默默地，矿工们一个个被担架抬到离井筒30米远的临时急救室中。在煤炉烤暖的屋中，医护人员帮他们脱下湿透的衣服，擦净身上的水渍和污渍。医生快速地检查了他们的血压和体温，并喂了一些糖水。之后，他们被送入在风雪中等待了三天三夜的救护车中。

张盛宇最后一个出来。他不顾疲劳，坚持要等到两位遇难矿工尸体被找到后再走。

在这4天时间里，邮局记录并转达了500多个电话留言。官桥村的农民给救援人员送来了1000个鸡蛋；附近的村民给他们烙了3000多张烙饼；当地加油站和商店都免费向救援人员开放。

"看到这样的救援行动，对我来说也是很大的安慰。"董德龙（音译）的父亲说。他的儿子在这次事故中不幸遇难。

1987年1月8日

1周后，矿工们全部出院，身体完全恢复。当胡德永（音译）到家时，全村人都出来迎接他。他70岁的老母亲把他搂在怀里哭着说："我以为再也见不到你了。"

1987年1月21日

矿工们安全到家已经过去两周了，但是他们的家中还像过节一样喜气洋洋。每天，得救的矿工家里都会摆上节日食物，招待前来探望和分享快乐的亲人朋友。

"到现在，我至少已经花了500元庆祝我死里逃生。"冯玉成（音译）说。

"几天前，我邀请两个亲戚来喝我的'喜酒'，他们说，'谁要和你喝酒，你都是个死人了'，"冯玉成一边说，一边笑起来。

课外写作练习

用倒金字塔结构把《红楼梦》改写成一篇300字的当日消息。导语不超过50个汉字。Who：新闻的主人翁；What：发生了什么？具体的行动？Where：新闻发生的地点、社会背景；When：新闻发生的具体时间；How：新闻是如何发生的？Why：权威人士的评论

第 5 讲

新闻导语的写作

本讲重点学习的知识与技能

- 导语的功能
- 好导语的标准
- 硬性新闻导语写作
- 讲故事新闻导语写作
- 导语写作的技巧

在这一讲中,我们将学习新闻采访与写作关键技能之一——导语的写作。导语是一条新闻最重要的部分,它决定了读者是否会对这条新闻感兴趣,是否会继续阅读下去,因而也就决定了这条新闻报道的成败。写出好的导语,是记者新闻敏感度、采写水平最直接的体现。好导语也是公众知情权的体现。

一、如果你用 2 个小时写稿,1 个半小时就用来写导语

1. 好记者不会写出雷同的导语

什么是导语?我们在上两讲曾提到:导语就是新闻的开头。

从形式上说,硬性新闻的导语就是第一段文字,有时第二段文字会对第一段文字进行补充说明,被称为次导语。硬性新闻的导语要求开门见山,短小精悍,并能够体现六要素中最有新闻价值的内容。例如下面的导语:

【案例 5-1】

苹果超微软成市值最大科技公司

路透社西雅图 2010 年 5 月 26 日电 苹果市值周三超越微软,跃居全球科技业之冠。

苹果周三股价在纳斯达克市场一度大涨 2.8%,在此同时微软股价挫跌,苹果市值扩增至 2290 亿美元以上。

上面这篇报道的导语只有 19 个字,但却说明了最有新闻价值的内容:苹果(关于谁?)在周三(什么时间?)股票市值超越微软成为科技业之首(发生了什么?)。第二段文字有 41 个字,是新闻的次导语,它进一步解释主导语并补充细节:在哪个股票交易市场?涨了多少?扩增到多少?这些信息是对苹果公司股票感兴趣的人想要知道的细节。需要注意的是,股票涨跌的原因有时并非一目了然,它有时是市场合理的自我调节,有时则是因为种种外部内部原因。因此,此条新闻并没有解释为什么。

【案例 5-2】

让孩子们说

《中国日报》2006 年 12 月 1 日 记者张峰

在新疆维吾尔自治区的伊犁地区,孩子们正在剧院进行"对抗艾滋病"主题的演出。剧院的角落里,45 岁的维族妇女卡莉兹正在默默垂泪。

这篇新闻故事的导语采取了一种远景、聚焦的方式,首先介绍了故事的背景——一群孩子在举行"对抗艾滋病"的演出,然后拉近镜头,锁定在一位默默流泪的维吾尔族妇女身上。看了这个导语,读者产生期待:她是谁?她为什么会流泪?

从上面两个例子可以看出,导语的功能就是呈现最重要的事实和亮点,把读者对新闻的

关注集中到一个点上。硬性新闻的导语要求开门见山,要表达新闻中最有新闻价值的内容;而在讲故事新闻中,故事是箭、导语是弓,它把故事沿着一条上升的轨道射向故事的高潮。而无论是硬性新闻还是讲故事新闻,导语都要抓住事件的精髓,并诱导读者继续读下去。

新闻写作的难点就在于找到新闻、挖掘新闻、写出与众不同的新闻,因此在真正的记者中,没有哪两个记者会采用完全一样的手法处理同一条新闻,写出雷同的新闻导语。

2. 有了好导语,就有了好新闻

导语的重要性再怎么强调也不为过。国外许多新闻学院的学生要花一学期,甚至一年的时间学习写好各种导语。国内的新闻工作者也反复强调导语的重要性:

有了好导语,就有了好新闻。

导语写好了,一条好的新闻就成功了一半。

没有闪光的导语,新闻也就不会闪光。

导语是记者展示自己水平的橱窗,读者和编辑都会自然地设想,如果记者未能在导语中表现出水平,那么,他/她就是没有水平。

在导语中失去了读者,你就别想指望在稿件的中间把读者拉回来,因为读者很可能永远不会看到你稿件的中间是如何写的。报道的基调、报道的框架、报道的主题都被导语牵着鼻子走。没有好的导语,你的报道就会思路不清,会胡言乱语;没有好的导语,不仅毁灭了读者的阅读兴趣,也埋葬了新闻事实本身,而最终是读者不知道自己应该知道的事情。例如,2010年5月26日新华社报道,标题是《胡锦涛要求破除论资排辈等用人观念》。文章的头两段内容是:

【案例 5-3】

中共中央、国务院召开的全国人才工作会议5月25日至26日在北京举行。

中共中央总书记、国家主席、中央军委主席胡锦涛,中共中央政治局常委、全国人大常委会委员长吴邦国,中共中央政治局常委、国务院总理温家宝,中共中央政治局常委、全国政协主席贾庆林,中共中央政治局常委李长春,中共中央政治局常委、中央书记处书记、国家副主席习近平,中共中央政治局常委、国务院副总理李克强,中共中央政治局常委、中央纪委书记贺国强,中共中央政治局常委、中央政法委书记周永康出席会议。

看到这里,你还会继续看下去吗?导语体现了记者对新闻价值的追求,对大量信息进行梳理的能力。导语也是公众知情权的最直接体现,是新闻存在价值的最直接体现。如果你有两个小时写稿子,就花一个半小时写导语。

3. 导语就是让你非读不可

什么是好导语?很简单,好导语就是吸引人的导语,就是能让读者想要读下去的导语——读者通过导语判断他们将要看到的内容是否重要或有趣。西方新闻工作者把导语称为 stopper,意思就是能让人驻足停留的东西。还有一些新闻工作者称导语是 hook,意即钩子。吸引人的导语是无法预先制作的,任何在事件发生前就能想出来的导语都是糟糕的导语。我们先来看几则好导语:

【案例 5-4】

小鬼当家,美 12 岁女童勇破窃案

中央社美国波特兰 2010 年 5 月 25 日电　父母不在家,却有歹徒破门而入,该怎么办?俄勒冈州一名 12 岁女童昨天下课后独自在家,惊觉有歹徒割破纱窗闯入,她躲在毛毯下拨打 911 报警,警方即时赶到逮住 3 名嫌犯。

这是一则硬性新闻的导语。报道首先提出一个难以回答的问题,而这个问题正是父母的噩梦,立刻吸引读者注意。紧接着第二句,文章交代了谁、发生了什么、什么时间、什么地点以及怎么发生的。但是,文字间留有"包袱",读者会问:小女孩有没有被歹徒发现?她为什么会这么勇敢?她现在怎么样了?疑犯会被定罪吗?等等。吸引读者继续看下去。

【案例 5-5】

丝路考察解决千年难题

《中国日报》1990 年 7 月 30 日　记者李希光

本周一,联合国国际丝绸之路考察队在丝绸之路、甘肃省东的又一站——麦积山协助解决了一些长期以来困扰中国学者的谜题。

这则导语开宗明义,指出时间、谁、在哪儿、做了什么。但是,"解决了一些长期以来困扰学术界的谜题"会引起读者的好奇而继续读下去。

看了上面的好导语,你大概已经悟出其中的一条规律:好导语制造悬念,引导读者提问。这是因为,一旦读者没有了问题,他/她读下去的兴趣也就没有了。回想一下那些让你一口气读完的小说、那些让你欲罢不能的电影、电视,诱导你读下去、看下去的重要原因是不是因为你还有问题没有回答:下面会发生什么?为什么他这样做?最后结局会是怎样的?在新闻写作中,好记者会预测读者的问题,在解答一个问题之后,引导读者再提新的问题,直到回答完所有问题。

二、什么不是好导语

起句当如爆竹,骤响易彻。但是,在中国的新闻教育中,新闻导语写作——新闻教育的精华与核心,没有摆在大学新闻教育突出的地位,以至造成了中国记者不会写有新闻的导语,只会写无新闻的导语。这种导语的盛行给中国新闻传播带来的伤害是令人担忧的,因为无新闻导语,正如前面反复强调的,埋葬的是读者对阅读报纸杂志的兴趣;埋葬的是新闻事实本身。下面,我们要介绍几种中国记者在导语写作中常见的毛病。而你要做到的就是避

免写出这样的导语,并知道该如何改进这样的导语。

1. 无新闻型导语

【案例 5-6】

国家旅游局盘点春节旅游

《中国青年报》2001 年 2 月 4 日

全国假日旅游办公室负责人、国家旅游局副局长张希钦日前表示,春节的"黄金周"平稳度过,"旺而不乱、平安有序",假日 7 天,没有发生大的旅游安全事故。

新闻的价值就是冲突性、冲击性、反常性,等等。对于任何一个社会来说,保证公民的安全,确保官员的清廉是最基本的要求,只有没有达到这个要求的时候才能构成新闻,也就是说,"打破常态"是新闻。那么这样的新闻看起来似乎是赞美,但实际上则是在暗示:安全是打破常态,没贪官是打破常态,所以才把它当作新鲜事来报。但这是事实吗?

2. 会议型导语

【案例 5-7】

亚洲媒体峰会在京开幕刘云山出席并致辞

《光明日报》2010 年 5 月 26 日

中共中央政治局委员、中央书记处书记、中宣部部长刘云山 25 日上午出席在北京召开的亚洲媒体峰会开幕式并致辞。刘云山首先代表中国政府对峰会的召开表示热烈祝贺,对参加会议的各国代表表示诚挚的欢迎。

会议只是一个新闻钩和由头,是新闻发布的时间要素,而不是新闻本身。导语中记录会议何时何地召开、某个领导人发表讲话、表示祝贺、欢迎等属于会议程序。这种导语就属于无新闻导语。无新闻导语开头的新闻,不能算是新闻作品,只能算成会议记录。也就是说,记者在采访会议新闻的时候,要尽量杜绝写会议程序性新闻,把程序放在最次要的位置。记者的主要精力要用在发掘新闻和寻找新闻来源上。例如,1996 年夏天,北京国际地质大会上,新华社记者采写的中国什么领导人出席开幕式、接见会议外宾、讲了什么话等会议程序稿,可能没有几个人记得了。但是,记者会上采写的《国际地学界对美国声称发现火星生命表示怀疑》、《生命早在六亿年前就出现了男女性别之分》这种真正有新闻价值的稿件至今在一些读者那里可能还存有记忆。

写会议新闻导语时,一个小技巧就是把会议新闻导语变成"行动性导语",例如:

非行动性导语:北京市政府今天就城市规划和外来流动人口召开会议

行动性导语:北京市政府今天决定把外来人口就业数量限制在 100 万

非行动性导语:全国人大九届四次会议今天在京隆重闭幕

行动性导语：全国人大今天修改婚姻法，未结婚人员同居将会受到通奸罪指控

行动性导语中的主要动词必须是新闻动词，是新闻中的主要事件。例如：

中国外交部今天对印尼局势表示关注（非行动导语，关注不是新闻动词）

印尼排华迫使中国决定大批撤离驻印尼的华侨（新闻动词是撤离）

3. 无故事型导语

【案例 5-8】

六盘山成为野生动物乐园

《中国青年报》2001 年 2 月 1 日

记者近日从六盘山自然保护区获悉，由于林业部门和六盘山自然保护区管理处加大对六盘山自然保护区生态环境的保护和建设，六盘山的森林覆盖率已由 1985 年前的 33.9% 增加到现在的 74.2%。与此同时，六盘山自然保护区的野生动物种群和数量也有了明显回升。目前，六盘山的野生动物种群达上千种，其中脊椎动物 213 种、鸟类 158 种。属于国家一、二类保护动物的有金钱豹、林麝、豹猫、红腹锦鸡、金雕等 14 种。在"中日候鸟协定"中受到保护的鸟类有草鹭、白腰雨燕、角百灵等 34 种。

记者在新闻采访、调研的过程中，可以运用社会学、政治学、心理学和自然科学等学科中的一些技能，但在新闻的具体写作中，只能运用一样技能：讲故事的技巧。上面的导语一上来就是一连串让读者无法体会其中意义的数字：33.9% 增长到 74.2% 意味着什么？213 种、158 种到底是多还是少？这些动物和读者个人有什么关系？也就是说，导语变成了报告、教科书，变成了乏味、沉重的统计数字。除非是具有超强毅力的读者，大部分读者看到这样的开头，只会望而却步。

像这类报道趋势的新闻尤其要以故事开头，用故事打动读者。这是因为，一个好的故事可以感染读者，让读者关心，但数字是冰冷无情的，不会让读者关心。上面导语中的信息可以融化在新闻故事中，慢慢交代给读者，这样读者一边读故事，一边体会到这些数字的意义。除非是突发性事件要求硬性新闻，记者应该尽量在写作中，追求新闻事件的故事化、人性化和戏剧化的过程，注重细节和现场描写，使新闻一开头就有声有色，能够把读者吸引住。尤其是在涉及野生动物保护、人物的报道中，更应该以感人的小故事作为导语来打动吸引读者。

【案例 5-9】

与大熊猫和谐相处的小山村

新华社 1997 年 10 月 26 日电（记者马集琦、李勇） 娇娇又生了个漂亮娃，忙得王文树天天往她栖身的山洞跑。望着他那细心劲，家里的妻子吃醋地说："我坐月子时，也没见他这么忙乎。"

（续）

温驯憨厚的娇娇是1只15岁的大熊猫，住在离王文树家所在的板桥村5公里的一个山洞里。过去8年里，娇娇在板桥村附近的几个山洞里先后生下了3儿1女。这些山洞在古城西安东南600公里的秦岭南坡茂密的竹林里，那里海拔1400米，生存着250只大熊猫。目前，全世界仅存大熊猫约1000只。

给北京大学熊猫研究小组当过向导的农民王文树从娇娇生第一胎时，就与她建立了友情。在娇娇哺育她的4个幼崽期间，他每天都去山洞看她们，给她们带去新鲜的竹笋、玉米面馍馍和糖果。王文树形容把小熊猫搂在怀里的感觉说，"那毛茸茸的小家伙爱伸懒腰，可爱极了"。他后来给自己的小儿子干脆取名熊猫。

在有40户人家的板桥村，像王文树与大熊猫这样"相亲相爱"的人真不少。村民们不仅常在山野和村里遇见过大熊猫，很多人还救护过大熊猫。

去年冬天，村民发现3岁的冬冬在水洞沟里摔断了前肢，行走困难。刘国政和十几个村民找来担架，铺上被褥，把她抬回村里。在此后的两个月里，板桥村的100多村民轮流当护士，喂她白糖稀饭吃。有时给她土豆、白菜、甘蔗和苹果吃。孩子们还跑进山为她采竹叶和竹笋。

笼笼是板桥村民们时常惦记的另一只大熊猫。在一个秋天，廖长发父子放牛时发现了奄奄一息的笼笼。他们用架子车把她拉回村。笼笼拉痢疾，经过打针吃药，很快康复。她在板桥村住的一个半月里，拉屎、撒尿都在廖的家里。廖和几个村民每天给她打扫卫生，并采来新鲜的竹叶。廖家贫困，村里人凑钱买奶粉喂笼笼。笼笼在放归山林时，她依依不舍，一步几回头。在离开后的头几个月，她经常返回板桥，把这里当成了一个窝。

板桥村村长张泽国说，在村民们眼里，大熊猫是吉祥动物，称其为花娃子。村里的猎人从祖先那里继承了一个说法：打猎不打花娃子。

3年前，国务院决定把板桥村周围的山林划进陕西长青国家自然保护区，村民的猎枪全部收缴。今天，这里野猪和野鸡成群出动，糟蹋庄稼。一位村民无奈地说,，没法子，为了保护熊猫，不能下套子，连野猪都沾了光。

保护区的官员说，近20年来，这里未出现一起大熊猫冻死、饿死或被伤害的事件。这里的大熊猫很聪明，只要病了饿了，就卧在路边、河边容易让人发现的空地上，或者干脆到村民的房前屋后，登门拜访。

今年春天，大熊猫茅茅在板桥的邻村九池村当了一回座上客。那天晚上7点多，茅茅推开村长谷应明家的后门，大摇大摆地进来。谷村长的母亲一看来了贵客，忙找吃的喂她。茅茅先吃了几块切好的腊肉，又凭着嗅觉找到放在屋角的一罐蜂蜜，吧唧吧唧美餐了一顿。这天夜里，她睡在村长的牛圈里。

第二天，茅茅又来到王德刚家。在他家饱餐后，用前爪拍拍肚皮，然后晃着脑袋一屁股坐在火炕旁烤起火来。王全家老少与茅茅围坐一起，与她逗乐。茅茅不时发出几声"汪汪"的狗叫或"咩咩"的羊叫。

在秦岭考察的北大教授潘文石说，板桥村的情况使他对人类与熊猫和谐相处有了信心。

在野生动物保护大稿件中，新华社新疆分社采写的《新疆牧民雪豹》的导语是：

新疆一家牧民在最近的这场大雪灾中，为保护2只雪豹不被冻死，让雪豹在自己的羊圈中待了6天,20只羊被雪豹吃掉。

导语中有人,才能更吸引人。这是因为,许多新闻讲的是趋势、形势、社会大局。如果记者只停留在"面"上,那么就只能说一些概括的话,使用抽象的数字,无法让读者意识到这些趋势、形势和自己有什么关系。但如果记者从一个人开始,让读者产生共鸣,就能够有效地吸引读者的关注。例如:

【案例5-10】

广西渌水江畔的农民在过去的几年里虽然住在河边,却无法用这里的河水浇灌农田。"这条河差点被淘金的人给毁了,"一位村民说。一想起过去,他的脸上就流露出愤愤的神情。不过,现在河面又恢复了昔日的平静。看着眼前清澈的河水汩汩流过,村民们都掩饰不住内心的喜悦和兴奋。

4. 抽象概括型导语

【案例5-11】

新疆全力抗雪灾

《中国青年报》2001年2月3日

一场数十年不遇的雪灾使新疆人遭遇了一个繁忙劳累的冬季。经过数月拼搏,发生在新疆北部波及29个县的灾情已基本得到控制,大部分灾区牧民生活得到保障,存活牲畜已被转移。但是,灾情最重的塔城、阿勒泰地区的救灾工作仍十分繁重。

抽象概括型导语,是在导语中使用一些抽象、概括的词汇。如上面例子中的"十分繁重"。抽象型导语让文章看起来像是一张没有对准焦距的照片,读者模模糊糊能知道作者想要说什么,但却什么细节也看不清楚。抽象的词汇缺乏冲击力,不能抓住读者。这样的导语读起来就好像喝白开水,既无法在读者脑海中留下深刻印象,也无法留住读者。杜绝抽象概括型导语要坚持一事一报、一人一报,尤其在成就、扶贫、教育和科技报道中,切忌不要写笼统的综述,什么《我国新近发掘出一大批西汉珍贵文物》或《我国"九五"期间又获得一批重大科研成果》。不要以为一篇稿件报道的考古发现或科技成果越多越好。一篇稿件最好是把一个最生动的主题讲透,例如,从一堆考古发现中挑选一件最独特、最有价值的文物加以生动、细腻和具体形象的报道。1995年年底,我在《中国文物报》上看到一篇3000字的长篇文章《考古重大发现:徐州出土一批汉代文物》。这篇报道用考古学家的语言——罗列了一批新发掘的文物,毫无可读性和新闻性。文章的倒数第二段写道,这次发掘还发现了一件世界上最完美的金缕玉衣。我根据这篇长文编发了一篇600字的中文消息《中国发现世界上最完美的金缕玉衣》和英文消息《考古学家发现2000年前的一件用金丝和玉片制作的寿衣》。路透社是这样转发我写的这条消息的:《2000年前的中国王子埋葬在玉中》。

有的编辑记者认为,总结型和概念型导语,甚至论文式或散文式的导语有声势、气势、深刻和有文采。但是,文章不是用来孤芳自赏的,而是给广大读者看的。新闻导语要的不是恢宏的气势,更需要的是一个朴实无华的好文风。一篇稿件写完后,不是要采访对象满意,而是要广大读者满意。如果你写的东西,连你的家人朋友都感动不了,那就别指望会感动你的读者、听众、观众和网民了。从读者角度来看,导语中出现会议总结式、论文结论式、抽象概念式的语句统统属于无新闻导语的行列。

三、写导语与谈恋爱

导语是新闻事件中最重要的事实和亮点。如果导语写得精彩,就能抓住读者,否则读者转眼就溜掉了。写导语时,要把新闻事件中最重要的和最能吸引读者的行动、讲话、声明及场景放在导语中。就像谈恋爱一样,你吸引对方的是你的亮点,无论是你的美丽、英俊、聪明、善良、能干、有型还是有个性,而这些亮点也必然是通过一次难忘的经历给对方留下深刻印象:一个微笑、一个眼神、一句话、一个举动……写导语,就像谈恋爱,记者要费尽心思展现报道中最闪光的那一点,吸引读者。

有的新闻事件是包含了多个亮点,那么记者只能在金子里挑钻石,选取最大的钻石。而绝对不能在金子里挑沙子。构思导语跟孵化小鸡一样,需要艰苦的思考,因为导语决定了读者是否要把你的作品读下去。

前面我们学习了什么是好导语,什么是不好的导语,你也了解了一些导语写作的技巧。在这一部分,我们系统地学习导语构思和写作的方法。首先,我们分别学习硬性新闻和讲故事新闻的导语写作方法,然后再梳理一下导语写作中常用的方法和技巧。

1. 硬新闻的导语

硬新闻必须回答:谁?什么时间?什么地点?发生了什么?怎么发生的?为什么会发生?这6个问题。用倒金字塔结构写硬性新闻最能满足读者对这些重要信息的追求,因此导语必须开门见山、开宗明义。但是,这些问题不必都在导语中回答,好的导语精彩地回答其中最有意义和最有新闻价值的要素就足够了。

一架载有229人飞往巴黎的TWA飞机昨晚从肯尼迪机场起飞后在半空爆炸,坠入莫里切斯湾南的大西洋海域。海岸巡逻队说还未发现生还者。

德国总统霍斯特·克勒今天宣布,由于他关于德国军事行动和商业利益的言论遭到广泛批评,辞去总统职务,此决定立即生效。

2. 讲故事新闻的导语

讲故事新闻不仅仅是向读者告知事实,同时它也肩负有教育、启迪,甚至为读者提供阅读享受的功能——也就是引发读者的情感。因此,讲故事新闻更需要迫切地回答读者"我为什么要关心?"的问题。也正因为这一点,讲故事新闻的导语形式多样,篇幅也有长有短,而"新闻六要素"则融化在故事之中。但与硬性新闻导语相同的是,讲故事导语更要吸引人,让读者一步步看下去。

讲故事导语调动的是读者的情绪,而不是读者的大脑。为此,记者编辑选择什么样的新观点或新言论时,必须跟着目标受众走,按照他们的情绪写文章,否则会引起读者对报纸、杂志的反感。许多讲故事新闻并不只局限于介绍某个人、某件事,而是向读者揭示"大画面"、社会问题或趋势。这类新闻报道最好的写作方法就是由点到面,导语从具体的问题入手,然后文中再拓展话题,这样不仅可以为报道加入人情味,还可以让读者更深刻地体会该问题的重要意义。以小见大的导语中最好能见到人,人物还要有名有姓,这样读起来真实可亲。

从语言上说,讲故事导语要尽量使用直截了当、生动而不拘形式的语言和短句子。记者写稿时,可以想象自己正面对着一个朋友,用通俗的语言向他/她讲述一个故事。导语要避免直接使用陈词滥调、谚语、歇后语、诗句、对联等老套、不再鲜活的语言开头以显示记者的思维缺乏创造力。记者在导语中营造故事氛围时,要通过描述而不是修饰让读者"看"到现场。下面我们就来看几种常见的讲故事新闻的开头。

1) 轶事型导语

轶事型导语就是在开头用一个小故事、一段轶事来引导全文。用人物故事或轶事写作的导语读起来鲜活,牵引读者的情感,是吸引读者上钩的鱼饵。例如:

【案例 5-12】

魅力声音牵系海峡两岸

《中国日报》1986 年 10 月 29 日,记者李希光

她居住在北京,但是她却为台湾人所熟知。两年前,李大维驾机从台湾飞往大陆后,这位台湾飞行员想做的第一件事,就是要亲眼看看他从北京电台听到的这位声音甜美的"美丽女孩"本人。然而出乎他意料之外的是,当他在演播室见到徐漫,才知道她是一位略微有些发福的中年女人,而不是他想象中的年轻姑娘。

这是一篇人物特写的导语。通过一个台湾飞行员的经历,导语突出了一种反差——声音甜美,但本人已是中年,把焦点集中在徐漫甜美的嗓音上,而这也是整篇特写的中心线索。

【案例 5-13】

《新闻日报》巴黎电　一位穿着炭灰色套装的老年妇女抬头扫视戴高乐机场的信息显示屏幕,奇怪为什么 TWA800 号航班被取消了。她有些迷惑不解,但并没有惊恐,直到一名工作人员快速走过来,带着她到一个创伤中心。这是专门为等候坠入长岛水域纽约航班的人准备的。

这是对 TWA 航空公司 1996 年 7 月空难事件的软新闻报道。此篇报道写于空难发生后两天。由于媒体从空难发生就一直跟进此事,因此在这个时间点,记者已经不再满足于写硬新闻,而是从人文的角度全方位挖掘此新闻事件。这篇报道的侧重点是在戴高乐机场等候的亲友,记者从一个具体的人开始写起,逐渐展示出等候亲友的全景。

写轶事型导语,选用的故事必须与报道的主题相关,不可以仅仅把轶事当成诱饵,开头

以后,调子完全一转,扯上与导语无关的话题,这会把读者带向一个错误的方向。此外,如果导语中出现的故事中的人物在报道的正文中再也没有出现过,读者会对这样处理新闻的手法感到不解和遗憾。

如何写轶事导语呢?首先,记者要有合适的素材。而越是记者通过亲自采访搜集来的故事,写起来就越鲜活、越动人。此外还要注意,要精心选取轶事。好的轶事把复杂的问题简单化,而不是把简单的问题复杂化。具体写的时候,只写与主题有关的内容和情节,避免无用的修饰,否则只会让读者很快失去兴趣。写完稿子后,你也不妨把轶事型导语跳过,把稿件通读一下,如果发现不用这个导语,文章也同样吸引人,那么就干脆把轶事型导语删去。此外,你还可以只留下轶事型导语,把稿件主体遮住,让别人猜猜这篇报道主题是关于什么的。如果猜错了,你就需要重写你的导语。

2)引语型、对话型导语

引语型导语是在文章开头使用一个引语,由这个引语展开报道。例如:

【案例 5-14】

"你是登上长城的美国好汉"

新华社 1998 年 6 月 28 日英文电(记者李希光)　当美国总统克林顿第一眼看到中国的万里长城时,他连声说道:"真美,太壮观了,简直令人惊叹。"

"我很难想象长城历史如此久远,城砖都有 400 多年历史。"克林顿星期天站在长城上对记者说。克林顿在星期六跟中国领导人几轮繁忙的会晤后,今天换上了墨绿色短袖上装,米色西裤,看上去更像一个游客。

1972 年尼克松总统站在长城上说,"这是一堵伟大的墙。"1984 年里根总统爬上长城后说,令人敬畏,令人神往。

长城是公元前 200 年由秦朝(公元前 221—前 207 年)的第一个皇帝秦始皇开始兴建的,目的是抵御北方游牧部落的军队侵扰秦朝的农田。长城从东海岸一直绵延到西部的隔壁沙漠。

北京今天是个大热天,气温高达 37 摄氏度(华氏 99 度),是入夏以来气温最高的一天。北京东北 80 余公里的慕田峪翠绿的群山笼罩在一层薄雾中,青灰色的长城沿山脊蜿蜒而上。慕田峪陡峭的山峰曾是阻碍游牧民族入侵的天然屏障。

克林顿总统一家是在游览了曾经居住过中国明清两朝(1368—1911 年)24 位皇帝的紫禁城后,兴致勃勃地来到了慕田峪长城。

当他们长长的车队抵达慕田峪山麓脚下后,克林顿一家迎着扑面而来的热浪,乘缆车登上慕田峪长城。52 岁的克林顿同戴着遮阳帽的夫人希拉里手拉手攀登到 15 号敌楼。

慕田峪长城总长 3000 多米,共有 22 座敌楼,始建于明朝,曾经是通往京畿重要的军事关隘。"我认为长城是中国的象征,是向世界展示一个统一的中华民族的象征,而不再是一道将人们拒之门外的墙。"他摘下墨镜对围着他采访照相的中、美两国记者说。

照完相,克林顿总统与女儿又攀上前方的 16 号敌楼,来到慕田峪长城最险峻的地段。"长城陡然起伏,比我想象的壮观得多,"他说,"如果我们在长城上再往上爬几个小时,我们的身体会更

（续）

健壮，"他对记者说，"这对我是很好的锻炼，对你们也是很好的锻炼。"

克林顿总统和他的一家在长城上游览了1个多小时。他们走下长城后，在一块石碑前停留，石碑上镌刻：中国的长城过去是用来防御外族侵扰的设施，现在它是团结各国人民的纽带，愿中国的长城继续是团结世界各国人民的象征。

慕田峪长城管理人员向总统一家赠送了慕田峪长城模型、介绍长城的画册和登上长城的证书。赠送证书的管理人员借用毛泽东主席"不到长城非好汉"的诗句对克林顿总统说："您是登上长城的美国好汉。"

克林顿总统在长城留言簿上写道："感谢你们带我、我的家人和随行人员游览长城，长城比我们想象的更为辉煌。"

对话型导语也是在导语中讲一个小故事，但这个故事更侧重于某个与主题相关的片段。选用的对话足够精彩，可以很快吸引读者注意力。例如：

【案例 5-15】

反劫持谈判专家这样诞生

《人民日报》2004 年 11 月 1 日

"喂，商场里面的人听得清吗？"
"你是谁？"
"我是来帮助你的。我们能谈谈吗？"
"我凭什么相信你？我要政府的人出面，再不来，我就点着炸药，和这个女的同归于尽！"
"你先别激动……"
"你还能说几句人话。好，你可以走近 20 米。"

上面的导语出自《反劫持谈判专家这样诞生》的新闻报道。一开头，记者选取了一段紧张刺激的场面，利用对话（请注意文中没有任何对对话的说明，从而增加了悬念和语言速度感）把读者带到谈判专家的工作现场。这便是对话型导语的一个优势——可以让读者有现场感、画面感。

3）描写型导语

描写型导语通过描述一个人、一件事、一个场景来揭示报道的主旨。

美联社 1995 年 11 月 3 日卢旺达卡鲁班巴电 妇女保健站门口不再挤着怀孕的妈妈，教堂里不再塞满了一家家信徒，教室里挂着非洲地图的黑板下面也不再躺着肮脏的男人。这里所有人都死了。卡鲁班巴呈现的是地狱的景象：一个尸横遍野的垃圾场，一个除了只有蜜蜂大小般苍蝇的嗡嗡叫声，一片死寂的屠宰场。

使用描写型导语时，记者要特别注意：（1）所有的描写都要基于事实，只描写与主题直接有关的，不描写与主题间接有关以及无关的，例如天气如何（除非你的主题就是天气）、花儿开得美不美(除非你要写的就是花),等等。(2)特别是写具有批判性、攻击性报道时,描写要缩减到最小,甚至不用描写。(3)避免大段的景观描写作为铺陈,因为景观具有主观性。(4)不要揣测当事人的心理,因为除非当事人告诉你,否则你不知道他/她想什么,这也有悖新闻的真实性原则。

讲故事新闻就是要讲一个好听的故事,要让读者对这个故事、对故事里的人物感兴趣。上面介绍的只是三种最常见的导语,并不是讲故事新闻所有可能的导语。为了讲好一个故事,有时需要你不拘泥于形式,别出心裁——形式是为主旨、内容服务的。而导语正是记者显示新闻敏感、文字功底以及创造力最直接的地方。下面是两条好导语:

【案例 5-16】

《波士顿环球报》1994 年报道一个隐藏了 50 年的杀人犯

阿莱克桑德拉·里雷克斯的过去终于在本周找到了他。它敲开了他位于诺伍德市萨姆纳大街的家门,粉碎了他平静的现在,震惊了他的朋友和邻居——他们都以为自己了解这个住在黄色房子里的男人。它也敲开了我们所有人的家门,指出了发生在 50 多年前的种族灭绝,要求我们听这个故事并寻找真相。

【案例 5-17】

美联社描写一个人回到儿时的故乡

美联社哈瓦那电　　就是在这个时刻,在我的梦里,我开始哭了。然而,当我一步步爬着通向我儿时在圣·苏阿雷斯的公寓的楼梯时,我却出奇的平静。这么多年后,这里是我唯一还称作 casa,家的地方。

3. 导语写作的技巧

1) 写作前

(1) 首先明确你的读者是谁,他们在想什么、盼什么、欢迎什么、反对什么。导语是写给你的读者,不是写给采访对象的。

(2) 选取一个亮点,让新闻报道聚焦。

(3) 利用你的新闻要点,策划你的报道。写作前对你所要报道的内容策划得越全面,你的导语就越容易写好。问自己:这个新闻故事是关于什么的?故事里最重要的信息是什么?故事要说明什么问题?故事的主角是谁?主要采访的新闻源是谁?

(4) 导语中选用的事实,必须到了有一种非要写出来和大家分享不可的地步。这种事实有一种紧紧抓住你读者的力量。

(5) 正文中必须有支持导语的事实。如果没有,说明你写错了导语。

2) 写作中

(1) 用讲故事的口吻写导语,就仿佛你在对一个坐在你对面的人讲故事。

(2) 从具体的问题入手,再扩展话题。导语千万不要空,导语中最好能见到具体的人。

(3) 导语中只使用最明晰的事例和数据。

3) 写作后

(1) 写完导语后,大声把它朗读给你的朋友、同学或同事。如果他们听了感到困惑,你必须重写。

(2) 改写导语的目的,是让导语更闪亮、更有力量、更清晰。

(3) 看看有没有多余的字、累赘的话,以及不准确的地方。

(4) 删除各类专业行话和陈旧的套话,多多使用新鲜的语言。

课外作业

从主流媒体、新闻网站上找 5 条导语分别进行点评和改写。

第 6 讲

新闻报道中的直接引语

本讲重点学习的知识与技能

- 新闻就是"他说"
- 直接引语的选择与捕捉
- 用好直接引语的技巧

中国新闻界普遍存在的问题是：第一，直接引语太少；第二，匿名信源、神秘信源太多。通过这一讲的学习，希望你能看到，如果直接引语使用太少，会让你的报道无趣，报道也容易成为记者个人的喃喃自语。

一、新闻就是"他说"

"新闻就是'他说'。"为了强调引语的重要性，西南政法大学全球新闻学院院长、原新华社高级记者李佩曾这样说。

这是为什么呢？记者是社会忠实的观察者和记录者，如果记者在新闻报道中发表个人观点，就等于夺走了别人说话的权利。记者的权利是一种公权。公权不能变成私权，记者不应利用自己手中的笔，表达记者个人观点。记者在新闻报道中如果没有引语，就不能称为记者。

在报道中记录别人说的话就是引语。引语可以分为三类：直接引语、间接引语和部分引语。直接引语就是整句引用，并用引号标注出来。例如：

【案例6-1】①

"我认为长城是中国的象征，是向世界展示一个统一的中华民族的象征，而不再是一道将人们拒之门外的墙。"他（克林顿）摘下墨镜对围着他采访照相的中、美两国记者说。

间接引语不用引号，是记者对说话人所说的话的整理或压缩。如：

【案例6-2】②

他说，中国克隆出的歼－15可能达不到俄罗斯苏－33舰载歼击机的技术指标，因此中国可能还会要求购买一批苏－33（他指俄罗斯全球武器贸易分析中心主任、国防部社会委员会成员科罗特琴科）。

部分引语是引用说话人所讲话语中部分值得注意的措辞，并由引号标注。例如：

【案例6-3】③

在有线电视新闻国际公司今晚播出的"拉里·金访谈"电视节目中，奥巴马说英国石油公司感受到了他的愤怒，但补充说"对人发泄和叫喊"无法解决问题。

三种引语中，最有价值的就是直接引语。这是因为直接引语有其他两种引语不可比拟的功能。

---

① 记者李希光：《你是登上长城的美国好汉》，新华社1998年6月28日电。原稿为英文。
② 选自《俄专家称中国歼－15比不过苏－33——发动机"一直是中国航空工业薄弱环节"》，载《参考消息》，2010-06-06。来源俄新社莫斯科2010年6月4日电。
③ 选自：《奥巴马对漏油事故"震怒"》，载《参考消息》，2010-06-05，来源美联社华盛顿6月3日电。

首先，直接引语可以使稿件具有现场感，可以让读者有亲临现场的感觉，让读者直接听到讲话人的声音。例如案例 6-1，读者几乎可以想象出克林顿说话时的场景。这种"亲耳听到"的感受会拉近读者和报道主题的距离，而因此生成的接近性可以增强报道的可信度。

直接引语还可以让新闻报道具有信息权威性。直接引语的重要假设就是被引用的话是信源亲口说过的。读者常常会怀疑间接引语和部分引语的可信度，但对直接引语则坚信不疑，因为记者要负责引用的准确无误。

使用直接引语，可以让读者意识到所报道的事件涉及有血有肉的人，这些人确实有话要说、有故事要讲，这比记者用自己的话讲故事更有效。直接引语可以让新闻故事更有冲突性、戏剧性、趣味性或人情味。例如：

【案例 6-4】①

"小时候我常在家里餐馆的厨房溜达，看父亲切菜，"刘文成说，"五岁的时候，我就开始在厨房帮父亲磨黄豆。13 岁的时候，爷爷系统地教给我烹饪的理论知识。从那时起，我就学会做家传菜谱上全部的 242 道菜了。"

记者还可以通过直接引语拉开自己与新闻事件和新闻当事人的距离，以显示记者引其话语，但并不一定赞成其观点。这样的直接引语，可让新闻报道具有平衡性。例如：

记者引用信源，相当于为讲话人提供了一个与公众沟通的平台。直接引语有让信源"面对面"与公众说话的功能，因而可以让信源放大其声音、想法和观点。例如，报道一场阿富汗战争，记者如果把战争受害者的直接引语放在显著位置，那么读者会更关注阿富汗人的想法，但记者如果把西方联军官兵的直接引语放在显著位置，那么读者则会转而注意入侵者的立场观点。这也是为什么媒体常常成为舆论战、公关活动的工具。

直接引语为信源提供公开讲话的平台，信源可以利用这个平台扩充、辩解、描述和阐明立场、经历、目标等，也就是说，出他们脑子里想的、希望的、感受的东西，即人的情感。而记者是不能妄自揣测别人怎么想的，必须通过他们说的话来揭示他们的内心世界。直接引语就是最好的手段。

由于新闻报道中直接引语引用的大多是人说的话，是口头表达，它还能让报道放慢一下节奏，让读者从信息高度压缩的语句中喘口气，使新闻报道更具有可读性。但是过多的间接引语会要求读者注意力高度集中，很快就会让读者厌倦（参考案例 6-3）。

最后，引号有吸引人眼球的功能，带有引号的句子能在读者扫描报纸、杂志的时候就引起其注意。记者一定要把最精彩的东西放在引号中。

我国目前新闻写作的一个弊病就是直接引语太少。新华社高级记者刘其中曾在 1995 年、1996 年和 2001 年分别对国内报纸、香港中文报纸和英文报纸进行抽样调查，均发现国

---

① 记者李希光：《致敬宫廷素食》，载《中国日报》，1986-04-28，原稿为英文。

内报纸直接引语使用次数远远小于英文报纸。① 直接引语太少,就意味着记者个人诠释太多、观点太多,这有悖于客观报道原则。好记者善于利用别人说的话来讲故事,来报道事件;好记者在自己写的文章中是"隐形"的。

二、直接引语的选择与捕捉

1. 什么是好引语,什么是坏引语

写新闻报道,并不是说只要引用了,就可以成为一篇成功的报道。记者首先要明确什么是好引语、什么是坏引语,什么是有价值的引语、什么是无价值的引语。这是成功使用直接引语的关键。

"读者看报纸就像参加聚会一样。他们想要和有趣的人谈话。过长的引语通常都不会很有意思。"(苏珊·艾格,美国底特律自由媒体写作教练)

从形式上说,好引语是能够构成妙语、警句的话,能让人们牢记的话,能生动、清晰地传达说话人强烈情感或反应的话。如果你在采访中听到一句话,写作中不查采访笔记也能够想起来,那说明这很可能就是一句好引语。例如:

【案例 6-5】②

"真美,太壮观了,简直令人惊叹。"(原话为"Beautiful, amazing, and magnificent.")

相应地,坏引语就是套话、空话,用词含混不清的话,无聊的话,从头到尾都是一个人的话。这样的引语不能为文章增添色彩,反而会浪费引号的作用。而读者一旦意识到你报道中的引号只是虚有其名,很快就会抛弃你。例如:

"我们已经启动了突发事件应急预案。"四川省成都市市长说。

改为:

四川省成都市市长说:"全市 30 家医院已经预留了 5000 张床位,迎接伤员。"

有时候在采访中,采访对象会特别强调他说的某句话,甚至会要求记者一字一句地记录。但是,好记者选取引语时,不是信源的需求在报道中引用,而应是选择读者喜闻乐见的话语引用。

好的引语可以推动故事的展开,自然地让报道从上一段过渡而无须过多的解释。例如:

【案例 6-6】③

刘文成做菜不仅不放肉,就连洋葱、大蒜、生姜、大葱、茴香也不用。据他讲,这五样调味菜叫

---

① 刘其中:《英汉新闻翻译》,66~67 页,北京,清华大学出版社,2009。
② 记者李希光:《你是登上长城的美国好汉》,新华社 1998 年 6 月 28 日。原稿为英文。
③ 记者李希光:《致敬宫廷素食》,载《中国日报》,1986-04-28,原稿为英文。

"五小荤"。

"'五小荤'强烈的味道会喧宾夺主，"刘文成解释，"我做的菜要色香味俱全。"

从内容上说，有价值的引语包括：

强硬的政府、组织机构的声明。例如：

【案例 6-7】①

朝鲜外务省发言人说："美国和联合国安理会将对朝鲜和过去一样采取的最强硬报复无话可说。它们将永远无法摆脱阻碍朝鲜半岛无核化进程和引发冲突的责任。"

有鲜明立场的个人意见。例如：

【案例 6-8】②

奥巴马使用了他迄今为止有关漏油事故最强有力的措辞，他说："我对整个局势感到震怒，因为这就是有人不考虑清楚自己行为后果的一个例子。这件事正在对整个地区生活方式造成可能持续多年的危害。"

谈论一个非常有争议的事件或问题的话。例如：

【案例 6-9】③

毛群安说："我需要澄清……你提到的这个人（张悟本），把他与中医和养生联系起来是个错误，中医养生理论没有错误，但是现在有人借此行骗，而且有人模糊了这个界限。"

2. 如何选择直接引语

为了一篇报道，你记录了大量的引语，如何从这些引语中选取精华放在引号中呢？选择导语的关键原则就是：选择有揭示性的引语。揭示什么，可以包括：说话人当时的状态，她是不是生气啦？还是异常激动？还是完全无动于衷？另一种是说话人长期的状态，如他的个性、动机、目的、立场，等等。这些话可以让读者看到他们脑子里思考什么、心里感受什么。还有一类揭示性的引语与信源的职业背景相关，他们能比记者更简洁、更有权威地对某一个领域发言。如一项科学研究的关键步骤到底是什么、它的社会影响是什么，等等。

记者选择引语要注意文章的语气必须统一，选择的引语须反映出这种语气。否则就算再有意思的引语也会造成读者不必要的注意力分散，甚至会毁掉报道及信源的可信度。假设你要写一篇国内艾滋病疫苗研究进展的报道，采访了北京的一位艾滋病疫苗工作者，他用

---

① 选自：《韩将"天安舰"事件提交安理会——韩警告将采取"最强硬的报复"》，载《参考消息》，2010-06-5，来源：法新社首尔 2010 年 6 月 4 日电。

② 选自：《奥巴马对漏油事故"震怒"》，载《参考消息》，2010-06-05，来源：美联社华盛顿 6 月 3 日电。

③ 记者吴鹏：《卫生部发言人首次回应张悟本事件》，载《新京报》，2010-06-05。

浓重的京腔说：

"您甭说，现在国内也就我们这一家到三期了。"

如果你原封不动地引用，读者肯定会对报道的权威性加以怀疑。而你必须要根据读者的预期，在不改动原意的前提下，把上面的话变成普通话：

"现在国内只有我们的实验进行到三期了。"

上面的例子也说明，记者选择引语要根据受众的喜好、预期判断，不要因为采访对象特别嘱咐、强调，或者你为了显示自己亲自去采访了而引用无价值的话。

使用引语是一门艺术，下面一些通用标准，可以为你选择好的、有价值的引语提供帮助。

• 选择的直接引语是否能为文章增添可信度

合格的引语可信度高，但需要注意的是，说话人的资历要与说话内容同样好才能有好引语。所谓"资历好"，就是说话人在所说问题上有发言权。例如，影视明星可以对化妆品、服装、电影拍摄手法等问题发表评论，但他们对国际政治、经济形势的评论，即使是正确的，也不具有说服力。同样，经济学家可以对利率调整、股市震荡等问题发表评论，但他们对某一药品是否有效、某一疫苗是否有效没有发言权。即使是同一领域的专家，也有不同的分工。例如，内分泌专家对内分泌失调的介绍就比骨科专家对内分泌失调的介绍更权威。涉及某一具体领域时，记者要尽量找到与这一领域直接相关的信源。

• 选择的直接引语是否与导语、中心意思或文中的某一个观点有关

如果这个引语与报道焦点无关、与文中的主要意思无关，那么即使再好的引语也不要使用，否则不但毁了引语，也毁了你报道的统一凝练。但如果讲话人比你能更好地表达报道的中心意思，则选择他的话。

• 选择的直接引语是否能让你的陈述坚不可摧

如果引语能够补充、加强报道的主旨，或为你的陈述举例，那么就可以考虑使用它。

• 选择的直接引语是否在内容上独特，是否能为文章增添色彩

内容上独特的引语包括：

——揭示了核心问题而不是官话套话；

——揭示了一个秘密或隐藏的目的；

——揭示了某一行为不为人知的动机；

——揭示了说话人的无知或智慧超群；

——揭示了说话人的个人观点；

——揭示了说话人的情感（记住：记者没有资格去揣测他人的想法）；

——揭示了说话人独特的一面或个性。

• 选择的直接引语是否在表达上独特

表达上独特的引语包括：

——尖锐有力的措辞；

——强烈的反应；

——不同寻常地激动；

——偏激的措辞；

——好的比喻；

——方言、口语化表达，等等。

- 选择的直接引语是否能传递戏剧性的行为

即使是目击者，记者也不能添油加醋地描述一个事件发生的过程、一个人的经历，而是应尽量客观公正地记录人或事。但是事件的主人公、目击者不受这个限制，他们可以戏剧化地描述事件。通过直接引语来介绍事件经过、个人经历，比记者自己陈述更有趣味、更生动、更有现场感，也更有人情味。例如：

【案例 6-10】[①]

孟大妈的丈夫说："老伴得的是椎间盘突出，已经有 7 年了。今年病情突然加重，不能走路，躺着不动也剧痛难忍。晚上必须吃安眠药才能睡上二三个小时，"这位山东大汉提起往事，还直摇头，"她醒了以后痛得直叫，我也睡不着了，起来轻轻地抚摸她的脊背。手必须特别地轻，重一点她就会疼。唉，其实这不管用，只是一种安慰。"

【案例 6-11】[②]

"当时，我和另外 6 名矿工正在挖煤，突然听到'嗡嗡'的声音，感觉不妙，就赶紧往外跑，可是已经来不及了：水漫过了下面的巷道。"

记者需要注意的是，每个目击者陈述的事实只是自己看到、听到或感受到的东西。

除了上面可以选择的直接引语外，有一些引语要避免使用：

- 官话、套话、立场不清楚的话；
- 掺杂术语、技术用语、统计数字的话；
- 引语中的信息是众所周知的事实、显而易见且无可争议的；

除非你想要显示信源是个无聊的人，不然，不要把引号浪费在官话、套话，或者繁杂的统计数字、技术信息、背景信息这种一般性事实上。你可以用自己的话来压缩、复述这些信息，只要说明信息来源即可。

- 具有控诉性质的直接引语。

记者的新闻报道不应成为一方打击另一方的语言武器，因此避免使用具有控诉性质的话作为直接引语。如果非要引用不可，也要加入被控诉者的回应，保证报道的公正。

[①] 记者孙静惟：《让小草变成大树——记解放军某部骨病专科医院院长官恩年》，载《大公报》，2002-01-12。

[②] 记者郝王乐、王飞航：《胶南透水事故获救矿工讲述"九死一生"》，载《新华每日电讯》，2010-06-08。

3. 从哪里获得直接引语

采访与提问是记者获得直接引语的最好途径。这是因为，通过采访提问获得的引语是记者亲耳听到的，在一定程度上可以保证引语的真实性和引语的正确语境；此外，记者对于亲自获得的引语有更深的感受，也就可以更好地在报道中运用它们。如果没有客观条件的限制，记者应使用从采访对象口中直接获得的引语，不要轻易相信从别的报道、文章上读到的引语，或者别人传达的引语。

采访中并非每句话都是有用的。记者必须从大量无聊、重复和无用的话中精选出那一句最闪光的话引用。这要求记者对于什么是好引语、什么是坏引语、什么是有价值的引语、什么是无价值的引语有高度的敏感。

当然，有时候记者采访了某个重要人物，但他/她没有说出一句可以引用的话，怎么办呢？一个解决办法就是培养信源。记者的信源越多，获得好引语的机会也就越多。另一个办法是通过提问来引导信源，记者的问题到位，信源的回答就会有针对性，揭示性。

要获得好的直接引语，记者首先要明确采访的基本态度：

- 友好、谦逊、具有人情味：友好、谦逊的态度虽然不会让你敲开所有人的嘴，但不友好、傲慢的态度绝对会让你四处碰壁。记者要明确，信源接受你的采访，是在帮助你完成工作，因此无论他们说的话有没有用，也要保持友好的态度。而你的态度越是令人愉快，你也就越容易让采访对象放松下来，让他们说出自己内心的想法。
- 礼貌、但不低声下气：记者没有理由也没有必要对信源低三下四地说话。你对自己的尊重换来的就是别人对你的尊重。
- 控制局面：好记者在采访中不会被采访对象牵着鼻子走，而是时刻把握着采访方向。记者在采访前应明确地知道自己已经知道什么，还需要知道什么，这样才能控制好局面。
- 倾听和观察：控制局面并不意味着采访只能是记者问什么，信源回答什么。采访对象时常会脱离当前话题，说一些似乎无关的事情。如果你认为信源说的内容是你之前没有想到的，里面会隐藏新闻点的，不妨让他们继续说下去，甚至追问下去。与此同时，仔细倾听和观察。

三、用好直接引语

1. 直接引语的数量

前面曾经提到，新闻就是"他说"，报道中没有引语，记者就会个人观点泛滥。而没有直接引语的文章缺少接近性、可信度、色彩和情感。特别是在讲故事新闻中，如果没有直接引语，会让报道可读性变差。

此外，只有间接引语或许多部分引语连续使用会给读者造成记者不在现场或不能有效获得整句话的印象。过多的部分引语也会让读者怀疑记者是否在断章取义。

见不到直接引语,读者就不会感兴趣。通过深入采访,任何貌似枯燥乏味的人都有动人的故事分享,直接引语会让一个人物变得有血有肉,鲜活起来。

好记者会尽量利用问答机会,提出一些能够让采访对象显露真情的问题,挖掘出故事来。记者不是录音机。此外,记者的工作也不是仅仅加上引号,让全文都是直接引语。过多的引语只能显示记者没有才华、不努力,缺乏新闻价值判断能力。新闻报道中没有直接引语是绝对不行的,但是满篇的直接引语也不可以。

使用好直接引语可以显示出记者的才智、诚实、道德水准以及新闻敏感度。它可以帮助记者获得读者的信任,赢得职业的尊严。

2. 什么时候使用直接引语

法国作家蒙田说:"我引用别人是为了更好地表达自己。"

新闻作品中使用直接引语的一个最重要的作用就是用它来支持导语、某个观点,或文中的信息。事实上,只要可能,记者应用引语、事实和例子来支持每个主要信息点。例如:

【案例 6-12】①

随着经济复苏的确立,GDP 增幅逐渐缩小是理所当然的事情。我们生活在一个长期繁荣的时代——上两次繁荣分别持续了 120 个月和 92 个月。但图表显示,当时的季度 GDP 增幅呈现出一种锯齿形走势。总部设在纽约的经济周期研究所所长拉克什曼·阿楚坦说:"在走出衰退时,经济总是先加速增长,然后再减速。"他说,经济周期研究所的长期先行指标显示出经济增长速度有所下降,"但只有当先行指标出现显著、普遍且持续的下降时,我们才能开始谈论衰退的风险"。	引语解释了为什么季度 GDP 会呈现锯齿形走势。不足的是,引语中"现行指标"这个术语的使用会给读者阅读造成困难。

运用直接引语还可以引入一个不同的信息点。也就是说,记者不用"此外"、"另一方面"、"但是"等过渡词来衔接不同的信息点,而通过直接引语实现这一功能。记者也要尽量少用过渡词,这会让文章看起来像论文。如果能用直接引语自然地跟进上一段,就省略过渡词。例如:

---

① 选自:《美国经济不会"二次探底"》,载《参考消息》2010 年 6 月 8 日第 4 版。消息来源:美国《新闻周刊》网站 2010 年 6 月 4 日。

【案例 6-13】①

土地注册局的数据显示,伦敦房价去年上涨 14%,高于 8.5% 的全国平均增幅。有些地区、尤其是东北部地区,房价已大幅回落。 皇家特许测量师学会首席经济学家西蒙·鲁宾森说:"外国买家抢购伦敦高端房产对市场有什么不良影响和扭曲作用吗? 在某些地区肯定会有。"	第一段用数据显示,由于外国买家抢购伦敦高端房产,造成伦敦房价不正常的上扬。 第二段用直接引语转入第二个信息点,即这种房价上涨对市场会造成不良影响。

好的引语可以简要地概括、代替长篇的解释。记者不是所报道领域的专家,因此在解释某一现象、问题时需要论证才能让读者信服,而长篇的解释往往不是报道的重点。但如果记者引用专家的话,则可以很快进入正题。此外,专家在其行业有丰富的经验,常常能够用简洁的话把复杂的问题说清楚,例如:

【案例 6-14】②

普里戈金认为达尔文的进化论标志着 19 世纪的一次重大变革。当时人们认为,生物学的研究对象是进化的,而物理化学的研究对象是静止的。 "今天,由于我们这个时代的三个发现,物理和化学的研究对象也被证明是不断变化的。这三个发现是,基本粒子的复杂性,宇宙学的进化观,以及统一的非平衡结构的存在。"普里戈金说。	直接引语所表达的意思通过陈述来解释的话,需要记者长篇证明来说服读者。但是通过诺贝尔奖获得者的口说出,读者会更容易接受,也更容易相信。

引用人们说的话可以显示他们对你报道的事件、人物、问题的观点、态度、心情、是赞成还是反对,等等。而通过这些人的表态,读者可以意识到所涉及问题的重要性、争议性或冲击性,或者说话人的心情及个性。例如:

---

① 选自:《伦敦半数豪宅被外国人买走》,载《参考消息》2010 年 6 月 8 日第 4 版。消息来源:英国《每日电讯报》2010 年 6 月 5 日。
② 记者李希光:《科学与自然的和谐》,载《中国日报》1987 年 1 月 7 日。原稿为英文。

【案例 6-15】①

中国疾病预防控制中心控烟办公室副主任姜垣强调,防止青少年吸烟的最好方法就是成年人不要吸烟。她强调:"上行下效。成年人是青少年模仿的对象,如果不降低成年人包括青少年父母的吸烟率,又如何控制青少年吸烟!"	这一段直接引语突出了青少年吸烟与成年人吸烟的直接关系,同时也显示控烟工作人员的迫切心态。

前面我们提过,记者在报道中应少用或不用形容词。但有时候由于报道内容驱使,记者不可避免会在陈述中用到形容词。碰到这种情况,使用引语或数据来证明你的形容词是有效的。例如:

【案例 6-16】②

涅槃乐队的音乐被这样使用非常罕见,以至于全世界最大的媒体集团之一 CBS 公司的电视剧编剧专门围绕科本的歌词编写故事剧情。"这确实很酷,而且在电视中极为少见。"P. J. 布鲁姆,《犯罪现场调查——迈阿密》的音乐总监说,他目前正在从科本的曲目中选取歌曲。	在陈述中,记者用了"非常罕见"这一形容词,但立刻通过直接引语来证明这个形容词是有效的。

3. 使用直接引语应该注意些什么

记者应该明确,好引语本身并不能改变不好的报道,因此抓住新闻点,创造新闻价值是最基本的要求。只有有了新闻点,有了好听的故事,好的引语才会让故事生辉。

引语应该避免和正文重复。在新闻有限的篇幅内,重复的内容等于是浪费空间,也等于是在浪费读者时间。如果信源能比你更好地说明问题,就用直接引语表达。

如果说话人的原话啰唆、繁复,或者你要强调她某一个特别的措辞时可以使用部分引语。但要控制部分引语的数量,特别是连续使用部分引语,这会让你的文章看起来杂乱,也会让读者怀疑你是不是在胡乱引用、断章取义。例如:

×国政府发言人×××表示,该国政府的立场是"显而易见"的,该国"从未、也绝不会"从事这种"可耻的行为",该国也对"某些国家"不顾本国人民利益及周边国家安全的行为表示"强烈的谴责"。

---

① 记者杨锐、茅竟伟:《职高男生 90%在吸烟》,载《中国学生健康报》,发表时间不详。选自李希光、周桓宇主编:《控烟报道读本》,307~308 页,北京,清华大学出版社,2008。

② Tom Lowry:"Finding Nirvana in a Music Catalog",BusinessWeek,Oct 2,2006.

连续引用多个人的时候，每换一个人说话，就另起一个自然段，并在显著的位置让读者注意到说话人换了。例如：

【案例 6-17】①

> 陈晔(音译)，25 岁，布鲁克林的一位平面设计师，喜爱本田这款车。"Element 这款车与众不同，"他说，"它不张扬，不试图美观，它是个盒子，我喜欢。"
>
> 但是阿丽莎·布罗伯格，24 岁，一边做销售一边读大学，却很讨厌 Scion xB。"我认为 Scion 实在太可怕了，"她从圣安东尼奥寄来电子邮件说，"什么时候设计师开始觉得对于 30 岁以下的人来说，开的车像个盒子就等于酷了？"

一般来说，不同的人并列引用，是因为他们有不同的观点，或揭示出不同的信息点，或是一段对话。

在引入第二段直接引语时，记者一开始就提示说话人换了。

需要注意的是，新闻报道、故事中说话的人物不宜太多，特别是立场、观点重复时，记者要选取最重要的人说的最有代表性的话。新闻故事中要有主要人物，人物太多容易让人混淆。记者要牢记文章是写给读者看的，因此就算采访了许多人，或者对某个信源产生好感，也不要因此引用无价值的话。记者采访许多人，不是为了说服读者，而是为了说服自己：通过对这些人的采访，记者找到了最简单、最有价值的那句话。

为了让文章不单调，记者可以交替使用直接引语、间接引语和记者的陈述，如背景介绍等信息。这样会让文章产生节奏感，读者读起来也会轻松很多。一个小技巧就是在采访笔记上勾出你认为最重要的引语，然后根据你要报道的篇幅决定引语的数量，再判断哪些一定要成为直接引语。

4. 在文中不同位置使用直接引语

1) 导语中使用直接引语

在导语中使用直接引语为全文定下基调，它揭示了作者下文的方向及作者的意图，让读者产生一定的预期。参考案例 6-5，这句直接引语出现在导语，是克林顿登上长城后发表的感言。那么读者就会预期，后文讲的是克林顿登长城的故事。

在硬新闻导语中使用引语，要精选最有价值、最引人注目或最让人瞠目结舌的那句。这句话要能快速地传递相关信息和观点。通常来说，硬性新闻会引用事件中的人物或重要人物的话，而他们说的话指出了整篇报道的方向。也有时候，导语中引用的这句话本身就是新

---

① Micheline Maynard："Carmakers Design for Generation Y". *The New York Times*. January 16, 2003. http://www.nytimes.com/2003/01/16/business/carmakers-design-for-generation-y.html?scp=1&sq=carmakers%20design%20for%20generation%20Y&st=cse.

闻点。

硬新闻的导语一般不整句引用，除非这句话简短精悍或具有戏剧色彩。另外，能有资格进入硬新闻导语的话常常有很强的倾向性，而编辑记者不太愿意显得过于支持或反对某一种观点，而希望保持中立的态度。碰到这种情况，记者一般会用两种方式处理：一是用间接引语，先把某人发表的言论的中心意思复述一遍，然后在次导语或文章中直接引用；二是用部分引语，勾勒出这段话中最有新闻价值的语句，然后在文中展开。例如：

【案例6-18】①

意大利总理贝鲁斯科尼周四援引法西斯独裁者墨索里尼的一句话，哀叹自己作为政府首脑却没有实权。 在巴黎召开的经济合作与发展组织的记者会上，他说："作为总理，我从未感到大权在握。" 他说："我作为一个商人，手下有5.6万名雇员，有时我还感到能够决策和控制局势。但是，今天在一个民主国家，我为大家服务，而任何人都能批评我，甚至侮辱我。"	导语首先概括介绍意大利总理说了一句令人不可思议的话，之后在次导语中直接引用原话。 注意导语中用了"哀叹"这个描述性动词，第三段的直接引语向读者证明他确实在"哀叹"。

由于硬性新闻要遵循倒金字塔结构，所以最重要的信息，也就是引语的内容通常放在最前面，而说话的地点、语境等次要信息放在次导语中。说话人的姓名、职务等位置的处理依情况而定。如果说话人是家喻户晓的人物，那么不妨一开始就指出，如"习近平今天说……"；如果说话人并非人人熟知，可以先概括介绍，在次导语或文章中详细介绍，例如"……，××省××机构发言人说。"然后在下文说明说话人的职务姓名。此外，就算是极为重要的人物也往往会有很长的职务名称，不要在导语宝贵有限的空间里写极长的职务，把它留在文中交代。

讲故事新闻的导语比硬新闻的导语要灵活，因此使用直接引语的方式也更多样。它可以像硬性新闻那样，选取一句短小精悍的引语为全文定下基调，也可以用一句像台词一样的话把读者引入故事中，或者用一小段对话吸引读者。

---

① 选自《贝鲁斯科尼抱怨"没有实权"》，载《参考消息》，2010-05-29，消息来源：路透社巴黎2010年5月27日。

【案例 6-19】

"我什么本事也没有,孩子都已经这样了,我能做的就只有好好地照顾她,给她一个活下去的理由"。坐在女儿病床前,这位人过中年的母亲总在极力掩饰自己的悲伤,力图展现给女儿的是自己最开心的一面。	这是一篇描写母爱的特写,由母亲的一句话开头,为全文定下了基调。

无论是硬性新闻还是讲故事新闻,开头的引用意味着后文要对它有所解释、补充。不能引用一句耸人听闻的话后,后面就再也不提它了。如果一开始就引用了不同人的不同观点,那么记者就有责任在文中展开这些不同观点。

2)正文中使用直接引语

正文中出现直接引语,要求直接引语不突兀,与其他文字有机地结合在一起,让读者感觉读到这里就应该有一段直接引语。例如,前面案例介绍刘文成做菜不放"五小荤",接下来立刻用刘文成自己的话来解释为什么。自然进入直接引语的一个技巧就是在上一段中留下的疑问、伏笔,在下一段用直接引语回答。

新闻故事中常常会有几个信息点。当从一个信息点过渡到另一个信息点时,可以用直接引语开始,后面加上记者对引语所指内容的描述、总结、解释等。当然,记者的话不是对直接引语的重复,而是对这段话的背景解释、内容扩充。

几段内容一致的文字也可以先总结、描述或叙述,然后用直接引语对其进行支持。例如:

【案例 6-20】

15 年前在北京,IDG 公司中国分部以 12.5 万美元的种子资金开始创办了一份只有 4 版的小报。今天,这家公司在中国拥有 350 名员工,出版 12 种计算机报纸和杂志,年收入达 4000 万美元。据该公司估计,每月大约有 1800 万人阅读它们的出版物。 大部分中国报纸,包括政府所属的全国性报刊,一般只有 4~8 版。而 IDG 公司的《计算机世界》通常有 272 版,是中国最厚的报纸。 "我们的报纸和杂志每年出版 3 万多页的资讯和广告信息,从收入和版面上看,我们是中国最大的报刊出版商。"IDG 公司董事长麦戈文(Patrick J. McGovern)表示。	这几段文字支持一个信息点——IDG 公司在中国的规模。前两段记者通过数字向读者介绍该公司规模,最后用 IDG 公司董事长的直接引语来总结。

---

① 记者杨抒燕:《母爱点燃生命烛火》,载《都市时报》,2006-11-30。
② 记者李希光:《从波士顿进军中国的"纸老虎"——IDG 出版物抓住对电脑、电子产品不断增长的兴趣》,载《华盛顿邮报》,1995-11-09,原稿为英文。

3）结尾使用直接引语

结尾使用直接引语，选择能有效渲染报道基调或总结报道中心意思的话。往往一句好的引语能引发读者思考，让读者回味，这也是记者钟爱的结尾方式之一。例如：

【案例6-21】[①]

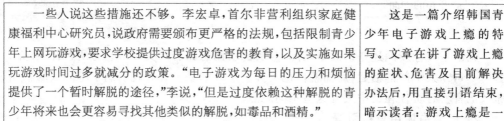

一些人说这些措施还不够。李宏卓，首尔非营利组织家庭健康福利中心研究员，说政府需要颁布更严格的法规，包括限制青少年上网玩游戏，要求学校提供过度游戏危害的教育，以及实施如果玩游戏时间过多就减分的政策。"电子游戏为每日的压力和烦恼提供了一个暂时解脱的途径，"李说，"但是过度依赖这种解脱的青少年将来也会更容易寻找其他类似的解脱，如毒品和酒精。"	这是一篇介绍韩国青少年电子游戏上瘾的特写。文章在讲了游戏上瘾的症状、危害及目前解决办法后，用直接引语结束，暗示读者：游戏上瘾是一个不容忽视的社会问题。

最后还要注意，结尾处使用直接引语，要避免又提出新的信息、观点，节外生枝。这样会让读者有一种文章没有完的感觉。

4）广播、电视稿中的直接引语

受众通过广播、电视获得信息的方式与通过阅读获得信息的方式不同。听广播、看电视，信息转瞬即逝，且不可逆转，听众观众如果遗漏了什么信息，没有办法让广播电视再播一遍，除非把节目录制下来，但大多数人都没有这个闲工夫再看/听一遍。此外，人们在阅读时注意力会更集中，而听广播看电视时注意力会相对分散，除非受众特别关注其内容。因此，写广播、电视稿时用到直接引语，应注意以下几点：

- 除非能够使用同期声，尽量少用直接引语，因为听众、观众看不到引号。
- 避免过长的直接引语。引语长了，受众会分不清哪句是引用的话，哪句是播音员或主持人的话。
- 具有争议性的言论一定要指明出处。广播电视习惯使用"×××说……"这样的句法结构，因为，一方面可以引起注意；另一方面加强可信度。

5. 消息来源的写作

1）指出消息来源

各类引语，尤其是间接引语，要指出有名有姓的信源。禁用匿名信源，如"某专家称"、"据知情人士透露"，等等。这些人是谁？他们为什么不敢对自己说的话负责？是不是匿名信源在编造假话？或者信源与被他/她指控的人有利益冲突？是不是记者编造的？匿名信源会让读者存疑，让读者反感，也会让报道的真实性大打折扣。同时，指出信源的姓名，也是

---

① Moon Ihlwan：" Online Gaming：Korea's Gotta Have It"，Businessweek，September 11，2006.

对他们的尊重。

硬性新闻、报道严肃问题的新闻、批评性新闻,要严格禁止使用匿名信源。但是讲故事新闻这个要求可以放松一点。如果说话人不是主角,说的话不构成支持中心意思的重要论据,那么可以不必把他们的全名写出来。如××村的张大爷,路人李先生,等等。不过,最好还是有一个称呼,这样你的文章中是有血有肉的人物,而不是连名字都没有的无名氏。

记者在报道暴力冲突、灾难、事故、战争、犯罪等事件时,要特别注意所引用的信源,因为不同的人可能有不同的利益驱使,记者要小心被利用。尤其是当信源所说的话中含有对其他人、机构的指控攻击、异常强烈的个人观点、没有证据的结论,你本人没有目击到的事情、事件发生的原因、事件造成的伤害程度时,一定要指出真名实姓,而你在采访时,也要对他们为什么这么说有一个自己的判断。

2) 消息来源的位置

"×××说"出现的位置视每个具体的引语而定,它可以在句首、句中或引语结束处,以清晰明确、不突兀、不打断引语的流畅为基本目标。一般说来,有下列一些原则可以参考:

如果是一个短句,不需要交代信源过长的职务时,"×××说"放在开头。例如:

【案例6-22】①

宫恩年说:"弹簧的弯儿越多,弹得越高;人遇到的坎儿越多,越能激发出潜能。"

"×××说"放在开头也有强调作用。

"×××说"不放在开头可以突出说话的内容,让消息来源不引起不必要的注意。这通常在讲话人之前已经被提到或引用过的情况下使用。例如:

【案例6-23】②

作为北京第一机床厂的一名工人,赵之中30年来的工作就是把金属溶液注入铸模中。从这个工作中,他体会到了书法艺术和铸造技术的内在联系。

"中国书法就是起源于刻在青铜器上的商朝(公元前16—11世纪)大篆。至今保留最古老的书法作品都是青铜器上的刻字。"赵志忠说。

多于一句话的引语,为了不让"×××说"掩盖引语,最好把它"埋"起来。一般建议放在第一句话后。例如:

---

① 记者孙静惟:《让小草变成大树——记解放军某部骨病专科医院院长官恩年》,载《大公报》,2002-01-12。

② 记者李希光:《从普通工人到著名书法家》,载《中国日报》,1986-07-22,原稿为英文。

【案例 6-24】①

山西新闻网 4 月 29 日讯 "尽管中国的卖淫业在这 20 年来有了根本性的发展,但至今对于到底有多少人从事这一职业还是没有精确的统计数字,"中国医学科学院的廖教授说,"我们必须提高警惕,政府对待卖淫和性病传播的现状应该采取一种现实主义的态度,制订出一套可行的、系统的政策法规。"

避免在同一个自然段内重复指出信源。例如:

【案例 6-25】②

现年 83 岁的巴特勒是位于纽约的非营利机构国际长寿中心的创始人,也是国立老化研究所的创办理事。他说,他也意识到了那些生活在长期婚姻中的人考虑离婚的问题,而且他说,通常是女方先提出。	两个"他说"重复,引起读者对"他说"不必要的注意。可以把第二个"他说"删去,或换为"离婚"。

部分引用某人,尽量在后面再引用他,让他能对部分引用的内容加以解释。例如:

【案例 6-26】③

土耳其总理埃尔多安今天在巴西利亚断言说,批评巴西、土耳其与伊朗达成的核燃料交换协议的人是"嫉妒"该协议代表的外交突破。 他在同巴西总统卢拉举行的联合新闻发布会上说:"批评这个协议的国家是在嫉妒。因为巴西和土耳其努力赢得了一项其他国家经过多年协商都未见成果的外交成就。"	新闻导语中只部分引用了"嫉妒",次导语让讲话人把整句话说完整。 注意导语中使用的描述性动词"断言",后面直接引用的话要能证明这是一个"断言"。

3) 消息来源的动词

硬性新闻一般只用中性动词,如说、指出、说明、解释等不含感情色彩的动词。其中,"说"是最好用、最常用,也是最不容易引起读者注意的动词。避免在硬性新闻中使用具有描

---

① 记者孙静惟:《今天的非洲,明天的中国?》,原载《科技潮》杂志,选自孙静惟:《初为记者》,北京,清华大学出版社,2002。

② 选自:《美国"晚期离婚"增多并非偶然》,载《参考消息》,2010-06-05,来源:《今日美国报》,2010 年 6 月 3 日文章。

③ 选自《土总理谴责批评者心存"嫉妒"》,载《参考消息》,2010-05-29。消息来源:法新社巴西利亚,2010 年 5 月 27 日。

述性质、价值判断、感情色彩的动词,如喊、咆哮、申辩、呻吟、强调、呼吁、指责、敦促等,这会降低你报道的客观性。如果非要使用描述性动词,请用事实证明这个动词使用是合理的,请参考案例 6-18 和案例 6-24。我们再看一个例子,这是 2008 年拉萨"3·14"暴乱事件后《纽约时报》发表的长篇硬新闻的节选:

【案例 6-27】①

| 在周五北京举行的一次会议上,美国驻中国大使 Clark Randt 敦促(urge)中国官员克制行动。"并且不要使用武力对付抗议者,"国务院发言人 Sean McCormack 告诉记者。

中国官方指责(blame)西藏流亡的精神领袖达赖喇嘛制造此次暴力事件并说政府会保持拉萨的稳定。"西藏自治区政府周五说已有足够证据证明最近的破坏活动是由达赖集团'组织、预谋和策划'的",中国政府官方新闻机构新华社报道。

达赖喇嘛周五发表声明号召(call on)双方避免暴力并恳求(appeal to)中国领导人"通过和西藏人民的对话来讨论西藏人民长期以来的不满"。达赖喇嘛的一个发言人称中国的指责"毫无根据"。 | 第一段美国驻华大使"说"的动词变成了"敦促",带有感情色彩。此外,消息来源不清楚,读者不能辨认部分引语中的话是大使说的,还是美国国务院发言人转述的,或者是发言人自己说的。提及记者自己没有必要,有显示这是独家报道之嫌。

第二段中国政府"说"变成了"指责",带有感情色彩。注意西方媒体在提及新华社时,喜欢在前面加上修饰语"中国政府官方新闻机构"暗示它的报道是不公正的。

第三段达赖的"说"变成"号召"和"恳求",带有感情色彩。

请注意:为了证明这些具有感情色彩的动词使用合理,记者选取最能凸显其合理性的话引语,以至于许多地方只能部分引用。事实上,真正的客观、平衡、公正应该能让读者在正确的语境中读到完整的话。 |

讲故事新闻在动词使用上自由度更大一些,描写性动词可以使用,但原则还是不要让这个动词抢了直接引语的冲击力和效果。例如:

【案例 6-28】②

奥巴马怒斥道:"先生们,你们说话要小心,公众不吃你们这一套。"

---

① Jim Yardley:"Violence in Tibet as Monks Clash with the Police", New York Times. March 15, 2008.

② John Heilemann:《从金风玉露到分道扬镳:奥巴马与华尔街蜜月期结束》,辛灵译,载《南方都市报》,2010-05-31,http://nf.nfdaily.cn/nfdsb/content/2010-05/31/content_12400379.htm。

不要在动词中提到记者自己,记者应是"隐形"的。例如:

【案例 6-29】[①]

"我和老伴都是苦出身。我小的时候家里穷,不可能供我上学。刚好我家前面就是一个私塾,我就常躲在私塾外面听先生讲课,后来被那里的老先生发现,就告诉我家里可以让我免费听课,我才有了走进学堂的机会。而之后经过很多努力才上了高中。"周效惠老人向记者描述了自己坎坷的求学经历。	引语让读者亲耳听到老人讲故事,但记者提及自己降低了读者与故事人物的亲近感,记者反而成了读者与故事人物沟通的一堵墙。直接用"说"最好。

避免用空洞的副词、形容词,如果可能,省略副词,或把空洞的副词转化为具有画面感的副词或表情、动作。例如:

【案例 6-30】

×××高兴地说:"我被录取了!"	可改为:×××跳上食堂的饭桌,大声说:"我被录取了!"

如果语言表达通顺,表情、动作尽量不要和动词合并。例如:

【案例 6-31】[②]

"最让我伤心的是,我在昆明住院时,爸爸出差顺便来昆明看过我两次,第一次我看到爸爸真的好激动,用手去拉他,结果他很用力地把我的手甩开,还一边说:'别碰我,你全身都是病毒。'"说到父亲,这个开朗的女孩子再一次流泪了。	一句非常生动的引语。如果能把"开朗的"删掉就更好,或改为:"平时乐呵呵的"。

6. 正确引用

直接引语是明白无误的事实,是新闻当事人或目击者谈话的真实记录,它显示了记者的客观手法。直接引语要求准确、无误,没有对讲话人意思的篡改和断章取义。在不改动原

[①] 记者多蕾:《活着就会继续:九旬夫妇助学近 30 年》,载《新华每日电讯》,2010 年 6 月 5 日第 3 版,新华社兰州 2010 年 6 月 1 日电。

[②] 记者杨抒燕:《母爱点燃生命烛火》,载《都市时报》,2006-11-30。

意、结构的基础上，编辑记者可以选择改动的是：
- "嗯"、"啊"、"哦"等口头助词或口头禅：如果不是为了讲故事需要，一般都删掉。
- 语法错误：如"这些事情说明……"但实际上只说了一件事情，改为"这件事情说明……"
- 方言：根据报道需要而定。如果方言，以及上面说的语法错误是采访对象的特点，保留其说话风格可以为报道增添色彩的话，则不改动。这种情况在讲故事新闻中常见。
- 不清楚的代词：如果引语中的代词没有指明是谁或是什么，记者编辑可在后面加括号注解，但要确保指代正确。

课堂练习

针对下面的情景，讨论：(1)如果你要在报道中使用相关信息，是否需要指出消息来源？为什么？(2)如果需要指出消息来源，谁是最佳采访对象？或者什么样的消息来源？

情景1

你报道一次新型流感侵袭。国内已经有人因这种流感死亡。你需要知道死亡的具体人数。

情景2

你报道一家跨国公司收购一家破产国企。你需要知道为什么这家中国公司被收购。

第 7 讲

新闻的语言

本讲重点学习的知识与技能

- 新闻的词语
- 新闻的语言特色
- 新闻忌讳使用的语言
- 新闻的句子与段落

一、新闻的词语

法国作家司汤达说过,"我认为写作只有一个原则,思路清晰,语言简练"。语言是记者最主要的沟通工具。这个道理所有要写作的人都非常清楚,但是真正在写作时,却时常忘记语言沟通的重要作用。

事实上,越是让人看起来不费力气的报道,在语言上就越是"锤炼"。记者写作时要明确:我的文章是给读者看的。

记者写作时,心里要时时刻刻想到自己的读者。新闻报道是人们通常只读一遍的文章,读者更是希望很快了解文章要传达的信息。而语言运用得好的新闻作品可以有效地引起人们对报道、事件、人物及信息的最大关注。对记者新闻语言的最低要求就是:行文通顺流畅,不为读者阅读设置语言障碍。

1. 准确和清晰

准确和清晰是任何一类写作都应恪守的原则,只有准确和清晰,才能让信息正确地传播出去。引起歧义的文字不仅会阻挠记者达到自己的写作目的,也会增加读者阅读、理解的困难。请看下面几句话①:

从很早的时候起就有人在印度居住。	什么是"很早的时候"?2000年前?还是1万年前?还是50万年前?
在英国一只狗进一次"美容院"的花费,相当于一个普通工人三四倍的工资。	"一个普通工人三四倍的工资"是什么意思?哪里的普通工人?英国的还是中国的?北京的还是攀枝花的?一个月的工资还是一年的工资?虽然作者运用这样的对比出发点是让读者更好地理解"花费"是多少,但表述不清反而令人莫名其妙。
一则征婚启事: "征36岁以下,高1.60米左右,品貌好,淳朴善良,在城市工作的女同志为伴侣,婚否不限。"	"婚否不限"是对方单身还是已婚都无所谓,但如果对方已经结婚,又怎么能成为征婚对象呢?实际上,作者想说的是"婚史不限"。
这届奥运会,世界足球强队都在积极备战,觊觎桂冠。	"觊觎"的意思是"想要得到不该得到的东西",但各个足球队想要夺冠是合情合理的事,而不是争夺不该得到的东西。

---

① 李衍华著:《咬文嚼字的逻辑》,北京,北京大学出版社,2005。

做到行文准确和清晰,需要记者清楚自己到底要说什么,在下笔的时候则使用正确、具体的词语和表达方式。

2. 语言简洁

记者写作要惜墨如金,没有一个多余的字、句子和段落。新闻写作和绘画或制造机器一个道理,绘画不需要一根多余的线条,机器不需要一个多余的部件。废话太多,读者很快就会离弃你。例如①:

【案例 7-1】

上合组织成立九周年　世博园里迎来荣誉日	
15日是上海合作组织成立九周年纪念日。当天,在雄壮的军乐声中,上合组织荣誉日官方仪式在上海世博园举行。 　　上海合作组织秘书长伊马纳利耶夫·穆拉特别克和中国政府副总代表周晓沛出席仪式并致辞。秘书长伊马纳利耶夫表示,上海合作组织成立以来,引起了国际社会的广泛关注。许多国家希望加入上合组织,目前上合组织已吸收了4个观察家国和2个对话伙伴国。他表示:"上合组织参加上海世博会,旨在让更多的人了解上合组织。" 　　"上海合作组织为本地区国家维护共同利益、实现共同发展提供了广阔空间。"周晓沛表示,他认为上合组织有三大看点,即先进理念、卓越贡献和光明前景。 　　上合组织轮值主席国哈萨克斯坦代表表示,上海合作组织不仅在欧亚大陆,乃至在整个世界都赢得了很好的声誉。全球众多国家和国际组织对上合组织的理念表示赞同。 　　上海合作组织馆位于世博园国际组织联合馆内。展馆以"和谐世界,从邻开始"为主题。展馆通过对联、浮雕等多种手段展示上合组织的理念、历史及未来。 　　2001年6月15日,上海合作组织在上海成立。成员国有中国、俄罗斯、哈萨克斯坦、吉尔吉斯斯坦、塔吉克斯坦、乌兹别克斯坦。	这篇新闻报道不到500字,但是"上海合作组织"和"上合组织"共出现了16次,有公关新闻之嫌。 　　此外,读了新闻,你能说出这个组织到底是做什么的吗?在过去9年中做了什么贡献(除了"卓越"之外)?理念是什么(除了"先进"之外)?前景为什么光明?到底为什么参加世博会? 　　如果非要你写这条新闻,你会如何修改?你用了多少个字?

---

① 记者宗晨亮:《上合组织成立九周年 世博园里迎来荣誉日》,中新社 2010 年 6 月 15 日电。http://www.chinanews.com.cn/expo/news/2010/06－15/2345458.shtml.

简洁还可以让你的文字更有感染力和冲击力。有时用 40 个字说明问题不如 4 个字有效。请比较下面两句话：

父亲被一种难以名状的悲哀折磨着，他越来越难过，一个人坐在一棵树下，泪水直往下流。	父亲哭了。

简洁不是来自压缩，而是来自选择。记者采访越仔细彻底，收集的素材越丰富，选择余地就越大，写得也就会越好。

文字的简洁同时也来自思路的简洁。思路简洁并不代表着思维简单，好记者的本事就是能把复杂的事物让 10 岁孩子听懂，这意味着记者首先需要消化、理解信息。海明威说："写作最重要的是，起码对于今天的作者来说，就是剔掉文字的肥肉，让白骨露出来。"伏尔泰更说过："要想令人生厌，就什么也不要删除。"

3. 使用具体、明确的词语

人对事物的认知有一个从抽象到具体的过程。越是抽象的词，所涵盖的范围就越大，指代就越不清，就越容易引起歧义。新闻追求真实性，记者在新闻报道中要使用具体的词语，避免空洞的大词。空洞的大词边界模糊，不同的人会有不同的理解。如果采访对象说一些抽象的概念，请务必让对方解释清楚他/她的真正意思。

具体、明确的词语能够让故事变清晰，增加故事的活力和表达力。例如：

"性感的女子"。

对比："大腿光滑的女子"。

马克·吐温说过，准确的词语和基本准确的词语之间的区别，就像闪电（lightening）和萤火虫（lightening bug）之间的区别。中国新闻报道出现大量形容词、概念化等抽象模糊的语言与中国人长期以来写作文风有关。有人说，中国的语言文字不够精确，如文言文过于简练，往往一字多义，导致文章确切意思模糊。还有人说，这与中国文人传统上重理论、轻实践有关。古代文人坐以论道，口头上说要"格物致知"，但仅是嘴上说说，没有付诸行动，"格"出来的东西与现实生活相去甚远。

语言是思维的表现，那种"取得新进展"、"新成就"的思维方式与实事求是的科学精神不相容。请使用具体的词语，满篇抽象、空洞的词语会让读者认为你没有深入思考，缺乏智慧。把抽象的词语变成具体的词语要求记者彻底地观察、询问和采访。

在无法替换抽象词语时，为这个词语提供解释或例子。例如[①]：

---

① 选自：《智利矿工可能提前一个月被救出》，载《参考消息》，2010-10-01。来源：美联社智利圣何塞 2010 年 9 月 29 日电。

【案例 7-2】

智利矿工可能提前一个月被救出 （美联社智利圣何塞 2010 年 9 月 29 日电） 　　随着隧道挖掘工作进一步加快，33 名被困矿工有望提前获救，矿工家属非常高兴。 　　官员们报告说，昨天，其中一台挖掘机的进度达到了预期速度的两倍，家属们笑着相互拥抱，并高喊："智利，万岁！" 　　（……）	导语中出现了两个抽象的词语："进一步加快"和"非常高兴"。 紧接着，记者解释了"进一步加快"就是进度达到预期速度的两倍，"非常高兴"就是家属们拥抱并高呼万岁。

4．多使用动词

动词，特别是行为动词为新闻报道带来动感和画面感。新闻报道，无论是写人还是写事，都是在叙述动态中的事，使用动词能够自动带动故事发展，让读者跟着你的文字起伏跌宕。请看下面的例子：

【案例 7-3】

　　在达·芬奇机场枪击停止的同时，三个穿着脏裤子和战斗夹克的男人顺着楼梯跑向维也纳施韦夏特机场二层的候机区。他们用 AK－47 开始射击。等候乘坐以色列航空公司 364 航班前往特拉维夫的乘客在惊恐中扑倒在地，或跳过检票台。警察和以航保安开枪反击，但恐怖分子还是逼近检票台 30 英尺以内的区域。他们像扔保龄球一样，朝受害者扔出三颗手榴弹。

【案例 7-4】[①]

　　周中强当过三年的海军航空兵，在部队学会了自救逃生的本领。"我的第一反应就是，要想逃命必须打破车窗玻璃！"周中强说。他用左脚迅速踹向铺位前的车窗玻璃，一下、两下……玻璃终于被打碎了，但他的左脚和小腿肚却被玻璃划伤。这时大火已经封住了车门，火苗在车厢里蔓延，人们已无法从车门逃生。

　　周中强慌乱中从地上找到了一根不锈钢管，用尽全力敲碎了第二块车窗玻璃。只要从车窗里钻出去他就可以获救，但周中强并没有这样做，他又挥动钢管，敲碎了第三块、第四块、第五块玻璃，人们纷纷从他打开的"通道"逃出车厢。有的乘客和他一样，正在拼命地打碎玻璃，让更多人逃生。在这个可怕的深夜里，人们在与死神争分夺秒。

　　一个动作的持续时间有长有短，我们这里把持续时间长的动词称为状态动词，把时间短

---

① 记者王朝辉、实习生刘曼：《石市老兵"火"车中冒死救人》，载《石家庄日报》，2010-06-13。http://yzwb.sjzdaily.com.cn/html/2010－06/13/content_255949.htm.

的动词称为爆破动词。时间长短是一个相对的概念,情景不同也有所不同。爆破动词冲击力强,是事情发展的主线,状态动词描述行动人的状态,为事件提供场景。两者结合使用,可以有效地勾勒出事件的画面。例如:

【案例 7-5】①

| 上午 9 点 30 分,墨西哥驻罗马武官 Donato Miranda Acosta 将军和为他及家人送行去法兰克福度假的秘书 Genoveva Jaime Cisneros 在咖啡亭和汉堡摊前抿着咖啡,一个恐怖分子朝那里扔了一枚手雷。 | "抿着咖啡"是一个相对持续时间长的状态动词,"扔"是一个爆破动词。两种动词一起使用,可以包含更多人物、动静结合、显示全景。 |

动词还可以分为理性动词和情绪动词。理性动词是不易波动、稳定的动词,它中立、平衡,如"陈述"、"讲解"、"访问"等,情绪动词是易波动、不稳定的动词,充满了强烈的情绪,如"砸"、"咆哮"、"窜访"等。通过对动词的选择,记者可以肯定一个人或他/她说的话、做的事,也可以否定一个人或他/她说的话、做的事。例如:

"慢一点。"她说道。

"慢一点。"她咆哮道。

"慢一点。"她细声细语道。

他打开门。

他推开门。

他踢开门。

注意,情绪动词中,有的动词反映出行动者的情绪,如"咆哮"、"叹气"等,有的动词则更多地反映了使用这个动词的人的情绪和视角,如"窜访"、"鬼叫"、"奋进"等。好记者选择动词时,会避免使用反映说话人情绪和视角的动词,让自己看起来中立、客观。而带有偏见的记者总是选择情绪动词,报道记者不喜欢的人物或事物。例如 2001 年 1 月"中美撞机事件"发生后,《纽约时报》用动词塑造中国的形象:

《海军机组人员平安——在战斗机坠毁海中后北京反应愤怒》

《布什要求"迅速"交还飞机和机组人员——说北京对美国飞行员命运的沉默伤害了美中关系》

《中国飞行员乐于冒险,美国官员说》

《中国在事件中找美国的茬》

---

① Ed Magnuson:"Terrorism: Ten Minutes of Horror.",Time.com. June 21,2005. http://www.time.com/time/magazine/article/0,9171,1074896,00.html,翻译时语序按中文顺序有所调整。

《中国坚持美国必须做出更多的努力以结束僵局》
《白宫说有望结束僵局》

其中一篇文章:"国家电视台星期天夜里广播的一个生气的声明说……但是,美国太平洋舰队司令邓尼斯·布莱尔将军说……"

美方发言使用理性动词:要求、说、表示

中方发言使用情绪化动词:找茬、声称、敦促

这样,中国在《纽约时报》上的形象是非理性的、贪婪的。每当中国作为主动形象出现的时候,其行为总是不正确的。相反,美国的形象总是理性的、理智的,而且其机组人员的行为也是令人赞叹的。

5. 少使用空洞的形容词及其衍生的副词

如果我跟你说:她是一个美丽的女子,你能想象出她的美丽吗?如果我跟你说:这是一个重大的发现,你能理解重大的含义吗?形容词及其衍生的副词常常是抽象的,带给人模糊的印象。新闻写作要求具体,形容词无法让你准确表达意思。如果非要使用,它必须使你要传递的信息更准确。

过多使用形容词,也会让你失去客观性,因为形容词常常传达的是说话人的主观判断,而这种判断又往往是没有证据的。过多使用形容词,等于记者把自己的意念强加给读者。例如①:

【案例7-6】

记者昨日从朝阳警方了解到,接报后,北京警方立即组成专案组开展侦破工作,经过昼夜连续奋战,迅速锁定了主要行凶者的踪迹。10日,专案组派出侦查员前往嫌疑人所在地大连市展开调查。经过连续两天的缜密侦查,6月13日,在辽宁省公安厅的大力协助下,北京专案组在大连、鞍山市一举将实施伤害案的8名行凶者抓获归案,今日已押解回京。

这一段中,记者连续用了多个前后文都没有证据支持的形容词和副词,而且行文程式化、套路化,让读者发问:到底真的假的啊? 其实,怎么"昼夜连续奋战",如何"迅速锁定",如何"缜密侦查",如何"大力协助",怎么"一举抓获",每个动词后面都可能有惊心动魄的故事。即使是赞美,记者也要用事实赞美,而不要用形容词、副词赞美。诺贝尔物理奖得主李政道曾说,某些媒体称他为著名科学家,事实上,他在世界上并不是位家喻户晓的人。如果一个人真的家喻户晓了,媒体就不称他为著名的。例如,媒体从来不称呼"著名的毛泽东"或"著名的邓小平"。

另外,如果把这些形容词、副词删除掉,不会影响读者对事件同样的理解。写作中最好

---

① 《北京晚报》2010-06-15,第四版。http://www.chinanews.com.cn/yl/yl－mxzz/news/2010/06－15/2345416.shtml.

是删除这些累赘的词。

　　反复用形容词强调事件意义,如"重大科学发现"、"重要讲话"、"重要决策"等,就像不停地喊"狼来了",体现记者不能有效地判断新闻价值。好记者用事实说话,他/她通过搜集到的证据、观察到的细节,让读者自己得出结论,想到记者想说但没有说的那个形容词。例如①:

【案例 7-7】

精密手术又添新科技

　　(……)

　　维尔杜的神经外科大夫,唐纳德·霍普随后把维尔杜的核磁共振扫描磁带拿进手术室,并放入神经导航(NeuroStation),一个与计算机连接,看起来像大型电视屏幕的仪器中。软件将维尔杜数字化的核磁共振数据转化成包括头骨在内的大脑三维模型,并显示在计算机屏幕上。

　　已被麻醉和剃了光头的维尔杜被送进手术室。霍普取下了他头部的维生素胶囊,并在这些位置各涂上一滴颜料。

　　之后,霍普用一根类似长针的金属探头轻轻点击维尔杜头上的这八个位置,探头的图像随后被手术台上方的小型摄像机接收,并转化成数据输入电脑。探头接触到这 8 个点后,计算机随即把已制成的三维头部图像根据探头触到的位置进行调整。

　　这一步完成后,每次医生在手术中用探头接触维尔杜头部或大脑时,显示屏就会显示出探头在维尔杜大脑核磁共振图像中的相对位置,而误差不会超过 1 毫米。霍普可以从手术室各个角度看到图像。

　　有了三维图像后,维尔杜的外科大夫知道了肿瘤所在位置,它有多深,并寻找到最佳路径摘除肿瘤。

　　在头骨上钻孔之后,霍普一边观察着屏幕,一边慢慢推动探头。屏幕上的图像显示让他能不断调整探头的前进方向,并且避免干扰到正常脑组织,找到脑肿瘤。

　　2 小时手术后,霍普成功地摘除了生长物,这是一个被称之为脑膜瘤的良性肿瘤,它对大脑其他部分的损害很小。

　　当霍普摘除所有他能看见的脑瘤组织后,他用探头轻轻触碰周边并观察计算机成像,以确保他除去了所有肿瘤。由于核磁共振技术可以"点亮"脑肿瘤,霍普通过计算机屏幕比用肉眼观察更能辨别肿瘤和正常组织的区别。

　　霍普确信所有肿瘤组织都被摘除后,他缝合上病人的头部。

　　"我认为,这是脑手术的一个重大突破。"医院神经外科主任罗纳德·伯特尼克表示。

　　"在有这个技术之前,我们只有一张照片和病人的头。我们必须靠自己把它们联系起来,并且一旦深入大脑,我们必须靠经验找到位置……没有任何辅助设施会告诉你你在哪里。"

　　"现在有了神经导航站,你可以一边手术,一边通过电脑屏幕知道你的准确位置。"他说。

　　(……)

---

① 记者李希光:《精密手术又添新科技,三维计算机影像指导外科大夫直达脑瘤》,载《华盛顿邮报》,1995-10-07,原稿为英文。

上面这篇报道写于1995年,介绍了一种新的手术技术——数字化技术辅助手术。记者并没有使用空洞的形容词、副词描述这项新技术是不是"重大发明",而是用白描的手法把读者带到手术现场,让读者"亲历"使用新技术的一次手术。至于是不是"重大",记者把判断的权利交给有权威发表意见的信源。请注意,即使信源表示这个技术是"一个重大突破",也并非只下判断,没有依据。记者继续引用信源的话——在此技术之前,外科医生要凭经验手术;有了这个技术,外科医生可以知道准确位置——来说明为什么是"重大突破"。

少用形容词,也意味着少用"非常"、"十分"等修饰词语。看看下面的例句,如果把这些无用的词去掉,你看看意思会不会改变?

藏族人民生活得非常幸福。

大家团结得十分紧密。

小两口日子过得特别有滋有味。

马克·吐温说:"一旦你看到形容词,就消灭它。"散文家约翰·西亚迪说:"数数形容词和动词。优秀的写作,几乎总是用更多的动词……可以坦率地说,如果每一个名词都伴随一个形容词而出现,那么这种遣词造句就糟了。"我们并不是说完全不可以使用形容词,在新闻写作中,如果你要用形容词,少用抽象的形容词,使用可视、可听、可感、可数的形容词。这会突出你用的形容词的分量和合理性。选择最能传达你意思的形容词。此外,用事实说明一个抽象的形容词使用是合理的,不要让读者觉得你空下判断。作家诺曼·梅勒说:"形容词代表了作者对事件的看法,仅此而已。如果我写'一个强壮的男人走进屋子',这只能说明他对我来说是强壮的。除非我能以读者的角度出发,否则我可能是酒吧里唯一被这个走进来的人震撼的人。最好说,'一个男人走进来。他拿着一根拐杖,出于某种原因,他像折断树枝一样把拐杖折成两截'。当然,这样的描述更花时间。就是说,形容词出现在那种快速的'告诉你该怎么生活'的文章中。广告最爱用形容词。'一个高效、安静、感官刺激、五速换档的……'在一个名词前面放上20个形容词,没人知道你其实在描述一泡屎。"

6. 删掉多余的词

新闻编辑就像屠夫,会剁掉术语、行话、套话、形容词和各种多余的字。记者写完稿,也要以这种苛刻的态度对待自己的文章,剔除文字中的肥肉。

术语/行话:术语和行话会给读者阅读造成困难。如果一篇新闻报道看起来像是学术论文,充满了只有这个行业内专业人士才能看懂的名词和表达方式,必然不会吸引普通读者,甚至还会让读者反感。

记者频繁使用术语、行话,一个原因是没有理解要报道的内容、没有消化采集到的信息、没有用大脑思考过滤。在这种情况下,报道出错的可能性加大。

使用术语、行话的另一个原因是记者为了显示学问或知识面,把某种毫无意义的东西也披上严肃的面孔。一定要避免这种心态,记者知道几个学术名词并不会赢得读者的赞叹。相反,出色的记者不使用术语同样能准确报道和描述一件事。在必须使用术语时,记者会对术语进行解释。请看下面的例子①：

【案例 7-8】

银河系发现能量巨泡

银河系中央发生着大事,而天文学家高兴地说他们不知道怎么回事。

周二,一群研究费米伽马射线太空望远镜数据的科学家说,他们发现银河系中央喷射出两个能量巨泡。在一次新闻发布会和即将在周三《天体物理期刊》上发表的论文上,科学家说这两个巨泡从银河系上下各延伸出 2.5 万光年,蕴含的能量相当于 10 万颗超新星爆发。

"它们很大。"哈佛—史密斯学会天体物理中心、发现巨泡小组的领导人道格·芬克冰那说。

巨泡的来源还是一个谜。一种可能是它们产生于银河系中央不断死亡和诞生的恒星。另一种可能是,它们是已知在银河系中央的黑洞打的巨嗝。它们应该不是暗物质,也就是天文学家说构成宇宙四分之一、让星系不散架的神秘物质。

"哇。"普林斯顿大学一位天体物理学家大卫·斯皮格说。他没有参与此项工作。

"我们还以为我们很了解银河系了。"斯皮格博士说,并指出巨泡几乎和银河系一样大,但直到现在才被发现。

美国航天航空总署(NASA)天体物理负责人强·莫斯说:"这再次说明宇宙充满了惊奇。"

芬克冰那博士就是感到惊奇的人之一。一年前,他是加州圣芭芭拉卡夫里理论物理研究所格里格·多普勒领导的研究小组的一员。这支研究小组说,他们发现银河系中央活跃着一片充满高能量粒子的神秘的雾。利用最新公开的费米望远镜数据,研究人员在减去了所有伽马射线源(伽马射线是电磁辐射能量最高的一种形式)之后,发现了这股粒子雾。

当时,芬克冰那博士和他的同事们推测这股雾是由暗物质生成的。银河系中央聚集了各种奇怪和高能量现象,包括一个巨大的黑洞和飞速旋转的脉冲星,但宇宙学理论还暗示,那里还可能聚集了暗物质。据该理论说,暗物质粒子撞击可以产生伽马射线。

但在后来的分析中,这股雾——除了比芬克冰那博士和他的同事们预先估计的大之外——还有明确的界限,形状就像一个泡泡。根据主流理论,暗物质应该更模糊。

"暗物质应该在那里存在数十亿年了,"芬克冰那博士解释,"如果某种活动持续数十亿年,你应该不会看到这样的形状。"

他和其他科学家说,这并不是说银河系中央没有聚集着暗物质,而是说暗物质很难观测到。

在上面的报道中,记者对重要的术语都做了解释,如"暗物质"、"伽马射线"。这些术语对于一些科学爱好者来说可能是极为普通的词汇,但大部分人只是听说过它们,而不知道这些术语到底意味着什么。文中还出现了一个术语——脉冲星,由于它只是在举例时提到,记者没有解释什么是脉冲星。最好还是能简要地解释一下。

---

① Dennis Overbye: "Bubbles of Energy Are Found in Galaxy", New York Times, November 9, 2010. http://www.nytimes.com/2010/11/10/science/space/10galaxy.html? ref=science.

此外，记者在行文中还避免使用术语。例如，巨泡来源的一种可能是物质坠入黑洞时产生的"高速物质喷射物"，但记者使用比喻，称之为黑洞打的"巨嗝"。

套话/陈词滥调：不要用套话和陈词滥调，这会让你的报道看起来很可笑，说不定还会被幽默的网民编成模板。特别要避免使用连篇的成语和四字结构，不要让自己的报道读起来好像宣传口号或顺口溜。此外，套话、陈词滥调可以预测，无法传递新鲜的信息，读者要不认为你在没话找话，要不认为你缺乏创造力。避免使用：

——好莱坞进口大片上听来的语言

——网上捡来的比喻

——名人政客演讲中的套话

外来语：除非汉语中找不到替代词，尽量不用外来语。

流行语：尽量少用流行语。流行语的寿命很短，几年前流行的话几年后听起来会很可笑。像"盖帽"、"发烧友"这种过去曾经流行一时的词汇今天已经没有人会用了。如果你希望你的作品上架时间长，那么就不要赶流行语的时髦。记住丘吉尔的话："越短和越老的字眼是最好的字眼。"

废话/多余的字：废话、不需要的词只是给你的文章增加长度，什么作用也起不到。能简洁地表达，就绝不要啰唆地表达。

啰唆：	简洁：
由于他死了，不得不埋葬他。	乡亲们埋葬了他。
增加透明度	公开
管理机构	政府
女性少年	女孩
从理论的层面分析	理论上
不/非发达国家	穷国
罢工行动	罢工
荒原地区	荒原
大规模的工厂	工厂
著名科学家	科学家
重要讲话	讲话

7. 使用正确的称呼

新闻报道中要使用正确的称呼，避免使用由刻板印象而产生的称呼，如"黑鬼"、"小日本"、"高丽棒子"、"剩女"、"艾滋女"、"'90后'小孩"、"小三"、"老处女"、"二奶"等，要避免性别、年龄、民族、种族、宗教信仰、阶层、地域、疾病、身体缺陷、个人选择等而产生的歧视性称呼。记者的任务是要真实地报道，而不是给某一个群体贴上红字标签。

但记者也要注意,有一类委婉词汇会扭曲事实。乔治·奥维尔创造了"双重思想"(doublethink)这个词,用来指那种扭曲真相,为了听起来更顺耳而发明委婉词的思维系统。例如:

"美国驻阿军人被指控犯有众多的侵犯人权的罪行。"

实际上真正的意思是:

"美国军人被指控犯有多起强奸、谋杀罪。"

这类指鹿为马的词汇常常被用来洗脑。例如,伊拉克和阿富汗的抵抗战士被媒体称为"武装分子"。再如,一些人批评美国在反恐战争中,使用"敌方战斗人员"(enemy combatant)而不是"战俘"(prisoner of war)来指代被俘虏的人,因而可以规避《日内瓦公约》,剥夺这些人作为战俘的权利。此外,美国军方还使用"无效军队人员"(inoperative military personnel)来指代阵亡士兵,削弱死亡的严重性。记者不要因为一个词时髦就胡乱使用。政治、商业、司法等领域的新词,常常有其特定的背景。记者要了解背景后再选择使用,不要成为掩盖事实的帮凶。

二、新闻的句子与段落

1. 新闻的句子

句子是一篇文章的基本单元思想。在新闻写作中,尽量用最精简的语言写短句。过长的句子会让许多信息拥挤在一个句子中,造成阅读的困难。例如:

重要摄影家不再乐意争论摄影是否属于高雅艺术,除了宣称他们自己的作品与艺术无关这个事实显示了他们仅仅是把现代主义胜利而强制的艺术定义当作理所当然的程度:艺术作品越好,对于艺术传统目的的颠覆作用就越明显。

像上面这样的句子,包含了许多信息点,每一个信息点都需要读者多次过滤才能理解,普通读者根本无法在阅读一遍的情况下完全理解这句话的意思。而新闻作品就是要让读者读过一遍就理解内容,也就是尽量不让读者注意到文字,而只注意到内容。

大部分编辑看到这样的句子都会大笔一挥:"重写!"把上面的段落改成短句,去掉无用的词语,会好懂得多:

现代主义的胜利也强制定义了艺术的概念:艺术作品越好,就越是颠覆艺术的传统目的。摄影家除了宣称自己的作品与艺术无关外,也不再乐意争论摄影是否属于高雅艺术。这种表现仅仅显示了他们对新艺术定义的接受程度。

特别记住不要在导语中写长句子,这会让读者一出门就遇到一堵墙,千万不要考验读者的耐心和忍受力。

上面的例子也说明,使用短句子可以让文章更清晰,这保证你准确传达信息。

但是，使用短句子也要避免一连串单调的短句，适当调整句子长短，让文章更有节奏，也让读者阅读心情愉快。

中国人写作习惯把状语放在前面，主谓结构放在后面。如"在……到来之际，……"，"随着奥运会的临近，……"，"在广漠的沙漠中，……"。如果可能，尽量变换句子结构，有时把主谓结构放在前面，可以让读者最先看到最重要的内容。这也可以让句子更简洁。例如①

【案例 7-9】

原文：	改为：
在即将举行的 20 日巴黎华人、留学生大游行前，一些巴黎当地华人、留学生向欧时 TV 记者表示了他（她）们对当前巴黎治安现状的忧虑。	一些巴黎当地华人、留学生在 20 日即将举行的大游行前表示了他们对当前巴黎治安现状的忧虑。

使用主动语态，少用被动语态。主动语态强调的是动作主角，主动动词可以有效地推动故事发展。被动语态强调的是动作接受者，被动动词缺乏推动力。除非你特别要突出动作接受者的无辜、可怜、束手无策，再使用被动。即使是这样，也要控制被动语态的数量。请看下面的例子，体会主动语态与被动语态的不同：

被动语态：	主动语态：
小猫闹闹被张三塞进微波炉。微波炉开关被张三启动。张三被冲进门来的妻子和儿子打晕。闹闹被救了出来。	张三把小猫闹闹塞进微波炉，启动开关。他的妻子和儿子冲进门，打晕了他，把闹闹救了出来。

2. 段落

新闻写作，无论是导语、引语、正文，最好把你面对的读者想象成一个脾气暴躁、极不耐烦的人。如果你能达到他的要求，吸引他从头到尾读完你的报道，那么你也就可以吸引普通读者。因此，不要把太多的信息集中在一个段落，最好是一段一个单元思想。过长的段落会让读者感到内容不好消化，阅读起来头昏眼花。

每段的第一句话至关重要，它为后面的内容指出方向。无论这一段是描写、引语还是背

---

① 《巴黎枪击案后华人陷恐惧 治安差归根结底是贫困》，中国新闻网，2010 年 6 月 15 日。http://www.chinanews.com.cn/hr/hr-ozhrxw/news/2010/06-15/2345272.shtml.

景介绍,第一句话都应引入新的事实或观点,不要重复或总结上一段的内容。新闻报道不是说明文或论文,新闻报道需要动感,不管是事件还是人物,记者要让读者感到事态在发展变化。

一般来说,分段遵循下面的规则:

——从一个人/地点/时间转移到另一个人/地点/时间

——新的引语

课堂练习与课外作业

1. 不使用形容词,写一段 100 字的短文,描写给你讲授"新闻采访与写作课"的老师。
2. 在媒体上找一篇报道,把其中使用的套话勾出来,评价并修改。
3. 在《人民日报》上找一篇长篇报道,将其缩减到 800 字。
4. 在《人民日报》《光明日报》或新华社网站上找一篇科学或医学报道,查看这篇报道是否使用了术语或行话。如果使用了,查阅相关资料,改写这些术语和行话。

第 8 讲

新闻观察与
新闻点的发现

本讲重点学习的知识与技能

- 新闻的来源
- 新闻敏感
- 寻找新闻点的思维套路
- 记者为什么要观察？
- 新闻观察的方法

1996年8月,美国国家航天局(NASA)对外宣布,科学家在南极捡到一块来自火星的石头,通过对这块石头的研究,科学家发现了火星上存在生命的证据。新华社记者周笑雪当时正在北京国贸大厦采访第30届国际地质大会的专题研讨会。听说这条新闻,她以为丢了一条大新闻,但再仔细看看这条新闻,发现消息来源都在美国,与中国无关,便松了一口气。

一个小时后,周笑雪的编辑室主任李希光立刻着手采访与会科学家对此事的反应。周笑雪提醒李希光这一事件发生在美国,与中国无关。但李希光说:"消息发布是美国,但目前全世界研究石头的最优秀的地质学家都在北京呀,如果他们对这一发现有什么评论,是不是新闻?"周笑雪这才恍然大悟,立刻开始采访。果然不出所料,参加会议的巴西、芬兰、德国、中国等国家的科学家纷纷对这一发现提出质疑。一条差点丢掉的科学新闻就这样又被捡了回来。

想当一名好记者,你必须具备十八般武艺,能采访,能写作,精通各种知识,身体健康,能吃苦耐劳……但在所有这些技能和素质之上,最重要也是最难掌握的就是新闻敏感。它要求记者大脑的"雷达"随时开着,随时过滤身边的一切事情,随时处于备战状态。

一、新闻的来源

打开每天的网络微博、报纸杂志和广播电视,你会发现各种各样的新闻报道和故事:看似重要的、看似不重要的、名人的、普通人的、发生在我们身边的、发生在世界其他角落的……这些新闻是从哪里来的呢?

概括地说,新闻来自于三方面:

个人观察。你听说某地发生洪水,赶到现场;或者你听到一个有趣的新发现;或者你被派去参加一个学术会议;或者你走在大街上,发现许多人家的阳台上挂上了国旗……这一切都可能激发你的好奇心和写作的欲望。个人观察是捕捉新闻的重要途径。好记者不会放弃任何观察的机会,睁大眼睛、竖起耳朵,仔细关注着社会的发展和变化。

与他人的交流。这包括采访,在客厅里、茶馆里、饭桌上、电梯里与家人、朋友、同事甚至陌生人聊天等。通过与他人的交流,你可能发现新鲜的事情、从来没想过的观点、看问题的不同角度等。而它们可以帮助你找到新闻线索。

阅读。大量阅读,包括阅读其他报纸、杂志、书籍、电子邮件、网页、博客、微博、手机短信及各种宣传材料。一个好记者不只看自己喜欢看的东西,更重要的是他/她必须克服自己的喜好,阅读一些"无趣"的东西,如政府报告、科研报告、历史档案,等等。我们把看电视、听广播也包括在这里,因为这两种活动也是借助媒体了解跨越时空的事情。但今天广播电视中娱乐节目和广告太多,难以发现很多有价值的新闻线索。

为了发现新闻,记者会努力让自己长出"千里眼、顺风耳",他们会依靠自己的力量、别人的力量以及媒体的力量找到新闻故事,他们像海绵一样吸收任何能获得的信息。而反过来,这种"发现新闻"的过程会让你的记者生涯充满乐趣——没有编辑喜欢总要他/她来"布置作业"的记者,也没有记者喜欢总被编辑限制报道的具体内容。

下面,拿出一支笔,根据下面的清单扩充、修改你的新闻来源,写下你获得各种信息已有的、可能会有的各种来源。注意,这个清单越具体、越全面越好——它是为你自己量身定制的。

> **个人观察**:上学/上班的路上、我常去的咖啡馆/餐馆、书店、商场、体育馆、……
> **与他人的交流**:父母、亲戚、朋友、老师、同学、同事、陌生人、课前聊天、饭桌上的谈话……
> **阅读**:报纸、杂志、电视、电影、广播、期刊、历史档案、书籍、电子邮件、电子杂志、博客……

有一些新闻报道是编辑布置的任务,如采写某一个人物、一次会议,等等。这样的报道在选题上不需要记者过多地思考——选题已经是现成的了。但是,好记者通常都会更深一步思考:我如何才能写出与众不同的报道?我如何能让报道有一个新颖的角度?也就是说,他们并不甘心只写其他所有记者都能写出来的报道,而是试图在报道中凸显出人物或事件不为人所知的一面。

还有一些新闻故事是记者灵感突发或碰巧的结果。例如,你在和低年级同学聊天中发现,他们的学费比你的学费要贵,这时你可能会想:这是一次性现象,还是一个趋势?在这个灵感驱动下,你很可能会发现好的报道选题。再如,你在路上无意中目击到一次车祸,受伤的人是要去参加婚礼的新郎,那么这也可能成为你的选题。

但更多的情况是,好的新闻选题是记者勤奋思考的结果。挖掘新闻题材,常会有如下的思考模式:

"为什么?" 好记者看到一个现象,不会只停留在表面,而是问"为什么?"有的学者指出,起码要连问 5 个为什么。例如,一家大公司一夜之间裁员 30%,你通过调查和采访,不断深入事件本质:

为什么?→该公司无法支付这些员工的工资→

为什么?→该公司现金流为负,银行不愿继续贷款→

为什么?→该公司连续多年贷款,财务状况显示出无还款能力→

为什么?→该公司投资建设了三座楼宇,血本无归→

为什么?→楼宇选在本以为会建立经济开发区的地点,但后来开发区转移地址→

为什么?……

需要注意给事件归因时,要意识到一个事件可能有多种不同的原因,主要原因、次要原因、外部原因、内部原因……一个复杂的事件很可能根本无法说清楚究竟哪个原因是导致事件发生的决定因素。新闻报道从某种程度上会把复杂的问题简单化,记者在归结原因时,不要否认其他原因的作用。

换角度思考问题。例如,世界各地地震报道频繁,有的记者就会想:公众现在对地震很关注,但各个媒体报道的重心都是地震的救援行动、受难者的状况,但如果读者真的碰到地震,应该做什么呢？从不同的角度出发,很可能就找到好的选题。

换角色思考问题。例如,报道全国高考,记者可以从不同角色的人的眼光来看待高考：考生、家长、监考老师、高三教师、交通警察、出题人、教育部……一个事件常常会牵扯许多不同角色的人群,考虑到这些人群,不仅能让你的报道更全面,也可以让你找到好的报道角度。

拓展和联想。拓展和联想就是由一个事件、一个话题引到另一个事件或话题。譬如,你读到一篇报道大学生就业的文章,就联想到：现在有没有老年人到了离退休年龄仍然坚守岗位不退休的？这是一个个案还是形成了社会趋势？挖掘下去,很可能找到好的新闻题材。

社会趋势个案化、个案综合化。社会趋势个案化就是把一个社会现象具体化,例如报道同性恋歧视,你可以从一个个案出发,把某个人的故事讲透。个案综合化就是把零散的个案提升到社会趋势层面。这对记者的要求更高,因此最好有学界、业界专家的支持。例如,你发现你的许多朋友买了房之后并不自己住,而是出租出去,用租金的一部分租更便宜的住房。那么这种现象究竟是普遍现象还是特殊现象？为什么？它对国家经济有什么影响？这样思考下去也可能找到好题材。

全国新闻地方化、地方新闻全国化。例如,一家全国性报纸报道了国家对留学归国人员的最新优惠政策,地方记者就可能把这条新闻地方化,如这些优惠政策在本地如何实施？有没有什么变化？是否有效？等等。同样,地方报纸报道了本地业余文娱团体增多,那么全国性媒体的记者可能会思考：还有没有其他地方也出现了这种现象？为什么？导致业余文娱团体增多的原因是一样的吗？

按照公众议程选题。所谓议程,就是人们关心什么、讨论什么,而公众议程就是老百姓关心什么、讨论什么。在一段特定的时间内,总是会有一些话题会比其他话题更引人注目,这些话题有维持时间较长的,如反恐、气候变化等；也有维持时间很短的,如某个明星说错了话、某家工厂出了事故等。例如,社会老龄化就是一个议程,老年人健康问题就是这个议程中的一个话题,而你可能根据这个议程,策划报道老年痴呆症研究的最新进展。按照公众议程选题可以保证一定的关注度,因为公众已经对这一议程有兴趣了。

"炒冷饭"。"炒冷饭"就是把已经淡出人们视线的话题重新提起,引起公众关注。例如,有关"地沟油"、疫苗等的许多报道都是炒冷饭。注意,"炒冷饭"是媒体试图控制公众议程的一种方式,记者"炒冷饭"有可能是因为一个问题长期得不到解决,希望引起重视,也有可能是代表了话题背后涉及的某个利益团体。记者"炒冷饭"时,要问自己：这个话题是否真的有必要报道？我有没有无意间在为某一个利益团体服务？

除了上面说的这些思考方式外,还有一些方法可以提高你发现好新闻、好故事的概率：

随时随地记录你的想法。有时候,一个好新闻、好故事的点子会突然划过你的脑海,但5分钟后就完全忘记了。因此,一旦你灵感迸发时,一定记着把它记录下来。现在许多手机都有记事本功能,要充分利用这个功能。

收集你感兴趣的话题。看报、读书、逛博客、社交网站读帖子,甚至路边推销员发给你的宣传资料都有可能涉及你感兴趣的话题。想一下你对什么话题感兴趣（个人爱好、工作需要),然后建立一个资料库,遇到与这些话题相关的文章、资料就收集起来。如果你将来需要报道与这些话题有关的新闻,你自己就能有许多现成的资料。此外,随时翻翻收集的资料,也可能让你产生一些报道思路。

找到几个"信息中介",和他们保持良好关系。一些组织机构新闻办公室、公关部门的工作人员、学界、业界的专家等经手大量信息的人都可能成为你的"信息中介"。如果你找对了"信息中介",并能和他们建立良好的关系,你有时不用去问,他们都会主动提供给你最新消息。

了解你的受众。每时每刻都可能发生着值得报道的事件,但这并不意味着你所在的媒体会一个不漏地报道它们,但你的读者、听众、观众可能会对它们感兴趣。作为记者,你需要了解你的受众,这能够帮助你有的放矢地定位新闻选题,也能够增大你自由选题稿件被采用的概率。了解受众,需要你明确地知道他们喜欢看什么以及他们需要知道什么。做到这一点,你需要知道你所在媒体的受众定位——是城市新贵,还是工薪阶层?定位越是清楚的报纸、杂志或节目就越有必要认真了解受众的需求。如果可能,多和你的读者观众接触,听听他们怎么说。此外,一些媒体会定期进行受众调查,这些调查也能帮你了解什么人在读你的报道。

二、新闻敏感

新闻采访与写作的绝大部分技能是技巧性的,是可以通过反复练习、实践提高的。但是,成为一名卓越的记者,最重要、也是最难培养的素质是新闻敏感。《科学》周刊前主编、前《新闻周刊》高级科学记者、"伊朗门事件"的最先报道者鲁宾斯坦在接受李希光采访时说:"世界上最优秀的科学记者,有的是学纯科学的,有的是学新闻的。重要的不是他们在大学学了什么,而是他们的新闻敏感,他们了解故事背后的新闻的能力。"

美国著名小说家诺曼·米勒深知记者是一项要求极高的职业。他说,"他们每天都在寻找故事,他们必须有强烈的好奇心,以致他们在乃至最小的新闻事件上,也非要挖出背后的秘密才会休息。"

培养新闻敏感,不是空洞的理论,也不仅仅要知道新闻从哪里来,而是培养好奇心。好奇心是支撑你不断探索、不断发现的最终动力——好奇心成就优秀的记者。好记者对人、事有着一种天然的兴趣,总是想知道为什么,总是想知道背后的故事。好记者对知识有一种无止境的渴求,不放弃任何学习的机会。好记者对各种经历也充满好奇,这让他们勇于接触并采访报道乞丐、妓女、艾滋病感染者,或者冒着生命危险到战场、灾区。

好奇心对记者的作用不只是让记者发现新闻,好奇心还能够提升记者采访与写作的水平。一个好奇的记者更能问出好问题,更能发现精彩的细节,也更能切中事物的本质。如果你想成为一名卓越的记者,一定要扪心自问:我是不是有足够的好奇心?而好奇心不是一本教材、一个老师能够教给你的。好奇心来自于想要探求事物本质的欲望,来自于对生活、生命的热爱,来自于对自己无知的自知之明。

如果你自认为没有太大的好奇心,那么你起码要做到在工作时,保持灵敏的新闻嗅觉,仔细看、认真听。培养新闻嗅觉需要你动用几乎所有的感觉器官去发挥作用,无论走到哪里,都带着一个采访本,家里的收音机和电视机旁总是摆着一台录音机。而当这种警觉成为习惯后,你就会随时都保持这种状态。

新闻敏感还要求记者有突破自己舒适小天地的勇气。一个优秀的记者在采访中,如果发现这条新闻的价值已远远超出自己报道领域的范围,会毫不犹豫地冲出自己的报道领域。《写给年轻记者的信》一书作者、美国著名记者弗里德曼说:"没有激情、好奇心、独立精神和社会使命感,就没有报道,就不能走出自己的小天地,进入冲突与喧嚣的真实世界。"

那么,如何培养新闻敏感呢?

培养新闻敏感首先要学会发现自己身边的新闻。在下面的空白处,写下你今天看到的人、事;写下你今天听说的事;写下你今天阅读到的事。

我今天看到的:

我今天听说的:

我今天读到的:

有没有什么与众不同的事和人?有没有什么值得继续跟进的事和人?

如果你发现这个练习很困难,那么就说明你对你的周围环境关注的不够。你需要从现在起就努力培养自己发现新闻的能力。你不妨每天重复上述练习,直到有一天不用提醒,你也会像每天刷牙洗脸一样去习惯性地记录,甚至随时记录。

关注你的周围,需要你每天坚持读报、看电视、听广播、上互联网,需要你收集剪报、宣传品,听讲座,参加专业协会集会……通过各种途径把握现实社会的脉搏和变化。

除了关注周围的世界外,还需要你对其总是保持一种好奇的兴趣,遇到什么不解的事,总是问"为什么",让每个人都知道你是一名记者。

培养新闻敏感还需要你不断问自己:新闻在哪里?故事在哪里?无论你采写的新闻事件是大是小,是严肃沉重还是轻松活泼,都要问自己:

故事在哪里?新闻在哪里?

发生了什么?

谁对这件事负责?

他/她为什么做这件事?

是什么促使他/她(们)做这件事?

你对这些问题的调查思考和采访写作的过程,会让你更深入地认识事件的本质,是一种高超的智力活动。

三、寻找新闻点的思维套路

发现新闻点有一些基本思维套路。这些思维套路,要求你对一些"信息块"具有高度敏感。概括地说,寻找新闻点的思维套路包括:意外、反常、名人、极端、"人咬狗"、具体到一般。此外,还有一些有新闻价值的词语值得你注意。

"意外"的新闻,如:
《车祸后三岁儿童安然无恙》
《出生六月的大熊猫还没确定生父》
《还恬静于苏州古城》
"反常"的新闻,如:
《湖南一名体育教师有每天吃1斤盐的习惯》
《北京喜闻狼叫声》
《关岛空难700人丧生,一妇女安然无恙》
"名人效应"的新闻,如:
《韶山毛泽东图书馆落成》
《邓小平家乡在加紧修建高速公路》
《孔子家乡面临现代文明的冲击》
极端的事件,其关键词包括"最"、"最老/小"、"首次"、"第一次"、"第一个"、"又一个"、"最后一个"等。例如:
《世界最老的熊猫与病魔做斗争》
《新疆阿尔泰地区降30年来最大的雪》
《黄河上游水位达历史最低点》
《中国首台采掘机器人问世》
《毛主席纪念堂首次关闭以进行维修》
《中国又一名留学生被美国警方拘留》
《中国最后一个太监孙耀庭去世》
"人咬狗"的思维套路就是"没有发生什么",关键词包括"不"、"没有"、"辟谣"、"否认"等。否定从某种意义上更具有意义和新闻性。例如:
《深圳"不"见民工潮》
《上海盛传地震,市府正在辟谣》
中国理论物理学家郝柏林说:"须知自然界的基本定律,往往都是以否定形式表述。不可能制造第一类永动机即热力学第一定律。不可能制造第二类永动机即热力学第二定律。

'测不准原理'不是测量技术的终结,而是量子力学的开始。"①

需要注意,有时"人咬狗"思维会处于哗众取宠、无中生有的边缘。例如在2005年年底的一次有关艾滋病的新闻发布会上,卫生部部长高强向记者精确介绍了全国感染艾滋病的人数。被"人咬狗"思维驱动的记者提了一个问题:如果艾滋病的感染人数没有瞒报,那么禽流感感染人数有没有瞒报呢?高强简单回答了"没有"就结束了新闻发布会。第二天,北京某晚报的头版头条是《卫生部部长否认瞒报禽流感》,而对高强介绍的艾滋病疫情状况却几乎没有提及。新闻记者在采访报道中经常会踏进道德的灰色地带,但有责任心的记者会告诉自己:记者不是新闻的制造者,而是新闻的记录者。

另一个寻找新闻点的思维套路是从具体到一般,就是从一个人、一件事扩展到一群人、一个社会趋势。例如:

《做生意——中国下岗工人的选择》
《从小山村走向全中国的希望工程》
《从"滴豆豆"到基层民主选举》

最后,还有一些有新闻价值的词语值得你注意,它们可以帮助你找到一个事件的新闻点。这些词语包括(但不局限于):

批准……
禁止、限制、取缔、关闭……
计划、考虑……
将……
开始、开张……
继续……
困难……
推迟……
结束……

增多、减少……
太多、太少、太重……
批评、赞扬……
反对、支持……
公布、修改……
发现、问世、建成、成功……
对比……
生、死……

例如下面这些选择国内外媒体的新闻报道:
《世界银行批准向中国公路建设贷款项目》
《中国确定明年税收计划》
《中国披露雄心勃勃的太空计划》
《中国计划在2010年前繁育400只大熊猫》
《中国限制外国版权机构在华常设办事处》
《中国禁止在今后四年中新建炼油厂》
《鄂伦春族猎民禁猎一年》
《西安关闭非法广告公司》

---

① 来源:《中国科学报》,1997-07-18。

《中国正在考虑在 2010 年前开放电信业》

《中国人大将修改刑法》

《中国到 2010 年时将成为世界最大的笔记本电脑生产国》

《中国将加强进口动植物检疫工作》

《中国将在邮局里建视盘连锁店》

《北京将取缔马路市场》

《两名中国宇航员开始在俄罗斯航天中心接受训练》

《中国向外国公司开放航天工业》

《新疆暴风雪在继续》

《中国又关闭 20 个非法光盘生产厂》

《关于鸦片战争的影片封镜》

《中央电视台英文频道因找不到称职的播音员已推迟了两年多》

《上海国债交易量猛增》

《上海物价涨幅回落》

《中国小学生的负担太重》

《在北京拆除有历史意义的旧居时很少有人反对》

《中国抨击美国的人权报告》

《克隆人研究得到上海一部分人的支持》

《在北京参加"两会"的科学家坚决反对克隆人》

《中国公布"血液制品管理条例"》

《中国突然修改外国人收养中国儿童的有关规定》

《科学家发现大熊猫生殖低下的根本原因》

《科学家发现恐龙的智力比人们想象的要高》

《云南发现 2000 年前的野生茶树》

《湖北农民发现日本第二次世界大战时期留下的哑弹》

《由哈工大研制的导游机器人问世》

《大象断鼻再接获得成功》

《毛泽东的故乡人民生活水平提高了》

《中国动物学家繁养东北虎遇到资金困难》

《中国末代皇帝遗孀逝世》

四、记者为什么要观察

如果记者有了目击证人、有了其他可靠的信源,并做了大量的文献研究,是不是不用观察了呢?答案是否定的。记者随时随地都要观察。

观察力是记者最重要的素养之一,也是记者工作有力的职业工具。只有好的观察,好的新闻写作才成为可能。这是因为：

记者不能完全依靠目击证人和信源的话。记者不应该把所有人都当作不诚实的人，但记者要对人的缺陷有所认识。有时候目击者会因为自己自身的原因，叙述不准确、记忆不清楚、带着固有偏见看待发生的事，导致他们向记者提供的信息有失准确和公正。有时候目击者会出于保护个人的隐私或利益，对记者撒谎或掩盖重要事实。还有时候，由于记者采访的问题或采访的态度无意之中带有诱导性，或采访对象觉得记者想听什么就说什么，而造成记者听来的事实失真。

只要可能，记者就要亲眼看看究竟发生了什么事情，事件发生的场面是什么样的，事件当事人是什么样子：面部表情、讲话的嗓音——高声、尖声、低声、甚至沉默……而记者有了自己的观察后，就能更准确地判断信源说的立场、态度。

记者观察到的细节，是吸引读者的强大磁铁。记者对现场的观察和描写，能把读者带进新闻现场，让读者透过一个个方块字，清晰地看到、听到、闻到、触摸到、嗅到新闻现场和新闻中的人物，给新闻作品一种色彩和情绪。记者带给读者的这种感受，可以有效增加新闻报道的真实性和可信度。

当记者无法采访时，观察就成为重要的素材来源。记者在职业生涯中，会碰到无法采访的情况。这个时候，记者的观察力就要发挥关键作用。例如，新华社记者李希光需要借邓小平离休后第一次出现在公共场合的机会写一篇邓小平的特稿，虽然李希光一直紧跟着邓小平参观，但无法提问题。李希光便充分利用观察技巧，仔细观察邓小平和周围的人的一言一行。为了能写出有现场感的稿件，记者还仔细数年迈的邓小平爬了多少阶台阶，并详细记录各种观察到的细节。而这些观察得到的素材后来都成为报道的重要组成部分。美国作家凯瑟琳·L.尼尔森说，"往往是安静的观察者看到最多的东西。"美国记者阿瑟·布里斯本说："观察清楚、写作简明。这是优秀新闻工作的本质。"记者朱莉·沙利文说："如果你没有亲眼看到，它就没有发生。如果你没有亲自观察，从新闻故事角度讲，它就不是现实。我绝对注意到五感的作用。"《波士顿环球报》记者大卫·阿诺德说："写作就是观察。"

五、观察的方法

记者的观察要达到"见人皆所见，思人所未思"的境界。诺贝尔奖获得者、匈牙利生理学家森特·乔尔吉也表达过类似的观点："发现就在于看到所有人都看到的事情，但却想到其他人没有想到的东西。"也就是说，观察不仅仅只是看，还和思考紧密联系——观察是一个思维过程。

到目前为止，科学界对人脑究竟是如何工作的还是知道得很少。这意味着我们这部分的讨论会局限在经验之谈。到底怎么观察，前人提出了许多建议，但最终需要你把它们应用到实践中。只有你通过不断练习、不断积累经验，你才能真正得到属于你自己的观察力。

不可否认，有些人天生就善于观察，这可能是因为他们对世界充满了好奇，也可能是因为他们很聪明。对于更多的人来说，观察是一个需要培养的技能。但好消息是，观察是可以通过不断练习获得的。法国化学家、微生物学创始人路易·巴斯特说:"在观察领域,机会只偏好有准备的头脑。"例如,美国诗人、画家、剧作家 E. E. 康明斯形容自己是"一个狡猾的、观察阳光下一切事物的观察者"。据他的朋友、美国小说家约翰·多斯·帕索斯说,两个人一起散步时,康明斯"会在纸片上记下听到的话,画下人物的素描"。

要主动观察。主动观察就是有意识地去发现。善于观察的人就是能够看到人们平常下意识注意到,但却没有仔细看的事物。美国画家、现代艺术倡导者贾斯佩·强斯曾说:"终于我认识到我周围的许多事物是我没有去看,但却知道它们存在的。比如你意识到一面旗是一面旗,但你很少会去真正看这面旗,它的表面是什么样的,它究竟和别的旗有什么不同。"

许多画家在早期学习绘画时都要训练这种主动观察的能力,如达·芬奇画鸡蛋、毕加索画鸟爪。同样,记者也需要训练自己主动去发现事物独特性的能力,只有这样,记者才会自己发现一次火灾和另一次火灾有什么不同,一个人和另一个人有什么不同,也就是那些看起来雷同的事物之间到底有什么区别。

发现"脱离常态"的事物。观察需要花费记者大量的脑力资源,与此同时,记者还要倾听、交谈和记录。因此,记者要学会一眼看到"脱离常态"的事物。新闻教育家门彻说:"真空式的信息收集者是在浪费时间。迪潘说,正确的方法是跟踪'常态中出现的偏差',这是'规律所在',所有探究事实真相的活动都是如此……与其问'出了什么事',还不如问'出了什么从没出过的事'。"

小说家毛姆也建议学习写作的人:"不断研究人对于作家是至关重要的。你必须随时准备着听一个人花好几个小时讲述二手信息,就是为了最后能发现一句随意的话、蛛丝马迹的线索,揭示了说话人真正的性格和态度。"

使用除了眼睛之外的其他感官观察事物。这一点我们在前面的章节中反复强调,而使用全部感官观察事物是强大的观察技巧。这可以让你的报道更能够激发读者的现场感、想象力和情感。例如,你去报道一座水族馆新引进的海豚,如果你在观察时能够亲自摸一下海豚,那么你就能在描写海豚时写它"有热热的鼻头,皮肤摸起来像略有些粗糙的绸缎"。

人的眼睛看到的东西是"二维"的,而每添加一个感官,就等于为你的观察加了一个维度,这有助于你发现眼睛无法发现的东西。事实上,许多人类重大的发现都源于其他感官的观察。例如,科学家不小心把溶液洒出来,尝到了甜甜的溶液而发现了糖精。糖尿病的发现也起源于古代医生尝病人的尿而发现糖尿病人的尿液发甜。鸟类学家在无法看到鸟的情况下,能凭借鸟叫声辨认出不同的鸟。有的细菌学家甚至可以闻到细菌的味道。

记者需要有意识地训练其他感官的敏锐度。特别是对于健全的人来说,眼睛、耳朵是获得信息的主要来源。有些人可能会错误地认为只有失明者、失聪者的其他感官才会特别敏锐。实际上,一种感官能力的丧失确实会让其他感官更敏锐,但只是激发出已有的、没有使用到的感官敏锐度,并不会让人产生更高的敏锐度。

发现"琐事中的崇高"。越是习以为常的事物,人们就越难发现其中与众不同的特质。

对于记者来说，习以为常的事物就是每天都会见到的人、每天都会重演的行为模式，甚至包括一些惯例的日常报道。但在这些琐事中，很可能就会埋藏着大新闻。因此，记者需要训练自己观察细节的能力。这些细节不仅仅会丰富你的报道，也能让你看到别人视而不见的线索。

尽量客观地观察。每一个人习得的视角都会或多或少地影响观察的客观性，也没有人能够真正做到完全客观地观察——我们只会看到我们自己认为重要的东西。但是，记者为了能够尽量客观地报道，就要学会尽量客观地观察。

让自己能够更客观地观察的一种办法就是换一个视角观察事物，而不只是用一个记者的眼光。例如，你在观察一场足球比赛时，你可以想象自己是某球队的忠诚球迷，那么你会注意什么？你还可以想象自己是球员，那么你会看到、听到、感觉到什么？你还可以想象自己是教练，那么这时你会关注什么？这种换角色的观察可以锻炼你的观察力、对各种事实的判断，还可以帮助你在采访时提出更到位的问题。

课堂练习与课外作业

1. 用 300 字描写你所在城市、大学的一座老院落或老房子。不可使用"陈旧"、"古老"、"历史悠久"等抽象空洞的形容词，用细节展示它的古老陈旧。

2. 建立一个自己的资料库，收集感兴趣话题的资料。把话题分类，每周往每个话题库中至少添加一篇最新的资料或新闻报道。

3. 在自己的微博上练习写观察日记。每周至少更新一篇新的观察日记，记录这一周观察到的人、事、物、景等。注意用细节而不是形容词展现你的观察。

第 9 讲

新闻的信源与采访

本讲重点学习的知识与技能

- 什么是信源?
- 什么人是信源?
- 如何引用信源
- 为什么要采访?
- 如何选择采访对象
- 采访中会有什么陷阱?
- 采访中的道德规范

本讲讨论了这几个基本问题：什么是新闻源？如何培养信源？什么人是信源？如何引用信源？本讲还回答了几个"为什么"：为什么要采访？人们为什么会接受采访或拒绝采访？只有了解这些为什么，你才能更深入地认识记者的工作性质，了解采访对象的心理。本讲最后还提示记者采访前需要知道的——该怎么选择采访对象？采访中会有什么陷阱？该如何避免采访陷阱？采访应该遵守什么样的道德规范？

一、新闻源

记者获得信息的来源被称为新闻源。新闻源可以分为两类：

1）向记者提供信息的知情人、目击者、官员、学者专家或其他人员，即信源。在采访中，信源就是采访对象。

2）出版物，报纸、杂志、文件、论文等。

这两类新闻源，一类是人，另一类是物。两类新闻源相比，"人"提供的消息更重要，也更具有时效性、戏剧性。我们曾经讲过，新闻就是"他说"，依靠他人提供的信息来构建新闻，既体现了新闻的功能，又突出了人物作为新闻事件主体的特征。

1. 培养信源

人脉对于记者来说，是重要的职业工具和资源。你的人际关系网可以帮助你发现新闻线索以及更有效率地找到合适的采访对象。善于交际的人，还可以在采访中让采访对象透露更多、更有质量的信息。美国记者汤姆·弗兰奈瑞曾说："如果非要指出我成功的秘诀，那么这就是我建立、保持和培养信源的能力。"

那么如何培养信源呢？

做好任何一件事，最重要的就是态度。"己所不欲，勿施于人"，与人打交道特别要尊重对方。所谓尊重，就是问自己：如果我处于对方的角色，我希望如何被对待？不可否认，记者的职业就是与形形色色的人打交道。有时记者会碰到粗暴的人，但大部分人，特别是陌生人，都不会主动表现出自己的态度，而是观望对方是什么态度。记者主动表现出对对方的尊重，那么对方也会施予你尊重。即使碰到一上来就气不打一处来的人，记者也要尊重对方，保持职业姿态。尊重对方会让你处于道德高地。

【案例 9-1】

冯小刚骂记者①

2004 年 10 月，导演冯小刚在北京为贺岁片《天下无贼》召开新闻发布会。当发布会进行到问

---

① 新浪影音娱乐世界《家庭住址被曝光，冯小刚与记者起冲突》专题，http://ent.sina.com.cn/f/fxgvsjz/index.shtml，视频可参考《视频：冯小刚和某周刊记者发布会上起冲突》，http://ent.sina.com.cn/2004-10-19/1412537681.html。

（续）

答环节时，来自天津某周报的记者提问：

"我想问一下，刚才看到了两分钟的片子，看了那个两分钟的片子发现……"

冯小刚打断他："您是那个报纸吗？"

"哎对对。"

"正好现在这个媒体。这报纸啊，你们那个报纸对我进行了一个特别大的侵害。为什么这么说？因为你们那个报纸干了一个特别无耻的事。你们把很多演艺界人的家庭住址、位置给弄了一张地图，登在报纸上。"

"因为读者喜欢。"记者插话说。

"现在有一个神经病，每天到我们家门口堵着。"

"说明我们报纸有发行量。"

"我觉着这说明你们非常无耻，因为你们干扰了我的生活。你有什么权利把我们家的地址给登在报纸上？完全是一种浑蛋的做法你知道不？你还说有发行量，我××想抽你，你信不信？"

"那么如果有这么多记者，你如果想抽就抽吧。"

"你不用搞这个。我告诉你，就你们那《明星》就是一狗屎。你们那《明星》这叫什么什么……你们，我告诉你，你们那报纸啊，这么干啊，你要倒霉啦。……（略）"

读了这个案例后，你认为被骂的记者保持职业姿态了吗？如果换作你，你会如何应对被骂的局面？

其他培养信源的技巧包括：每次碰到陌生人交换名片或留下联络方式，建立自己的通讯簿，逢年过节发送祝福短信或信件，定期通通气问候对方等。最后，记者还要明确，职业生涯中遇到的许多人不是你的朋友，而是与你争取双赢的合作伙伴。

2. 什么人是信源

首先，所有人都有可能成为信源。从国家主席到普通百姓，随着你报道内容的变化，任何人都有可能成为你的信源。汤姆·弗兰奈瑞就说："我把我见到的每一个人都当作潜在的信源，走到哪里我都带着名片。"

其次，不同的信源根据不同的新闻报道题材，充当的角色不同。通常各类信源可以有三种身份：

1) **新闻眼线**：也就是新闻报料者，他们告诉记者什么事件值得关注，给记者寻找新闻报道题材提供线索。例如，一个普通工人告诉记者她所在的工厂偷工减料生产伪劣产品；或者其他记者之间通气，指引相互的新闻选题。各种人都可能成为记者的新闻眼线，但记者仍然要自己判断他们提供的线索是否有报道的必要。

2) **新闻人物**：也就是新闻报道对象，例如名人、高官、富商、杀人犯、受害者、获奖者，等等。这些人是你报道事件的主角。

3) **社会评论员**：他们的话赋予新闻事件意义，帮助读者深层次理解新闻事件和人物。

新闻评论员可以包括各领域专家、研究者、官员、权威机构负责人等。新闻评论员资历越高，说话份量就越重；他们态度越是中立客观，可信度就越高。

最后，不同的报道内容要求的信源不一样。你在报道一起案件时，目击者说的话，受害者家属说的话、警方说的话，可信度是不同的。新闻报道还要求公正，你在报道一起冲突事件时，冲突双方互相谩骂的话就不如独立的、没有利益瓜葛的第三方说的话公正。一般来说，根据报道内容，各类采访的信源按照其"效力"和"权威性"程度，可分为如下等级。一级信源级别最高，以此类推。级别越高，权威性越强：

事实性内容：即谁？发生了什么？什么时候发生的？哪里发生的？怎么发生的？
一级信源是：当事人、目击者
二级信源是：调查者、调查报告、直接相关的权威机构、政府组织或官员

评论性内容：即应该抱有什么态度？如何看待事件或人物？
一级信源是：官员
二级信源是：专家
三级信源是：普通人

分析性内容：即为什么会发生？事件的意义是什么？
最好的信源是：专家、学者

选择信源是要考虑到：什么人最有发言权？什么人的话最值得信任？什么人的态度最公正？选择这样的人作为你的信源，是保证报道真实、公正、客观的重要前提。

无论报道的题材是什么，要尽量让更多的人发言。特别是在公共政策和公共事务报道中，要注意让代表中下层社会的"左"翼人士、代表中间阶层的中间人士和代表顶层资本集团的右翼人士都有发言的机会。这才能保证你的报道更中立客观。

3. 引用信源的注意事项

引用信源时要在稿件中指名道姓，禁用"一个不愿透露姓名的人说"、"此间一个观察家说"、"据报道"、"据悉"等模糊的说法。从常理看，一篇报道使用匿名信源，只能表明：(1)信源不敢对自己的话负责；(2)记者自己编造的引语；(3)未经核实的谣言。匿名信源通常是那些喜欢操纵媒体和舆论的利益集团采用的手段。

有名有姓地引用也是对记者自己的保护。如果"一个不愿透露姓名的人"介绍事实、发表观点，记者要对这个事实是否准确，观点是否有道理负责。但如果指出说话人姓名，记者就只需对此人是否说过这句话负责。

除了指出信源的姓名之外，记者还需要指出信源的来历和背景。比较下面的话：
张三说："李四对这件事的处理犯了严重错误。"
与李四有矛盾的同事张三说："李四对这件事的处理犯了严重错误。"
一直不满李四的上司张三说："李四对这件事的处理犯了严重错误。"
调查此事的负责人张三说："李四对这件事的处理犯了严重错误。"

在这件事上受到伤害的张三说:"李四对这件事的处理犯了严重错误。"

指出信源的来历和背景可以让读者更好地判断此人说的话的可信度和公正性。想一下,如果有个莫名其妙的人跳出来指责你的父母,你一定想知道他/她什么来历,是你父母过去的仇人,还是一个自称伸张正义的旁观者?

如果信源是知名人士或知名机构,那么来历背景可以不必介绍。但如果信源不是知名人士或机构,或者言论中有对其他组织、团体、个人的控诉、指责或者赞扬、称颂,那么记者就必须介绍此人的由头或者头衔。如果记者无法确定对方的话是真实的,那么最好说明说话人的来历;如果言论具有很大冲击性,会让读者愤怒、吃惊,那么更要说明说话人的来历。

记者在采访前,要告诉采访对象,采访对象的姓名、头衔会出现在报道中。这虽然可能导致对方不那么畅所欲言,但起码能保证对方不随意编造事实或者说谎。

当信源对记者说:"我告诉你,但是你不可以说这是我说的"时,记者一定要非常小心,仔细判断说话人的意图。出现这种情况,常有这种可能:

说话人想利用你达到自己的目的。这时他们的言论通常含有对某个组织、某个人(群)的批评或赞扬;或者他们的言论通常含有对某个组织、某个人(群)的揭露、攻击或诋毁。

如果无法指出信源的身份,那么记者宁可不引用。

偶尔,信源会给记者提供一个重大新闻的重要线索,但不愿透露自己的身份。例如,一家上市公司的职员揭露了公司高层操纵股票的行为。报道这类事件,提供线索的信源只是起到一个指出可能报道方向的作用。记者最终写出的新闻报道还是要靠自己的观察、调查和采访愿意提供姓名的信源来揭露问题。

但是在一些特殊情况,信源的姓名是不可以透露的,这包括:犯罪的受害者;未成年受害者、疑犯、罪犯;一些疾病(如艾滋病、性病等容易引起社会歧视的病患)的感染者、患者和家属;自杀(未遂)者及家属;同性恋及家属等。遇到这种情况,记者首先应该假设不可以透露对方姓名。如果信源并不介意记者在报道中指出他们的姓名、身份,记者也应向信源告知透露其姓名身份可能带来的后果。

二、为什么要采访

1. 记者为什么要采访

记者是社会的忠实观察者和记录者,这意味着新闻报道应是对社会忠实的观察和记录。一篇好的新闻报道需要:(1)准确的事实;(2)对于事实公正而有见地的分析和评价;(3)具体的、人性化的故事和例子。

采访的一个目的就是就发生的新闻事件采集事实性信息,让受众了解新闻事件是如何发生的。许多新闻事件、如灾害、事故等,记者无法预测,也就不能亲眼目睹。这时,回放事件就需要依靠当事人、目击者等介绍的情况。即使记者目击到事件的发生,也可能因为观察的疏漏、个人的偏见或固定思维模式,导致收集到的事实不全面或不准确。采访当事人和目击者可以减小这种"眼见不为实"、"人眼欺骗自己"的可能性——只要可能,采访和观察就要一同进行,互相支持。

此外,记者有时不仅报道事件本身的发生过程和结果,还要发现和揭露事件为什么会发生,因此采访的另一个目的就是让读者了解事件背后的故事,即事件的前因后果究竟是什么,公众如何看待这个事件,等等。

记者在报道新闻事件的同时,不可以就事件发表个人评论。这是因为,记者不可能是每一个新闻事件涉及的领域的专家,受众感兴趣的是该领域的权威如何看待事件,而不是记者如何看待事件。如果记者随意在报道中发表评论,那么他/她所表达的观点是没有权威性的,很可能只是个人的意见或偏见。记者发表自己的意见,就等于占用了某个领域权威发表观点的机会,说得严重点,是对公众知情权的蔑视。因此,记者不可以让自己的报道充满了记者个人的观点和意见,无论这个观点的初衷是多么正义、这个观点是多么正确。记者应该通过采访,让事件涉及的领域中的权威、专家发表看法。

为了突出新闻事件与受众的关联性、新闻事件的意义以及增强新闻报道的可读性、可看性,记者还需要具体生动的事例,而这也只能通过采访获得。例如,你需要报道某个新医疗保障制度对离退休人员看病的影响,那么与其列举一串串的数字,还不如一个真人的故事更能让受众理解新闻事件的意义。

美国作家盖·塔利斯说:"每个人都是一本小说。"有时候,记者通过采访,搜集到各种事实、直接引语、逸闻趣事等,还可以把那些貌似单调乏味的普通人的故事变成一个个充满人情味的感人故事。如果没有采访,记者可能永远都不知道某个普通人的生活中埋藏着好新闻、好故事。

采访也是直接引语的来源,而我们曾经讲过,直接引语是新闻作品中最有冲击力的建筑材料。记者不可以自己编造直接引语,也要避免使用其他新闻报道中已经使用过的直接引语,只有记者使用自己采访中获得的直接引语,才可能最大限度地保证引用的准确性,才可能发现最符合报道要求的引语。采访甚至能带给记者意想不到的引语。

【案例 9-2】

2002 年清华新闻系学生姜琳采访 86 岁老红军

"您知道今天的国家主席是谁?"
老人想了半天没有想起来。乡长给了他一根烟点上说:"别着急,一边抽烟一边想。"
老人紧蹙眉头,使劲抽烟。五分钟后,还是没有想起来谁是国家主席。
"您知不知道邓小平是谁?"
老人听见这话,如梦初醒,高兴地大声说道:"对了,对了,是邓小平的亲戚。"

2. 人们为什么会接受采访

人们接受记者采访的原因是多种多样的。电视里常常播出行人被记者随机拦截,被问到了某个问题,就接受了采访的情形。这种采访其实只是各种各样采访的一种,采访内容也多是与己无关、不那么敏感的事件。而一旦问到采访对象对某件事的态度、立场,事件本身很有争议或涉及敏感话题,拦截采访的成功率会大大降低。

【案例 9-3】

"我出来买酱油的"

2008 年"艳照门事件"发生后,广州电视台记者拦截采访一位市民,问他关于"艳照门"很黄很暴力的看法。这位市民回答:"关我鸟事,我出来买酱油的。"之后,"打酱油"成为一时笑谈、网络热语。

请讨论:

(1) 记者问的问题有意义吗?
(2) 这位市民为什么会拒绝回答?
(3) 媒体报道"艳照门"有意义吗?

人们接受记者的采访,不外乎有下列原因:

- 通过接受采访,告诉公众自己认为的真相;
- 通过接受采访,发表自己对某个事件/人物的观点、态度、立场;
- 通过接受采访,批评、诋毁或称赞其他人或组织;
- 通过接受采访,表现自己的能力、学识,满足自己的虚荣心、名利心等。

记者需要明确,人们接受采访的原因并不是唯一的,有时候客观原因(如工作要求)、心理原因(如表现自己的能力)和隐藏原因(如试图利用记者的笔批评他人)杂糅在一起。记者要在采访中认真倾听对方的话,判断采访对象接受采访的最主要原因。这可以帮助记者更好地鉴定采访对象说的话的可信度,更准确地判断是不是要引用他/她,以及如何选择合适的直接引语。

采访对象一旦觉得记者并非真正想了解他或他所掌握的事实或观点,而是想通过采访让被采访者出丑或有其他目的,那么采访对象就会产生抗拒心理。

对于一些因为心里紧张而不愿意接受采访的人,记者的和善、尊重也能让他们放松下来。特别是面对镜头或话筒,采访对象越是放松,讲话就越流利,越没有顾忌,记者可选择的好引语或同期声的范围就越大。无论你是不是赞成采访对象的观点或立场,友好的态度从这个意义上也可以减少记者的工作量。

3. 人们为什么会拒绝采访

人们也会因为各种各样的原因拒绝记者采访,有的是心理原因,有的和涉及的事件有关,有的则和记者本人有关。例如,一个人拒绝采访,可能是因为:

- 不了解事件、人物;
- 对事件、人物不感兴趣;

- 不信任记者,或不喜欢记者所在的媒体;
- 太忙,没时间;
- 不想出风头,不愿意成为舆论关注的人;
- 不喜欢记者的态度或采访问题。

在人们拒绝采访的种种原因中,有的因素是不可控的,如采访对象不了解事件;有的因素是可控的,如记者自己的态度让采访对象产生怀疑;还有一些因素介于可控和不可控之间,如采访对象没有时间。

遇到人们拒绝采访,记者要知道什么时候进、什么时候退。有时候,采访对象会诚实地告诉你他/她不接受采访的原因,这可以帮助你判断是不是要再尝试一下。例如,对方告诉你,他/她不接受采访是因为对报道的事件一无所知,那么你就没有必要再强求对方接受采访。但如果采访对象说自己没有时间,你则可以试试再约一个时间。

但多数情况是,人们拒绝采访,也不愿意直白地告诉记者为什么拒绝,通常的借口都是"没有时间"。如果对方不是新闻事件的当事人、也不是你要报道的人物,你可以去找其他相同背景的人采访。但如果对方的引语对你的报道至关重要,那么你就需要想办法,让可控因素和部分可控因素促使采访对象拒绝你的可能性降到最低。这包括:

- 检查自己的态度:是否居高临下?是否咄咄逼人?是否缺乏诚意?
- 是否向采访对象解释清楚你的采访目的?
- 提的问题是否太大、太空洞?或者问题有敌视被采访者的态度?
- 有没有让采访对象相信,他/她说的话你不会断章取义?
- 被采访者是否发现记者在利用他/她作为攻击他人的武器?

如果你态度诚恳,有时也能打动采访对象。但想尽了各种办法,还是无法采访到想要采访的人,你就需要考虑换个角度报道,或换个主题了。

三、信源与采访

1. 选择采访对象

一个美国新闻学院的学生在采访后写下自己的感受:"记者的工作就是问问题。新闻学院的教育强调文字多彩、场景、细节。要用一种权威、自信的声音写文章。但是,对于一个记者来说——或者对于一个像我这样的年轻记者来说——应该如何面对像这个脆弱、受伤的女孩一样的采访对象呢?……记者,从定义上说,是有特权的人。我们闯进采访对象的生活中,然后再离开他们。我们要完完全全的陌生人告诉我们他们最隐秘、最私人、最难堪的秘密。作为回报,他们的故事被讲述。在这个行业工作,你必须要以一种近乎宗教虔诚的态度认定,记者这个职业必须要公平。"

新闻采访和职业道德紧密相连。采访对象的选择并不是随机的,记者采访谁、不采访谁、优先采访谁、重点采访谁,最终都会影响新闻报道的视角、框架和真实。采访对象在时间上的先后次序也最终会影响新闻报道或故事发展方向。不同的报道视角和框架会让受众对事件产生不同的理解和认知。记者问题稍微一转,就可能改变受众对事件的看法。

从采访准备、文献研究到最后写成稿件,记者在做每一个决策的时候都要问自己:我是在为谁服务?我有没有满足公众对信息的完整性、对称性和全面性的知情权?我有没有保证报道的真实性?我做到公正、透彻的报道了吗?

在选择采访对象时,记者要对不同的采访对象的强项和弱点有所评估,这样才能更客观地报道。例如,在火灾现场,附近居民能提供有声有色的现场描写和直接引语。但是,他们可能过于激动,情绪不稳定,在叙述事件发生过程时,会对事件的评论和发生的细节有所夸张。在这种情况下,记者还要采访警方、消防员,证实居民说的话的真伪,而不能一股脑地全盘接受街民的叙述。再如,报道公共卫生事件,采访新闻发生地居民可以获得一个人文视角,他们会用一种激动而朴实的语言讲述自己的所见所闻。但是,他们发表的情绪化评论需要公共健康专业知识的平衡,而不应把公共健康事件简单地定格在一个冲突和斗争的框架内。

平民、官员、学者等不同人群都会以不同的立场、观点或框架叙述或评论新闻事件。记者要永远保持着一个怀疑的态度,不能轻易相信任何一个人的话。作为提供给读者的事实性信息,一定要核实、核实、再核实。

不同报道内容的信源的权威性和提供信息的真实性是不一样的。选择一个好的采访对象,还要考虑:

- 采访对象是否掌握一手资料?他/她是目击者、当事人还是道听途说?
- 采访对象是否具备观察力?是否具有语言表达力?
- 采访对象是提供一手信息,还是个人意见?提供的信息是具体信息还是笼统信息?信息是否核实过?
- 采访对象是否是个值得信赖的人?
- 采访对象从什么角度叙述事件?你将会从什么角度叙述事件?采访对象的叙述是否影响了你的报道角度?你的报道角度取决于你的受众还是被访者?
- 同样的事实在不同地域、文化或国家的受众有不同的理解和解读。如果你面对的是全球公众,你的采访对象是否能让全球公众对新闻事件的认知达成共识和一致?

2. 避免采访中的陷阱

有时候,记者会因为种种原因碰到不可靠的采访对象,例如,信源只强调某一个细节,而忽视了整体;或者忽略重要信息,提供一面之词;或者出于某种目的,维护某个集团的利益而接受采访,夸大一些事实,等等。

记者需要认识到,有些信源会说谎,有些信源会有意回避一些重要事实,还有些信源会在没有弄清楚事实的情况下,贸然提供了不正确的信息。即使信源的初衷是好的,多数采访对象也只讲他们想要记者知道的东西、他们同意的东西,或者他们自认为是真理的东西。因此，在采访前，记者需要：

- 进行充分的准备工作。只有准备充分，记者才可能更准确地评价信源提供的事实和意见。
- 对信源提供的信息进行核实。如果采访对象提供的消息是二手的，要弄清楚他/她的消息来源。
- 把握事件的时间脉络。记者对事件的发展过程越清楚，就越能够发现不正确、不准确的信息。
- 多采访几个信源，获得全面的材料。这一点在报道具有争议性的事件、人物时尤为重要。

3. 遵守采访的道德原则

就像记者担心遇到不可靠的信源一样，采访对象也会担心遇到不可靠的记者。而实际情况是，记者的不可靠对采访对象的伤害更大。无论你和什么样的信源打交道，你都需要谨记下面的道德原则，维护这些道德原则就等于维护你自己的声誉。

1) 不可说谎

无论是报道，还是采访，记者绝不可以为了达到报道目的而说谎，诱导受众或采访对象，这是一种欺骗行为。不可说谎，意味着一次谎也不要说。因为你诚实了99次，别人并不会认为你道德高尚——这是应该的，但如果说一次谎，人们会永远记住你曾经说过谎。说谎等于拿自己的职业、声誉作为赌注。

记者说谎，是在行使职业权利（公权）的时候说谎。而记者敢对其说谎的采访对象，常常是那些表达个人意见的普通人——反正记者对他们说谎，他们也没地方申诉。但这是以强欺弱。记者采访报道中，说个谎很容易，很多情况下还不会被人察觉，但这绝不意味着记者就可以说谎。

2) 不可背信弃义

背信弃义和欺骗一脉相承。背信弃义就是记者答应的事情而不去兑现，无论这个"答应"是口头承诺还是书面保证。

【案例 9-4】①

CNN 为何炒掉知名华裔女主播宗毓华

在《CNN 为何炒掉知名华裔女主播宗毓华》一文中，作者张楠讲述了一个故事：
（……）

---

① 张楠：《CNN 为何炒掉知名华裔女主播宗毓华》，来源：新华网 2003 年 5 月 19 日。http://news.xinhuanet.com/world/2003-05/19/content_876536.htm。

（续）

1995年，共和党人纽特·金里奇（Newt Gingerich）当选众议院议长，并希望与民主党总统克林顿合作。就在这时，宗毓华采访了金里奇的母亲。在节目中，宗毓华问道："能告诉我您对第一夫人希拉里的看法吗？"老太太诚实地说："这个，我不能讲！"宗毓华接着引诱她："那您悄悄告诉我。"金里奇的母亲凑到她的耳边说："她是条母狗！"

1995年1月4日，金里奇宣誓就职，而就在当晚，CBS播放了宗毓华的访谈记录。第二天，金里奇就被记者包围了起来，请他回答"母狗"的定义。这件事情在美国政界轰动一时，CBS连遭谴责，宗毓华也因为"引诱老人说出不该说的话"而招来骂声一片。美国总统克林顿赶忙为金里奇开脱，并公开批评宗毓华的不当行为。

5个月后，CBS的电视节目中再也没有出现过宗毓华的身影。宗毓华被扫地出门了。

（……）

宗毓华提问时的原话是："你为什么不悄悄告诉我，就我们俩知道？"（Why don't you just whisper it to me – just between you and me?）

正是因为有了这个承诺，老人才会说出自己心里的想法。否则，老人怎么可能会直言不讳地说出这样的话呢？

记者闯入采访对象的生活，千方百计地套出对方的真心话，再"抛弃"采访对象。记者虽然完成了报道任务，但背信弃义，给采访对象留下永久的伤害。如何不背信弃义？那就是，不要诱导采访对象。

3）不可歪曲、断章取义

每个人说话都有一定的语境。只有了解了这个语境，受众才能够准确判断一个人说的话、做的事。记者不可以利用手中的笔、录音机、摄像机任意剪辑、修改采访对象说的话、做的事，让他们说的话、做的事看起来、听起来与实际情况不符。这既是对新闻报道真实性的伤害，也是对公众知情权的伤害。

如何做到不歪曲事实、不断章取义？首先记者要提供相应的新闻背景，让受众了解采访对象是在什么样的情况下说了这样的话，做了这样的事。其次，记者要全面理解采访对象说的话，全面考察采访对象做一件事的经过，切记不可只选取某句话、某个镜头、片段，使它表达出与事实不符的意思。

4）不可侵犯他人隐私

隐私是一个人的私生活、家庭生活、家居状况、健康状况、通信等受法律保护、不愿告诉人或不为人知的事情。保护隐私是一个法治社会必不可少的组成部分。记者不可用手中的公权去侵犯他人的隐私，更不可利用这些隐私来吸引受众的注意力。好记者通过报道真正有价值的新闻赢得人们尊重，而不是靠挖别人的隐私来一夜成名。

课外作业

根据下面的情景,写一份采访报道计划:

你的一个新闻眼线向你爆料:你所在城市的一个化工厂往一条河水内排放超标的重金属铅。这条河是附近方圆 5 公里内居民的饮水源。

计划要包括:

(1) 你需要什么证据?你如何获取这些证据?

(2) 假设你获得了证据,你需要采访哪几类人?为什么?

(3) 为每类采访对象设计 5 个问题。

(4) 如何保证报道的中立、客观、透彻、平衡?

第 10 讲

采访方法与技巧

本讲重点学习的知识与技能

- 决定采访成败的因素
- 如何说服你的采访对象接受采访
- 采访各个工作环节的实用技巧
- 采访笔记的记录与整理

一、决定采访成败的因素

无论记者还是采访对象,他们个人的信誉,对讨论事件、问题、人物的熟悉程度,对采访的准备,采访过程中的行为方式,对于事件、受众以及交流对象的敏感度,甚至精神状态都有可能成就或破坏一次采访。此外,记者还要花很大精力倾听,保证自己没有误听。如果只听见自己想听的信息,也会影响采访的进程与结果。

1. 信息

信息可以通过语言表达,也可以通过非语言的信号表达,如肢体语言、面部表情、衣着服饰,等等。记者首先要确保没有无意间传达了自己没有要传达的信息,例如,记者在采访中不停地看表,会让采访对象觉得记者没有耐心听自己讲话,而实际上记者可能只是希望控制好采访的时间。

记者其次还要确保自己想要传达的信息和实际传达的信息一致,例如,记者问:"为什么你认为这次会议不成功?"记者的本意只是希望能了解采访对象得出这个结论的证据,但采访对象则可能把这个问题理解为记者指责自己不应该认为会议不成功。

记者最后还要确保采访对象说出来的话和他/她想要传达的信息一致。不可否认,记者有时不可能完完全全知道采访对象到底想要传达什么信息,但记者可以通过重复、解释采访对象说的话,提问澄清没有听懂、没有听清的部分,追问对方话语中含糊的概念、词汇等方法获得尽量准确的信息。

2. 反馈

反馈是让沟通不断进行下去的燃料,记者在倾听采访对象讲话时,必须要给予对方一定的反馈,否则会让对方觉得自己对着空气讲话或对牛弹琴。

反馈可以有多种形式,如点头、皱眉、睁大眼睛、说"哦"、"明白了"、继续追问,等等。甚至沉默在有的时候也能成为反馈,刺激采访对象继续说下去。

记者在给予采访对象反馈时要注意,尽量让反馈表达自己是否理解了对方说的话,而不是自己是否赞同对方说的话。这是因为,如果记者在反馈中表现出自己对事件、人物的态度,采访对象会有意或无意地按照记者的态度组织自己的语言,选择提供给记者的事实。

3. 渠道

采访的渠道可以有面对面采访、视频采访、电话采访、电子邮件采访、短信采访,等等。每一种采访渠道各有各的优势和劣势。例如,面对面采访获得的信息全面,记者可以全方位地观察采访对象,但这种采访成本高;电子邮件采访可以联系到全世界各地的人,但采访获得的信息是事先准备好的,很难获得鲜活的直接引语;短信采访最快捷,通常在硬新闻写作中就需要信源一两句话时使用,但它不适合深度采访。记者要根据采访目的,要获得信息的种类,以及实际工作中的各种客观限制,选择最合适的采访渠道。

不同渠道的采访,按照它们可以让记者获得信息的多样性由高到低来比较,是:

面对面采访→视频采访→电话采访→电子邮件采访→短信采访

例如,面对面采访中,记者可以观察采访环境,看到采访对象的表情动作,听到采访对象的声音;视频采访,记者就无法观察采访环境;电话采访,记者没法看到采访对象的表情动作;而排在最后的电子邮件和短信采访,记者甚至连采访对象的声音也听不到。

采访中,信息获取的途径多一个维度,记者可收集的素材就更丰富一些,记者控制采访的难度就更大,但同时可控制因素也更多。因此,如果采访对象是新闻报道的重要人物,那么记者就要尽量选择面对面采访。只有面对面采访完全不可能时,再选择次一个等级的采访渠道。

4. 噪音

这里的"噪音",指的是各种影响采访顺利进行的外部或内部因素。例如,采访过程中,采访对象的手机突然响了,这就是一种"噪音"。或者,你在采访前,刚和男/女朋友吵了一架,采访时心里很烦躁,这也是一种"噪音"。

采访中出现噪音是常见的情况,作为记者,你要让影响自己的外部、内部噪音减少至最低。例如,把手机调到无声模式,调整心情进入工作状态等。此外,记者还可以通过一些办法,降低各种外部、内部因素对采访对象的影响。例如,选择安静的场所进行采访,提出有针对性、有意义的问题,让采访对象觉得有话可说,等等。

5. 环境

采访的环境包括采访的时机,也包括采访的物理环境。例如,你的采访对象最近刚刚和媒体有不愉快的过招经历,而你马上就要求采访他/她(无论与之前的事件是否有关),那么你就需要考虑之前的事件是否会对本次采访产生负面影响。

环境与噪音紧密联系,时间、地点选择的好,可以最大程度地避免噪音的影响,让采访对象畅所欲言,特别是在深度采访和人物采访中。但有时,广播电视记者为了获得现场感,需要在嘈杂的街头做录音或直接采访报道。

6. 记者的态度

影响采访最重要的因素就是记者的态度。采访前、采访中和采访后,都问一下自己:

- 我有没有抱着固有成见、偏见进行采访?
- 我有没有自以为是?
- 我有没有敌视采访对象?
- 我有没有做不正确的假设?
- 我对对方的态度有没有影响对方的回答?

此外，还有一些可控和不可控因素会影响采访：
- 记者的性别、年龄、外表；
- 记者的种族、民族；
- 记者的衣着、行为举止；
- 记者是否守时；
- 采访对象的年龄、学识、社会地位。

二、好采访者画像

1. 具有强烈的好奇心

好奇心包括三方面：第一，对采访事件的好奇。这会让采访对象认定你的企图是纯正的，你是来搜集与事件有关的事实，而不是来寻找与事件无关的内容爆料，或者来对采访对象进行道德审判的。

第二，对采访人物的好奇。这种好奇是一种真正想要了解采访人物的故事、想法的意愿。这是一种人文主义的好奇，让采访对象感到自己得到了尊重，而更愿意袒露自己心里的想法。

第三，从受众角度的好奇。采访的最终目的是写成一篇新闻稿件、制作出一期广播、电视节目。记者需要从受众的角度来看什么内容是受众想要知道的，最后形成的产品要满足受众（合理）的好奇心。

2. 具有移情能力

移情能力，就是能从他人的角度理解其想法、观点、态度的能力。移情不等同于同情。同情是一种居高临下的态度，同情者和被同情者的地位是不平等的。但移情是平等的，它体现的是一方不带有任何先入为主的思维模式，努力去理解另一方的尝试。例如记者采访残疾人，如果抱着同情的态度，那么记者只能局限在自己的视角中。有时同情的态度还会引起残疾人的不满，毕竟，残疾人并不因为身体的某个缺陷，就低人一等——他们需要的不是同情，而是理解。但记者运用移情能力去了解残疾人，就能够获得全新的视角，这种视角也可以让记者提出更贴切到位的问题。

移情不代表记者要赞同对方的行为、态度或观点。也就是说，移情是了解采访对象为什么会抱有这种态度，为什么会这样做、这样想，而不是记者同意不同意对方的行为和想法。例如，记者采访罪犯。运用移情能力，记者可以更全面地了解罪犯从一个普通人走上犯罪道路的原因及过程。但这并不意味着记者就要赞同对方的行为和想法。

移情能力就是不带任何偏见、站在他人立场思考问题的能力。具有移情能力的记者可以更容易地博得采访对象的信任和好感，也能够更容易地发现问题的本质。

3. 礼貌、友好、有人情味儿

如果记者一上来就带着鄙视的眼光，出言不逊，或冷冰冰地拒人于千里之外，那么很难想象采访对象还会对记者敞开心扉。即使是负面采访，采访高手也会用客气的态度进行，因为他们明白，在负面采访中与采访对象过招，靠的不是警察审小偷的态度，而是提问的技巧。采访的目的首先要让采访对象敞开心扉，诚实地跟你交谈。

记者需明白采访对象是帮助记者理解新闻、完成报道任务的人，因此记者要通过采访与采访对象建立一种和谐、融洽、信任的氛围，诱惑采访对象坦诚、直截了当地说出自己的故事和真心话。在采访前，记者需要调整自己的态度，做到：

- 审视自己是不是带着固有成见、偏见看待采访对象。即使对方是十恶不赦的战争罪犯，记者也要把对方当作一个值得尊重的人。只有这样，采访对象才不会对记者设防，说出自己心里真正的想法。
- 审视自己是不是把对方当作平等的人看待。一些人会不自觉地用对儿童说话的口吻对残疾人、智力障碍者、老年人等讲话。记者需要首先假设对方是可以和你平等交流的成年人，不可居高临下。只有这种方法行不通的时候，再尝试其他交流方式。
- 策划采访中的倾听。特别提醒自己什么地方需要重点倾听。
- 思考如何能让采访变得像一次聊天，而不是审问犯人。
- 如果是首次见面的采访对象，记者还要考虑如何打破僵局，让双方迅速进入采访状态。此外，记者还要计划一下在正式采访开始前，如何向采访对象说明你的采访目的，报道时会提及对方姓名等事项。

4. 谦逊诚恳，但不低声下气

无论社会权贵还是市井小民，好的采访者对待每一个采访对象的态度都是一样的——他/她不会自以为是，认为自己道德高人一等，认为自己什么都懂。相反，他/她会谦虚诚挚地和每一个采访对象交流，因为说不定哪个采访对象就有什么好信息值得和读者、观众分享。

好记者同时也知道自己不是权贵的秘书、跟班或雇佣写手。在采访中，他们会以一种平等的姿态与采访对象交流，不会因为采访对象的地位高、名声大而变得唯唯诺诺，也不会因为采访对象的威胁而变得畏首畏尾。只有自己尊重自己，别人才会尊重你。

5. 控制采访局面

采访对象说的越多，记者获得的线索、事实、引语就越丰富。因此在许多采访中，记者都乐意做一个倾听者，把说话权交给采访对象，希望对方有什么说什么。同时，一个好的采访者会时时控制采访的方向和发展，让采访为最终的报道服务。

记者控制采访局面有很多方法。例如，记者可以精心地设定问题，让采访对象的回答与问题相关;记者还可以进行追问,让采访对象解释不清楚、不明确的内容;记者还可以适时地打断采访对象,把扯远的话题拉回到主题上,等等。保证记者能够控制采访局面的最重要方法,就是在采访前进行充分的准备。这包括:明确采访的目的,了解相关的事件和人物,了解采访对象,设计问题,预测回答等。如果记者在采访前把各种可能的情况都想到了,记者就能把握采访方向。

6. 采访前的准备工作

就像上台演出之前的练习一样,采访前的准备工作至关重要,它决定了采访最终是否成功。采访前的准备可以帮助记者:

(1)如果没有做好采访准备,记者容易紧张、忘记要问什么问题、被无关的事物吸引注意力等。

(2)把握采访大局。准备一方面可以让记者深入了解话题;另一方面可以让记者了解采访对象。这两方面的知识都能让记者更从容地应对采访。

(3)提出好问题。准备工作的重头戏就是问题的设计。有了好问题,才有可能有好回答,才有可能获得记者报道需要的回答。知道问什么、怎么问,较少来源于记者临场发挥(即使是临场发挥的好问题也多是在充分准备后想到的),更多来源于采访前的准备。

当然,花多长时间准备以及怎么准备决定于报道内容和采访对象对于报道的重要性。报道内容越是复杂,或者采访对象越是重要,准备就越要充分。同时,随着你采访经验的不断丰富,你对采访的准备也会越来越顺手。因此,只要时间允许,采访前一定进行准备,这会让你从一开始就处于优势地位。

7. 确定采访目的

报道新闻事件时,如果你已经有了具体的选题,并思考出报道方向,那么确定采访目的就像准备一桌饭菜,你需要知道你有什么原料,还需要什么原料,你从哪里可以获得你需要的原料。换句话说,就是要知道你需要什么信息(事实性的?分析性的?还是评论性的?)以及从什么地方、什么人那里可以获得最准确、最权威的相应信息。在这一个环节中,是否有具体明确的新闻要点(中心提要)和能否有具体明确的采访目的紧密相连。

有一些事件,你无法在报道前做好充分的策划,例如一次突发事件等。这就需要你在事件发生时就同时思考如何报道。如果你报道的是硬新闻,那么采访目的就会相对简单——你要搜集的是新闻的六要素。但如果你想以不同的角度报道,除了充分观察外,你还可以对事件中的某个重要人物或权威人士进行探索式的采访。这种采访的目的是帮助你获得报道思路,你可以从较大的范围开始询问,一旦发现具有新闻价值的领域,就缩小包围圈,深入询问。探索式采访后,你对报道方向就应该有了一定的思路,下面的采访目的也就会更明确。

报道人物、特别是知名人士时,应尽可能做好前期调研。这可以帮助你选取独特的报道角度,节省采访对象的时间。前期调研应包括:了解该人物的生平、经历等;查找其他媒体对该人物的报道。前期调研中,你还可以先采访一两个该人物的家人、朋友、同事等,这也有助于你发现没有被报道过的角度。但要注意,他们的话有可能会限制你的思维和报道框架。有了具体的采访目的,再去拜访你要报道的人物,一方面会让对方觉得接受采访不是在浪费时间;另一方面也会消除对方疑虑。

如果完全没有时间进行前期调研,你又必须要采访一个人物并写出人物报道,例如某个知名人士只在你所在城市停留一天,那么你就要一边采访一边思考报道角度。你可以从一个小问题、一件事的细节问起,然后再慢慢展开。另外,你还可以就该人物最近活动中的一个细节、背景、人物进行提问。

策划报道和确定采访目的能够让你避免采访无关紧要的人、问无关紧要的问题,同时也能让采访对象更安心地回答你的问题。有些具有新闻价值的信息并不总是一开始就明显地摆在你面前,而是在采访、观察、文献调研中慢慢显露出来。因此,采访前和采访中还要保持灵活的态度,一旦发现更有价值的信息、细节、更好的报道角度,要敢于舍弃已有的报道框架。

8. 采访前的文献研究

文献研究和背景调查须贯穿新闻采访报道的全过程。有时,它们会提供给你报道的思路;有时,它们会解答你需要向受众交代的问题;有时,它们会帮助你核实采访对象提供的信息。不同的报道内容、方向和角度决定了文献研究和背景调查的广度与深度。但对于采访前的文献研究和背景调查来说,你需要尽量获得两方面的信息。

你如果有了报道方向和采访目的,那么你在获取相关信息的时候就能更有的放矢。例如,你要报道一个否认宇宙大爆炸的最新理论,那么你就需要了解宇宙大爆炸理论的大致内容是什么,有什么假设,有什么不足之处,学界的动态是什么,以及提出否认宇宙大爆炸理论的科学家的背景是什么。又如,你要报道一个在选秀比赛中脱颖而出的歌手,那么你就要了解他来自哪里,他在选秀之前的经历,他唱歌的历程,此次选秀比赛有什么特点,等等。

三、采访工作的第一步

1. 如何说服别人接受你的采访

有的采访对象会欣然接受采访申请,但多数采访对象会对你保持警惕、怀疑。下面是一些技巧,可以帮助你更顺利地争取到采访机会。

- 首先明白他人没有义务必须接受你的采访。因此明确采访目的,进行背景调查,给对方一个充分的理由接受你的采访。
- 如果可能,尽早联系采访对象。这可以给你足够的时间说服对方接受采访,也可以让你为采访提前进行准备。

- 提出采访要求时,自报家门、姓名、为什么要采访、采访需要多长时间,让采访对象有心理或物质准备。如果对方要求提供材料,你要尽量满足对方的需求。一些组织机构提供采访申请表格和相应的申请程序,要找到该组织接待媒体的地点,按照程序办事。
- 提出采访要求时,最好不提"采访"两个字,因为"采访"容易让人紧张、厌恶。尽量根据实际情况说明采访原因。如:"我想就本市水价上涨情况听取您的意见",或者"我希望能听您介绍一下事情的经过和目前的调查结果"。
- 提出采访要求时,要考虑到采访对象的心理需求。这就等于把采访从"记者需要什么"变成"这次采访能满足采访对象什么需求"。例如,适当地恭维对方,让对方开口说话。但注意不要变成拍马屁,否则会让对方怀疑你的动机。与其说"您是这方面的泰斗",不如说"您刚刚发表的论文,对大爆炸理论提出了新的见解"更能打动对方。有时,采访对象需要一定的刺激才会回应,例如你说:"某院士认为您之前说病人死亡不是医疗事故是不正确的,他认为……"就很可能让本来不想接受采访的人开口。判断采访对象有什么心理需求一方面需要经验智慧;另一方面需要采访前就对事件、人物有充分的了解。
- 如果一次不成功,多尝试几次,或换不同的方式尝试。例如,第一次预约采访打电话被拒绝,那么下次去对方的工作地点再试试。如果对方能看见你的人,拒绝你的可能性也会降低。不过要注意,不要让对方感到你好像在纠缠他/她。打动对方还在于你给采访对象提供的理由和你的真诚。
- 看看有没有什么熟人可以帮助你获得采访机会。
- 和采访对象的秘书、助理搞好关系。特别是高级官员、知名人士、企业家等,他们的秘书、助理的一项工作就是抵挡各种应酬。因此,你还要考虑如何说服他们你采访的意义。你要对他们给予你的帮助表示感谢。
- 从一开始就保持良好的职业声誉也可以让你树立口碑。如果采访对象知道你一向以客观、尊重的态度对待信源,那么他们也就更乐意接受你的采访。

2. 采访的时间与地点安排

与采访对象商量采访的时间和地点时,要尽可能避免任何对采访产生不利影响的因素。
- 尽量不在吃饭时采访,否则过多的客套会让记者自己和采访对象分心。
- 尽量不在采访对象马上下班时采访。
- 尽量不在采访对象马上要开会时采访。
- 如果采访需要采访对象的积极思考或回应,应避免午后昏昏欲睡的时段。
- 设计好采访的时长。如果是一般性报道,半个小时就足够获得你想要的信息;如果是深度报道,那么至少要花 1 个小时。根据你问题的多少来估算时间。
- 采访时长要视采访对象提供的信息对你报道的重要性决定。记者需要控制采访时间,并在提出采访要求和正式开始采访前都告诉采访对象此次采访需要的时间。如果采访对象海阔天空说个不停,说的内容又对你报道的价值不大,你需要适时地打断对方,并结束采访。例如,你可以说:"我还有最后一个问题……"然后提一个封闭性问题(见下一讲)。
- 地点最好选择采访对象熟悉的环境,这会让对方更放松。
- 如果报道内容要求了解采访对象的性格,最好选择一个具有揭示性的地点。例如你要报道一位劳模,那么在其工作场地采访就比在一间茶馆采访更能揭示人物个性。
- 避免有任何外界干扰的场所,如有的餐馆很嘈杂,不利于采访。
- 采访时尽量确保周围没有亲友或同事在场,否则这些人可能会打断采访,或者有碍采访对象自由地讲出心里的想法。

四、采访正式开始:确定你要获取的新闻信息模块

记者通过提问,从采访对象那里挖掘出信息。不同的报道内容、不同的报道角度、不同的采访对象,记者能够获得的有效信息及信息量也是不同的。设计采访内容时,可以按照采访目的,从"信息块"开始一步一步把信息块具体成一个个问题。设计"信息块"时,先从六要素入手。

假设一家餐馆发生火灾,你要去采访餐馆老板,目的是报道火灾后的状况。从餐馆老板那里可能获得的"信息块"包括:
- 火灾时的状况
- 火灾的原因
- 餐馆员工、顾客目前的状况
- 餐馆的损失
- 餐馆火灾后的打算

注意,每个"信息块"都包含有假设。只有认识到这些假设,才可能对事情有一个客观、准确的判断,才可能问出到位的问题。

信 息 块	假设及注意事项
火灾时的状况	餐馆老板本人在火灾现场
火灾的原因	餐馆老板知道火灾原因 注意:判断火灾原因最权威的人是警方,但不妨问一下餐馆老板,听听他怎么说
餐馆员工、顾客目前的状况	餐馆老板不一定了解顾客目前的状况,但如果他不知道员工状况,这就很能说明问题
餐馆的损失	现在可以估计损失
餐馆火灾后的打算	餐馆老板已经做好了打算

上面所说的假设，有一些是需要验证的。例如，如果火灾发生时，餐馆老板本人并不在现场，那么当记者问：请您介绍一下火灾时的状况，餐馆老板就有可能告诉记者他听说来的状况。这样事实就可能失真。因此，如果不确定，记者应该先问：火灾时您在哪里？

涉及原因时，记者要认识到一个事件发生，有表面原因和深入原因；有主要原因和次要原因，有时原因可以分成多个层次。例如餐馆的火灾，表面原因可能是煤气炉爆炸，深入原因可能是厨师操作不当，以及煤气炉质量有问题。记者需要根据自己报道的角度，判断何时应该停止追究原因。

按照"信息块"来组织问题，可以避免遗漏重要问题，一次就获得所需的信息。同时，这种方法也可以帮助记者记住要问的问题。准备时间短暂时，也是快速的思考方法。

从简单具体的问题开始，逐步深入。这让采访对象有一个热身、渐进的过程。此外，把难回答的问题放在后面，采访对象也会更乐意开口。所谓简单的问题，就是采访对象不需回忆就可以回答的问题，而难回答的问题就是采访对象需要思考，或克服心理障碍才能回答的问题。

还用上面餐馆火灾的案例，简单的问题就是"火灾的状况"、"餐馆员工、顾客的状况"，而难一些的问题则是"火灾后的打算"，更难一些的是"损失了多少"以及"火灾的原因"。

采访经常会受到时间的限制。例如餐馆老板急着要去医院，只有10分钟采访时间，你可以把5个信息块提炼成5个问题，但这样获得的回答容易流于表面。更好的方式是准备问题时就判断什么是最重要的信息块，什么是采访对象最有权威回答的信息块。例如，根据你报道的角度，你确定了最重要的两个信息块是：餐馆员工和顾客的状况、火灾后的打算。那么如果时间有限，你就只针对这两个信息块提问。

如果事先你就确定了采访的重点，那么你就知道何时应该跟进追问，何时应该放慢速度。在设计重点内容的问题时，你还需要想到采访对象可能的回答，以及各种回答你该如何反应。遇到重点内容时，你首先应该倾听，如果有不清楚的地方请对方核实、解释，还可以让对方举例、讲个轶事，或做一个总结性的评论。

此外，记者不可能完全预测采访对象会说出什么事先没有想到的问题，因此记者要随时准备，一旦采访中出现意料之外的重要问题，应及时跟进和挖掘。

例如，某记者对一个交响乐团的行政总监进行采访，采访前共准备了10个问题，采访的目的是报道该交响乐团新年计划在维也纳金色大厅举行的音乐会。行政总监突然指出现任的指挥无法有效管理交响乐团，一些音乐家在演出中故意拉错、弹错以示抗议。这个信息记者在采访前完全没有料到，但却具有很大的新闻价值。于是，采访从这里开始，就脱离了事先准备的问题，而完全集中到这个矛盾上了。当然，后来报道的角度也相应地发生了变化。

五、采访中

采访一开始，记者需要把一些"礼节性的事"先解决了。利用这个机会，记者可以营造一个和谐信任的采访氛围：

- 首先感谢对方接受你的采访。不要把对方接受采访当作理所当然的事情。
- 再次解释你采访的目的：你是谁？你需要什么信息？为什么需要这些信息？
- 不要忘了交换名片。
- 如果对方很紧张，或者气氛很紧张，可以先聊两句不相干的事，如天气、最近的大事，或者利用对方所处环境中的一些细节作为引子，如采访对象办公桌上的摆饰、照片等。但要注意，有些人不喜欢把时间浪费在无用的闲聊上，而是希望尽快进入正题。要随机应变。

第一个问题常常神不知鬼不觉就开始了。这往往是非常容易回答，无须采访对象过多思考的问题。例如，"您在这个职位已经10年了？"，"火灾后，您面临的最大的困难是什么？"记者通常不指望靠第一个问题就得到有用的信息，但第一个问题是一个切入点，它为采访设立了一个基调。尽量让这个问题看起来像聊天，这更容易让采访对象吐露心声。如果第一个问题过于正式，记者和采访对象都容易陷入拘谨的状态。

在采访中，记者要控制采访气氛。除了前面所说的方法外，记者还需记住：

- 越是不抱有个人判断，越容易得到对方信任（采访时，把你对采访对象的各种判断留在家里）；
- 采访越是放松，对方就越容易说出心里话；
- 倾听越是认真，对方就越愿意多说一些；
- 越是精心准备的问题，越容易让对方觉得值得接受你的采访。

在采访中，记者还要控制谈话方向。采访前认真准备是记者控制局面的重要前提，记者必须事先就知道要从采访对象那里得到什么样的信息。其他的采访技巧还有：

- 设计好问题，让问题套出你需要的回答。
- 如果采访对象的回答不全面，重新组织语言再问一遍。
- 问题不要说得太复杂，表述越简单越好。
- 不要一次提多个问题，一次问一个问题。
- 新闻报道组成原料有：事实、轶事、例子、好引语。采访就是搜集这些原料。
- 如果采访对象的回答中有专业名词、行话等，请对方解释得更清楚一些。
- 给对方一定的反馈，如"我明白了"、"是这样的啊"等回应；或者"您所说的意思就是……（重复、阐释对方刚说过的话）"。注意，不要轻易表达你的态度立场，用反馈说明你是不是听懂对方的话。
- 不要让提问成为显示你自己才华和口才的机会，提问的目的是让对方开口。
- 不要怕出丑，不要怕威胁，遇到重点内容一定要追问。
- 如果采访中有敏感问题，确保这个问题合理，有问的正当理由，并留在最后问，应尽量迂回地问，不要给采访对象施压。

最后，尽量主动按时结束采访。如果对方还有话要说，可以拖延一会儿。但如果双方很尽兴，气氛营造得很好，而你希望在这种气氛中采访对象能再多说一些，不妨让对方说下去，

直到自然结束。在采访结束阶段,记得:
- 检查你的采访记录,核对事实性信息,简单总结一下采访的内容。
- 问问对方是否有所遗漏,重要的信息是否都包括在内,对方是否还有什么要补充的,有没有其他想法。
- 如果采访中对方提出给你提供一些资料,记住要索要这些资料。如果提到一些你认为需要的文献,询问在哪里可以浏览。跟进采访中的线索,如其他可以采访的人、如何联系、是否可帮忙介绍等。
- 如果之前没有交换名片,现在是最后的机会。确认哪个电话号码最方便联系对方,何时联系最好。提醒对方未来还有可能联系以便核实信息。
- 问对方:"如果您有最新的消息,您是否可以给我打电话?"
- 注意,只要你和采访对象没有分开,采访就一直在进行。一些有价值的话往往是在最后结束采访的时候说出来。有些记者甚至会故意拖延一下时间,貌似不经意地问一两个与前面采访无关,但却是采访真正目的的问题。这是利用采访对象放松下来的心情。我们不主张你这样诱导信源,但建议你直到离开,都要竖着耳朵听对方的话。
- 最后,对采访对象给予你的帮助、付出的时间表示感谢。

采访结束后,不要拖延,最好当天就整理采访笔记、录音以及你的思路。等到第二天,你就可能忘记一些重要细节,或辨认不出来昨天的笔迹。尽早整理采访笔记,你还可以知道自己完成报道还缺什么,或及时跟进采访中获得的线索。如果是完成了重要采访,此时你也可以开始动笔写作了。

如果可能,在采访结束 24 小时内,给采访对象发一封电子邮件或一条短信,再次向对方表示感谢。这会给对方留下好印象,如果下次你还需要采访他/她,也能更容易地获得采访机会。

六、如何记录与整理采访笔记

采访笔记与课堂笔记不同。记课堂笔记你要抓住系统的知识,但记采访笔记你要抓要点。如果采访前进行了充分的准备,那么记笔记时你就很清楚什么信息对你有用,什么信息对你无用;什么应该记,什么不用记。

采访笔记中,重点记录下面的内容:
- 可以直接引用的话;
- 具有揭示意义的数据、事实、故事;
- 采访中观察到的细节。

记采访笔记有很多模式,我们在这里介绍几种。你可以分别尝试一下,看看哪种更适合你。你也可以改进这些记笔记模式,让它们更符合你工作中的实际需要。甚至你还可以发明自己的记笔记方法。但无论如何记笔记,笔记的最终目的是帮助你组织稿件、撰写报道。

因此，记笔记的目标就是清晰、准确、方便查找、能让你快速记录。

首先无论什么样的笔记，第一页上面应该留下空白，记录有关此次采访的事项。例如：

> 报道内容：××餐馆火灾（首次报道）
> 采访对象：××餐馆老板张三（首次采访）
> 采访目的：火灾时的状况、现在员工、顾客的状况、火灾后打算等
> 时间：20××年×月×日，上午10点
> 地点：火灾现场
> 其他事项：张三没有受伤。

如果是像上面这个例子这样的突发事件，这些内容可以在采访后补上。记录这些内容是让你能够在事后方便地找到某一次采访的记录。

其次，无论你是用笔记本记录，还是用纸张记录，都应该在页面上标注页码。如果记乱了（例如翻页的时候多翻了一页），要及时更改页码。

开始一次新的采访，就另起一页，不要接着上次的采访笔记记录。

1. 直接记

直接记，就是按照采访的进程记录采访对象说的话，你认为什么重要就按顺序往下记。这种记笔记的方法好处是可以帮助你回忆起采访的大致过程，但弱点是重点不清晰，如果选择直接记录，最好是一边记录就一边把你认为"特别重要"的信息用下划线、圆圈等勾画出来。

2. 按问题记

如果有充分时间准备采访，你可以在笔记本上写出，或者在纸张上打印出你设计好的问题，每个问题下面留出足够的空白记录采访对象的回答。这种记笔记方法的好处是你把问题写下来的过程也是一个准备的过程，这些问题在一定程度上可以帮助你理清思路。但它的缺点也很明显——它限制了采访过程。例如，你可能会担心问题问的不到位，而逐字逐句地念你已经写好的问题，这会破坏采访中顺畅的交流，让你显得很生硬。或者，原先设计好的问题顺序已经不符合实际采访中情况发展的需要，但一下子又想不起来下个问题该问什么。或者你决定跳过几个已经没用的问题，但下面的问题又找不到了，等等。

如果你选择按问题记录，那么随时准备放弃你已经设计好的问题，根据实际情况随机应变。设计问题时，把问题按照信息块分类，提问时不要念你已经写好的问题，而要用自然的口吻提问。记录时不要忘了标注重要信息。此外，在你的笔记右端（或左端）留下空白，在这里记录你临时想起来的问题和对方的回答，以及跳出你设计问题以外的信息。如下面的图示：

设计好的问题和回答	其他信息
问题1 问题2 ……	在这里记录你临时想问的问题及回答,跳出设计问题以外的信息、你的观察、需要跟进的事项,等等。

3. 按信息块记

按信息块记录不写出具体的问题,这让记者可以随机应变、临场发挥。如果有充分的时间准备,你可以提前把需要采访对象提供的信息块写在笔记上,并留下相应的空白。例如:

信 息 块	其 他 信 息
火灾时的状况 火灾的原因 餐馆员工、顾客目前的状况 ……	在这里记录你临时想问的问题及回答,跳出信息块以外的信息、你的观察、需要跟进的事项,等等。

注意写出这些信息块,同时可以提示你需要问什么问题,但不要被这些信息块的描述限制了提问时的措辞。

如果没有充分时间提前准备采访,你也可以把新闻六要素当作信息块,根据实际情况省略可以不用问的要素,深入追问需要澄清的要素。例如:

六 要 素	其 他 信 息
关于谁的?涉及了什么人?…… 时间?时间上有什么意义吗?…… 地点?地点上有什么意义吗?…… 发生了什么?…… 怎么发生的?……	在这里记录你临时想问的问题及回答,跳出信息块以外的信息,你的观察,需要跟进的事项,等等。

续表

六 要 素	其他信息
为什么发生？……	
这对受众有什么影响？受众为什么关注？	

但如果你有时间准备采访，就不要把六要素当作信息块，而是根据你要报道事件的具体情况以及采访对象最有权威回答什么问题，设计相应的信息块。

为了减小这些信息块束缚你的提问思路，你还可以把信息块或你的采访策划放在左页，作为参考，从右页开始记笔记。例如：

左 页		右 页
在这里记录你需要获得的信息块或你的采访策划，可以使用文字、图表、树状图、发散图等形式	在这里记录你的采访	在这里记录你临时想问的问题、你的观察、需要跟进的事项，等等。

4. 分栏目记

分栏目记录可以帮助你在记笔记的时候就梳理各种信息。怎么分栏目可以有很多选择，下面是一些参考，你也可以根据实际要采访的内容分栏。

采访记录	观察	其他
在这里记录采访，可以直接记录、按问题记录、按信息块记录、分栏记录，等等。	在这里记录你观察到的细节，如对方回答时的表情、动作等，或者你突然发现的细节。	在这里记录你临时想问的问题、你对回答的反应（是否需要核实？听明白没有？听清楚没有？等）

具体的采访记录中可以包括的栏目有：

问题/信息块	事实性内容	评论性内容	分析性内容
1.			
2.			
3.			

或者：

问题/信息块	事实、数据	故事、轶事	引语、比喻
1.			
2.			
3.			

不同的记笔记方法各有优劣,你可以根据自己的写作风格、采访的复杂程度、采访的长度酌情选择或发明自己的记笔记方法。无论你的笔记记得多漂亮,受众最后看到的不是你的笔记,而是你的报道。提前准备会让你记笔记有的放矢,采访后及时整理会让你抓住关键内容。

采访中录音可以补充记笔记的不足。特别是对方的回答很长,你无法快速记录下来时,录音可以让你心里踏实。不过,录音只能记录声音,如果你的报道中还需要其他元素的话,如对方的神情、动作,采访环境的细节等,还是要靠笔记。此外,较长的采访录音,记者不太可能有时间再重复听一遍,即使用音频播放软件快进,也很可能找不到那句需要的引语。这时,笔记就可以帮助你标记录音中的重要内容。例如:

```
≈0.5 小时      一个好故事
≈45 分钟       好引语
```

有一些情况,需要在采访中录音,包括:
- 重要人物的讲话;
- 敏感事件的采访;
- 长篇报道的采访;
- 具有历史纪念意义的采访。

最后还要记得,不要偷偷摸摸录音。如果采访需要录音,采访前要征求对方同意。可以录音的情况下,把录音设备放在不引人注目,但采访对象可以看见的地方。

课堂练习与课外作业

1. 小组讨论:分别找 3 个理由说服下列人物接受你的采访。
   (1) 习近平
   (2) 奥巴马
   (3) 金正恩
   (4) 莫言
   (5) 你所在的大学校长
2. 根据下列场景选择采访对象。每个场景选择 5 个采访对象,并用一句话说明为什么要采访他/她。

(1) 中国大学的教育质量

(2) 未来的两岸关系

3. 从下面的情境中任选一个,做相应的文献研究,设计采访。

(1) 中美关系的未来发展

(2) 大学生就业趋势

采访设计应包括:采访对象的名单(姓名、职务、背景);为什么要采访他们;你如何找到他们;具体的问题(每人5个问题以上)。

第 11 讲

采访的提问与倾听

本讲重点学习的知识与技能

- 提问的准备
- 提问的功能与问题的组成
- 采访问题的类型
- 提问的技巧
- 采访中的倾听
- 倾听的技巧

2008年北京奥运会开幕不久,精明的网民就总结出了"奥运记者的弱智提问"。下面是一些记者问的问题:①

1. ××记者问谭钟亮:"你奋斗了二十多年,参加了四届奥运会,而只获得了一枚铜牌,你觉得你有愧祖国吗?"

2. ××记者问史东鹏:

(1)"你觉得和刘翔在同一个时代是不是很悲哀?"

(2)开赛之前问史东鹏:"你有没有信心得亚军?因为冠军已经是刘翔了。"

(3)赛后问史东鹏:"刚才的比赛你尽力了吗?"

3. ××记者问陈艳青的父亲:"陈艳青平时吃什么?"

陈艳青的父亲:"青菜。"

记者:"不爱吃肉吗?"

陈艳青的父亲:"家里穷,吃不起。"

记者:"她爱吃什么?"

陈艳青的父亲:"红烧肉。"

记者:"为什么?"

陈艳青父亲:……

4. ××记者问杨景辉:"听说你是1983年出生的属猪,那你喜不喜欢这种动物呢?"

5. 采访女排时××记者对赵蕊蕊说:"全国观众都不知道你伤好到什么程度了,你能不能对着镜头给我们蹦两下?"赵蕊蕊说:"我都蹦一天了,你还让我蹦!!"说完头也不回地就走了。赵蕊蕊走了以后,记者却追在后面说:"蹦一个,蹦一个!"

……

为什么这些问题会被归纳成"弱智提问"?一个重要原因是记者没有对问题有充分的准备、精心的思考和对新闻价值准确的判断。提问题是一门学问。

但仅仅会提问还不够,记者的倾听能力在很大程度上会决定采访的成败,决定记者是否能够抓住最关键的信息。也就是说,好采访技巧=提问+倾听。

、提问的准备

采访前,记者要对问题有充分的准备。有了好的提问,才会引来有价值的新闻信息。提问为两个层次:第一,态度;第二,问题本身。

对于记者来说,采访态度不可带个人判断、偏见和猜测。如果记者先入为主,那么记者就很难理清事实,只看到自己想看到的,只听到自己想听到的,而最后的报道也就会有些偏

---

① 来源:西祠胡同网:《北京奥运弱智记者采访语录》,2008年8月18日,http://www.xici.net/d75769361.htm。

颇。此外,采访对象通常对记者的态度很敏感,记者越是咄咄逼人,就越难赢得采访对象的信任和好感。

记者在准备采访时需注意:
- 问话方式不要让信源紧张,要说服对方跟你聊天;
- 提的问题要让采访对象感到你是公正的;
- 采访提问时设法触发被采访者的荣誉感、自豪感,让对方感到他/她是专家才被采访、为社会公众事业服务才被采访、为伸张正义才被采访,或不回答你的问题就会有损于他/她的公众形象。也就是说,要让采访对象感到自己的意见对公众很重要。

在有了正确的采访态度后,记者采访前还必须知道应该提什么问题。设计问题时,应尽量提好问题,而不是误导读者或被采访者的问题。好的问题通常具有以下特点:
- 与采访目的相关、与报道主题相关;
- 有针对性、有意义;
- 读者、公众关心的问题;
- 聪明的问题;
- 采访中的一系列问题形成一种"气场",让采访对象愿意和你交流。

准备问题时,可以先写下所有你想要问的问题,然后根据下面的标准筛选这个问题是不是值得问:
- 这个问题是不是能回答我还不知道的事情或核实我不确定的信息?
- 这个问题是不是与我的采访目的有关,与报道主题有关?
- 这个问题是不是采访对象有资格回答的?
- 这个问题是不是受众想要知道的和应该知道的?

另外,要记住不要问下面这样的问题:
- 不问浪费时间的、无意义的问题。如:"您是否支持民主建设?"这样的问题任何人都会回答"是"。
- 不问可以轻易获取答案的问题,如:"您哪年获得诺贝尔奖的?"这样的问题显示了记者没有做好采访准备。
- 不问有成见、偏见的问题,如:"美国媒体对中国报道是有偏见的吗?"这样的问题显示了记者有收集素材以外其他的目的。应换一种方法问:"美国媒体是如何报道习近平当选军委主席的?"依据实际情况,这个问题还可以更具体一些。
- 不问问题中就含有答案或暗示答案的问题,如:"许多人认为集邮是一种很好的消遣活动,您认为呢?"在问题中暗示答案很难获得采访对象真正的想法。
- 不问显示采访对象愚蠢、失误的问题,如:"您去年的报告中预测今年股市大盘会持续在3000点左右,但为什么到现在已经跌破1500点还没有回升的势头?"这样的问题听起来像是记者来声讨采访对象的。实际上,由于不可控、不可预见因素太多,任何人都无法一贯准确地预计股市变化,这样的问题反而显示了记者的无知。

- 不问太复杂、无关信息太多的问题,如:"去年我省税收减少5%,工业增长率为9%,比前年同期下降3.8%,出口量虽然有所增加,但比早期预计的要少4.9%,同时失业人数增加了20万,您怎么看?"这样的问题数字太多,采访对象听到真正的问题时,恐怕已经记不得前面说了什么了。此外,各种经济指标掺杂在一起,使一个本来就很复杂的问题更难回答。

删除无用、无意义的问题后,把问题按照一定的逻辑顺序排列。如果采访时间长,开始可以先准备几个"预热"问题,也就是简单、容易的问题,让采访对象进入状态,然后再从最重要的问题问起。如果采访时间短,则需要你开门见山,越是重要的问题就要越早提出。

另外,那种采访对象需要克服很大心理障碍才会回答的问题留在最后问,这包括会令采访对象难堪的问题、敏感话题等。这样做的好处是采访进行到这里,采访对象会对你产生足够的信任,前面的采访也做好了一定的铺垫。

排列问题顺序时,你也可以从一般到具体,或从具体到一般。先提出概括性的问题,如"您对一些人提出要对北京市无人居住空房的业主收税怎么看",可以让记者从对方的回答中找到线索,在追问中逐步具体深入。而从具体到一般,则能让采访对象看出你对事情很了解。这两种顺序可根据不同的采访情境选择。

在一些采访中,如人物特写采访,常常会需要你从一个话题转换到另一个话题。例如,你采访某个歌手,谈了他的音乐生涯后,你想去采访他的爱情生活。这样的话题过渡越自然越好。如果采访对象在谈话中为你提供了"桥梁",尽量抓住这样的机会过渡。如果没有这样的机会,则需要你自己搭桥过渡。假设你采访周杰伦:

记者:您的主打歌中有一句歌词,……许多人认为歌词表达了您对爱情的看法。是这样吗?

最好不要说:"刚才我们谈了您的事业,现在我们说说您的爱情生活吧。"这样会让采访对象紧张,有时也会让对方警惕。

确定了问题顺序后,你还要检查问题的语言。首先,问题不要太长、太复杂,否则采访对象理解你的问题会有困难,这同时也给对方机会回避你的问题。其次,看看你的问题是不是有词不达意的地方,是不是太虚幻、太模糊。问题越抽象,你就越难获得你想要的回答。最后还要再检查一下问题中是不是含有个人偏见。

设计好问题后,你需要预测采访对象可能会怎么回答你的重点问题。根据各种可能性,你还需要思考该如何应对。预测回答是负面采访或提负面问题必须要做的功课,否则实际回答很可能让你手足无措。例如:

记者:在您刚才的讲话中,你似乎对农村妇女教育计划很满意。但一位学者曾经说,这个教育计划名不副实,真正参加计划的农村妇女屈指可数。您如何看待这种批评?

采访对象:你难道没仔细听我刚才在讲什么吗?我一直在批评这个计划啊!

或者

采访对象：你说的这个学者是谁？他是哪里的学者？他研究的是什么？（你可能只是听说有这样的批评，但细节都不记得了）

提问的功能与问题的组成

1. 提问的功能

提问最大的功能就是引起对方的注意。当被问到一个问题时，人们会不由自主地想要回答或想去找到答案。记者在职业生涯中常会发现，由于人们这种内在的"提问——回答"条件反射机制，采访对象即使面对自己不愿意回答或不能回答的问题时，也会情不自禁地想说些什么。正是通过提问的这一基本功能，记者在采访中可以利用采访问题：

- 获取信息，如"地震发生时，您正在做什么？"
- 开启沟通过程，如"您桌上的照片很有意思，是您自己拍的吗？"
- 控制采访进程，如"您刚才说董事会对这个决议很赞成，那么员工怎么看呢？"
- 引起采访对象对话题的兴趣，如"您的研究专长是产品生命周期，那您认为一个艺术家有没有'产品生命周期'呢？"
- 发现采访对象的内心想法（态度、情感、观点等），如"当您拿到录取通知书时，您正在做什么事？您当时的反应是什么？"
- 表达对采访对象的兴趣，如"您说存在多个宇宙'膜'，这个观点很有意思，您是怎么想到这点的呢？"
- 确保采访对象注意力集中，如"您有没有听说过'超弦理论'？"
- 判断采访对象对问题的了解，如"您能介绍一下上半年贵公司的销售状况吗？"
- 激发采访对象的思考，如"您认为是什么原因导致'中国威胁论'产生的呢？"
- 说服采访对象透露更多信息，如"您说组委会正在积极筹备，那么筹备工作中，组委会具体做了什么呢？"
- 理清自己和采访对象的思路，如"如果我理解正确的话，您刚才说的是这套软件的优势，是这样吗？"
- 减少错误，如"我获得的数字是这次爆炸事故中死亡8人，但有的媒体报道10人死亡，请问官方的数字是多少？"
- 消除采访对象的负面情绪，如"许多人都批评您对事故处理不当，但您不愿意接受我的采访，就无法为自己辩护，您说是吗？"
- 让采访对象放松，如："当您志愿支援祖国边疆时，您刚结婚，是吗？"

无论记者想要通过问题达到什么目的，记者都要明白在新闻采访写作中，记者的最终目标都是发现事实、接近真相。提问具有操纵性，记者不可滥用。采访对象虽然通常会不由自主地想去回答问题，但他们对记者在问题中隐藏的态度很敏感。如果记者用提问操纵采访对象,精明的被访者很快就会发现,这反而会导致采访的失败。

许多人在面对进攻性问题时会感到一种威胁。一些经常与媒体打交道的人会使用巧妙的方法不回答记者的问题。前面提到,记者用咄咄逼人的语气虽然有时会激怒采访对象,让采访对象说出不该说的气话,但如果记者的本意是想挖掘事实,最好的采访方式还是要保持开放、中立、友好的态度,不要用审问犯人的口吻"拷问"采访对象。

2. 问题的组成部分一:假设

所谓问题的假设,就是隐含在问题中没有说出来、但通过暗示表达的意思。问题的假设可以分为两种:第一种是问题本身的假设;第二种是提问者发问时抱有的假设,也可以理解为提问者的态度。一个问题中通常都会包括两种假设。换句话说,对问题的回答能看出回答者的心理,但问题本身显示了提问者的心理。例如,一位记者问:

"为什么××市频频发生'富二代'开车撞人事件?"

在这个问题中,问题本身的假设就是"××市曾经发生过一起以上的'富二代'开车撞人事件",而提问者发问时抱有的假设或态度就是"××市不应该发生这样的事件"。需要注意的是,提问者发问时的假设或态度具有相对性,也就是看问的是谁。如果上面这个问题问的是××市的市长,那么提问者的态度就包含一定的谴责,即使记者本人没想那么多,采访对象也会认为记者是来声讨他/她的。但如果这个问题问的是该市的一名普通居民(虽然是否能获得有效的回答值得商榷),这个居民是不会把问题理解为记者是来批评他/她的。

记者在设计问题时,需要有意识地审视这两种假设,因为不一样的假设就会获得不一样的回答。问题中没有说出来的意思会影响采访对象的回答。例如,记者问一位采访对象:

"中央情报局和塔利班代表周六是在哪家咖啡馆会见的?"

很可能中央情报局和塔利班压根儿就没有会谈过,但问题中已经假设了会谈真实地发生了。不明情况的采访对象常常不会质疑问题本身的假设,因而指出一家他认为最有可能的咖啡馆:

"嗯……我也不太清楚。街角的吉诺咖啡馆?"

但是,如果你有较大的把握认为问题的假设是真的,那么直接把假设包含在问题中有时可以"套"出对方的回答。例如:

记者:中央情报局透露,美国政府愿意绕开阿富汗政府与塔利班和解,塔利班代表是什么反应?

采访对象:塔利班迄今没有就这次会谈表态。

在这个问题中,记者的假设就是(1)中情局与塔利班会谈了;(2)采访对象在现场。但记者也许并不肯定这两个假设。通过采访对象的回答,记者验证了假设,而这也是这个问题的真正目的。

同样,记者发问时的假设或态度也会影响回答的真实性。例如,发生一起恶性案件后,记者采访凶杀嫌疑人顾先生的街坊邻居:

"杀人犯平时是个什么样的人?"

且先不说记者直接把嫌疑人定罪了,"罪犯"这一个词的使用体现了记者本人对嫌疑人的否定。采访对象会受到这个用词的影响,提供的信息也多会是负面的。遇到这样的情况,记者应该直接使用嫌疑人的姓名发问:

"你的邻居顾先生平时是个什么样的人?"

也就是说,问题本身的假设可以为真,也可以为假;提问者发问时的假设可以为积极,也可以为消极,也可以是客观中立的态度。如果记者的目的是获取真实的信息,那么就要确保问题本身假设为真,发问时的假设或态度为中立。如果记者的目的是要验证假设,那么就要确保询问真正知情的人。

3. 问题的组成部分二:问题

以提问为职业技能的人常会发现自己对问题的理解和被问者对问题的理解不尽相同,因而得到的答案往往不是预期中的回答,也就是"所答非所问"。美国另一位提问研究专家 J. T. 迪伦说:"大部分提问者发现要把他们想从回答者那里知道的东西变成语言是很困难的。除了这个永久的麻烦外,提问最大的特点就是怎么问这个问题决定了可能获得什么样的回答,以及回答的特点。"[1]在这一部分,我们重点看一下提问时使用的词语和表达方式。

1) 词语

设计问题时,记者首先需注意,提问时使用的词语可能会有比该词语在字典中更丰富的含义,这也可以称为词语的隐含意义。词语的隐含意义常会引发听者产生某种情感或观点,因而可能导致沟通不能顺利进行。例如:

记者:听了您刚才讲的故事,我觉得您是个敏感的人。您自己这么认为吗?(记者使用"敏感"一词,本来是褒义。但采访对象则把"敏感"理解为贬义。)

采访对象:谁说我敏感了?! 我就是想告诉你,我很善于体察他人的情感。

概括地说,词语的隐含意义可以有个人化的隐含意义,也可以有一般化的隐含意义。个人化的隐含意义基于每个人不同的经历。例如,有狭小空间恐惧症的人听到"电梯"这个词,很可能产生厌恶、恐惧的心理。一般化的隐含意义则是某一个群体共同拥有的对某个词语的理解。例如,我们都知道"黄色"除了指代颜色外,还有"色情"的含义;"红色"在中国代表喜庆、革命,而在西方则暗含专制、甚至邪恶的意义。

一般说来,越是抽象的词语就越容易含有丰富的隐含意义,如"执著"、"共产主义"、"资本主义"、"改革"、"发展"、"机会主义者",等等。因此,记者避免词语产生歧义的一个办法就是尽量把抽象的词语具体化。

越是抽象的词语,涵盖的可能性就越多,离事情本来面目也就越远。虽然抽象词语对于表达复杂概念必不可少,但在采访中,只要可能,记者应使用具体词语,这样既能帮助记者

---

[1] J. T. Dillon: *The Practice of Questioning*. London and New York: Routledge. 1989. P. 137.

自己理解事件、人物，也可以避免采访对象错误理解记者的问题。与此同时，采访对象在回答中使用抽象词语时，记者也要能够及时跟进，要求采访对象解释清楚抽象词语的具体含义。

2）表达方式

提问时，除了问题中使用的词语、问题的类型外，如何问也会对回答产生引导、暗示作用。一个好问题很可能因为记者提问时的表达方式不恰当而导致回答不能满足记者需要。

尽管人们很少能改变说话的音色，但却可以控制自己说话的频率和音调。一般情况下，用高频率、高音调问的问题得到的回答也是简短、快速的。因此，如果你希望采访对象能够知无不言、言无不尽，就不要用太快的语速、太高的音调提问。

此外，人们也不喜欢提问者像机关枪扫射一样一连串地提问。电视、电影中常常出现记者一路跟着采访对象，一路小跑、上气不接下气地发问的情景，如：

"当时您在事发现场吗？您心里害怕吗？您想到要报警了吗？您做的第一件事是什么？"

虽然这种一连问好几个问题的情景有它出现的客观原因（如采访对象不配合、时间紧迫等），但这样的提问方式很像审问，其采访效果也是可以预测的：要不采访对象会阔步离开，要不采访对象就只回答最简单的问题。一次问一个问题是最理想的获取信息方式。

表达方式和记者采访的出发点以及态度密切相关。如果记者抱着审判采访对象的目的和态度，那么提问时的语气、表情和身体语言就很容易流露出审判的意图；但如果记者抱着寻求真实信息的态度提问，那么提问方式就会显得很真诚。因此，这里还要再重申一遍，记者采访前一定要明确采访目的，并调整心态。

4．问题的组成部分三：回应与回答

回应与回答是一个问题的有机组成部分——提问的意义正在于此。记者在发问前，就需要考虑都可能获得什么样的回应或回答，这样可以为进一步提问做好准备。而在只有一次发问机会时（如在新闻发布会上提问），预测可能的回应或回答则能帮助记者更好地组织提问语言。

面对一个问题，采访对象有三种反应的可能：（1）无回应；（2）非回答回应；（3）回答回应。"无回应"是采访对象采取沉默或拒绝回答的方式应对问题。例如：

（1）记者：请问您对上届政府领导人的印象如何？

采访对象：我不想回答这个问题。

（2）记者：请问您年薪是多少？

采访对象假装没听见。

"非回答回应"指的是采访对象虽然对提问有反应，但没有回答问题，如说一些不相干的话，或幽默地回应、恐吓、说忘记了等。例如：

（1）记者：您认为漏油事故的缘由是什么呢？

采访对象：当然是"原油"啦，哈哈！

(2) 记者：请问您对"邓玉娇案"如何看？

采访对象：请问你是哪家报社的？

(3) 记者：请问您今年多大了？

采访对象：你当记者几年啦？

"回答回应"则指的是采访对象正面面对问题，但可能包括多种情况，如说谎、反问、回避关键信息、告知记者自己知道/不知道、记者"真正"想问什么、站在更高的道德阵地、巧妙转移话题、质疑记者动机、故意让回答很复杂，以及诚实回答问题等。例如：

(1) 记者：你如何看待西方媒体关于某政府高官的传闻？

采访对象：你怎么看呢？

(2) 记者：您如何评价今年一年来政府网管部门对大量微博的封杀和封号？

采访对象：你能不能换个问题，恐怕我回答不了。

(3) 记者：您认为事故发生到底是不是因为工作人员渎职？

采访对象：我们现在应该考虑的不是谁的责任，而是抢救井下遇险矿工生命。

有时候，采访对象是否说谎、是否回避关键信息并不是一眼就能判断。但当采访对象没有正面回答问题时，记者首先要审视自己：采访态度是否让对方感到威胁？例如，在一次关于艾滋病的新闻发布会上，一位记者问发言人：

记者：您虽然没有瞒报全国艾滋病感染人数，但在当前的禽流感中，卫生部有没有瞒报感染人数？

这样的问题明显地揭示出记者想要炒作的意图，也必然会引起回答者的不快，很难想象回答者会认真回答这种问题。但是，如果记者的目的是利用珍贵的机会获取到有用的信息，那么应该换一种方式问：

记者：艾滋病预防工作刻不容缓，但公众现在更关心的是禽流感疫情。您能否向大家介绍一下目前禽流感疫情状况，如感染人数的统计？

面对这样的问题，发言人会更乐意回答。

如果采访对象有意不正面回答问题，记者的一个对策就是重新组织语言，进行追问。当然，追问时，记者仍要保持真诚的态度，以寻求信息、理解不清楚的内容、消除对方疑虑为主要目的。

三、问题的类型

1. 按照信息分类的问题类型

依照获取信息的目的，问题可以分为：获取基本信息的问题、获取深度信息的问题、获取背景信息的问题、获取有关新闻意义评判信息的问题和获取个人信息的问题。这5方面的信息也是新闻采访写作中记者需要的信息类型。

基本信息问题针对的是事件本身，通过这类问题，记者要搞清楚有关事件的基本事实，如：发生了什么？怎么发生的？谁卷入了？谁参与了？在哪里发生的？什么时间发生的？等等。

深度信息问题更深一步，通过这类问题，记者探究事件的本质和发展，如：为什么会发生这个事件？谁应对此事负责？目前处理的情况如何？下一步的措施是什么？等等。

背景信息问题是探索事件发生的大环境，也就是尝试把一个单独的事件放在一个大背景下观察，这类问题常可以帮助记者挖掘新闻价值，如：过去有无类似事件发生？事件之间是否具有可比性？有无预防措施、政策？这些预防措施实施效果如何？等等。

意义信息问题与背景信息问题正好相反，它是考察事件对未来可能的影响，如：这个事件意味着什么？将会对什么（事、人等）产生影响？影响是什么样的？等等。

最后，个人信息问题是针对采访对象或报道人物的问题，如个人简历、职业、教育、人生故事、观点，等等。

2. 回忆型问题与思考型问题

回忆型问题要求被提问的人对信息进行简单的回忆，如"哪年上的大学？哪年毕业的？谁是你的导师？"等，这类问题不需要采访对象过高的思维活动。相对比，思考型问题要求被提问者进行一定程度的逻辑思考，如"您认为什么样的授课方式最有利于学生汲取知识？"。简单地说，回忆型问题索取的是事实，而思考型问题索取的是观点。

由于回忆型问题易于回答，回答一般也不会太长，采访对象不需要过多思考就能够回答问题，这给采访对象一个预热过程，也为回答更多的问题奠定基础、增添信心。如果一上来就是需要高强度思考的问题，采访会变得像一次考试，凭空增加采访对象的心理压力。而事实上，大部分采访对象不愿意、也没有精力花费时间为采访准备长篇大论。记者因此可以首先通过回忆型问题引导采访对象的思考，待采访对象进入状态后再提出复杂的问题。回忆型问题因为简单好答，它也可以让本来不愿意接受采访的人打开话匣子。

回忆型问题还可以过滤信源，让记者评估采访对象是不是能够提供自己需要的信息。例如，发生火灾后，记者需要目击者的引语，但却不能肯定采访的人是否真正目击到火灾发生时的状况，那么就可以问："火灾发生时，您在哪里？"这样的问题能帮助记者判断有没有必要继续问下去。

对比之下，思考型问题回答难度较大，记者一般会留在采访对象"预热"得差不多时再问。此外，思考型问题索取的是观点，因此也只针对特定的采访对象。当然，如果采访时间紧迫，采访对象熟悉采访话题，是这方面的权威专家，采访之前进行过充分的沟通，采访以思考型问题开始也未尝不可。

3. 封闭型问题与开放型问题

封闭型问题与开放型问题是大家比较熟悉的问题类型。所谓封闭型问题，就是回答已经被限定好的问题，或者只有一个回答，或者只能从一些选项中选择。例如：

你今年多大了(正面回答只可能有一个)？

你喜欢读书吗(正面回答只能是"喜欢"或"不喜欢",再充其量就是"还行"、"有时喜欢,有时不喜欢")？

你认为英国石油公司应该为墨西哥湾漏油事件负全部责任吗？应该还是不应该(正面回答只能是"应该"或"不应该")？

相对地,开放型问题没有预先设置好的回答框架,它给予回答者更高的自由度、更大的发挥空间和更多的主动权。开放型问题得到的回答往往要比封闭型问题得到的回答更多。例如：

你认为是什么原因导致事故发生？

除了打篮球外,你平时还从事什么消遣活动？

一般说来,封闭型问题因为预先设定了回答框架,因此可以让回答者只回答记者想知道的东西、想让采访对象说出口的东西。也就是说,精心设计的封闭型问题很容易做出新闻。

例如,前面提到的有关艾滋病的新闻发布会,记者的问题是：

记者：您虽然没有瞒报全国艾滋病感染人数,但在当前的禽流感中,卫生部有没有瞒报感染人数？

这个问题就是一个封闭型问题,回答者只能回答"有瞒报"或"没有瞒报"。虽然发言人对这个问题很不满意,但仍然回答了"没有"。第二天,该报纸头版头条的新闻标题是《卫生部长否认瞒报禽流感》。

但是,如果记者想要获得全面的信息,封闭型问题则显示出局限性。虽然封闭型问题看起来很简单,但许多事情的复杂程度要超出记者预先设置的框架,不能用简单的"有"或"没有"、"是"或"不是"就可以一下说清楚的。换句话说,封闭型回答有时候会压抑回答者。例如：

记者：您认为我国运动员在奥运会上的表现令人满意吗？

对于这样的问题,绝大多数人都会说"满意"。即使采访对象有不满意的地方,也会压抑不说了。就算记者追问,后面的回答也会被之前"满意"的回答牵制。

同样,回答者回答封闭型问题时,更容易说谎,因为说谎的成本低。例如："××公司提供三险一金吗？",只要有一个人有该公司提供的三险一金,回答就都可以是"提供"。但如果用开放型问题问："××公司提供员工的福利保障是什么？",回答者说谎的成本就增加了,他/她没法顺着问题回答,而必须说出自己的东西。

需要注意,一连串封闭型问题问下来,既不利于记者与采访对象平等互动,也会让一些采访对象反感。

开放型问题给回答者更多的空间提供信息、发表观点,问题本身就邀请采访对象详细介绍情况。因此,使用开放型问题,可以让采访对象打开话匣子,创造一种平等交流,对话式的采访气氛。通过开放型问题,记者可以发现新信息、新想法、新观点。例如：

记者：您如何衡量一个员工是否具有领导潜质呢？

采访对象：其实很简单。我会看他在谈话中使用"我"多，还是"我们"多。使用"我们"多的人，往往更能胜任领导工作。

记者：这个办法很有意思，您能更详细说说吗？

采访对象：常常用"我们"的人，以整体为重。他们考虑的是团队而不是个人。特别是在介绍功劳的时候，用"我们"的人不会强调自己的贡献，就算整个项目都是他们个人的功劳。但爱用"我"的人，以个人为重，对他们来说，与同事的竞争比合作更重要。在我看来，这样的人不适合做领导工作。当然，如果是发生问题，需要承担责任时，情况就不一样了。具有领导潜质的人会勇于承担责任，而不会推卸责任，这时他使用"我"更多。

但是，开放型问题不利于记者控制采访局面。采访对象回答开放型问题时，很可能说了很多，但没有提供什么对记者采写有用的信息。此外，开放型问题要求记者全神贯注倾听，从许多无用的信息中筛选出有用的信息跟进。因此，问开放型问题时，记者除了认真听，抓住重点追问，还要一开始就把开放型问题限定在记者想要知道信息的范围内，而不要问过于开放的问题。

4."感觉"问题

"感觉"问题就是询问回答人对某个事物的"感觉"，而不是"想法"或"观点"。例如：

你对目前试验的进展感到满意吗？

当你被困在井下时，感到过害怕吗？

现在你再回顾当时的作品，是什么感觉？

记者非常喜欢问"感觉"问题，这是因为，人们对某个事物不一定有什么观点，但必然都会有感觉。例如，房价上涨了，普通老百姓并不能人人都有一套理论解释、有深思熟虑的观点，但肯定都有一些心理反应、情绪，如"高兴"、"不高兴"、"满意"、"不满意"、"无所谓"，等等。询问对方的感觉，可以保证能够获得一个回答。因此当采访对象不愿意说话时，"感觉"问题就有了用武之地。

但是，"感觉"问题不可滥用。有时候，采访对象的感觉对报道没有意义；有时候，感觉还会影响记者公正地进行新闻报道。例如，发生了一起案件，记者如果过分关注受害者的感受，则可能在报道中突出、夸大受害者的不幸，这反而有碍司法公正（特别是嫌疑人还没有定罪时）。所以，无论是询问"感觉"，还是报道"感觉"，记者都要把握一个度，要问自己：对方的感觉对报道重要吗？我报道对方的感觉/心理情绪是合理的吗？

5."为什么"问题

记者挖掘新闻的一个方法就是问"为什么"，甚至一连问5个"为什么"——经常询问"为什么"有助于记者发现事物的本质和新闻价值。但在采访中提问，"为什么"问题属于"危险问题"。这是因为，"为什么"问题听起来很生硬、很像审问、很像老师教训学生。例如：

为什么你这么想？
你为什么说他不适合做医生？
为什么你认为美联储应该降低利率？

也就是说，"为什么"问题本身没有过错，但发问的语气常含有盘问的态度，有攻击性，令回答者感到不快。盘根问底是记者的职业，找出"为什么"更是报道的主要目标之一。但在提问时，记者要避免生硬地问"为什么"，而把"为什么"问题转化成攻击性不那么强，听起来不那么刺耳的问题。例如：

你这么想，有没有什么原因呢？
你说他不适合做医生，能更详细解释一下吗？
你认为美联储应该降低利率，这和大部分人的观点都不一样，是否可以说明一下？

这样，换种方式问"为什么"问题，可以让采访对象放松下来，而不会被记者咄咄逼人的态度分散注意力。

四、提问的技巧

1. 用回忆型、封闭型问题限制回答范围

用回忆型、封闭型问题限制回答范围有些类似警察审问疑犯，或律师盘问证人。使用这种技巧时，提问者心中都有一个明确的目标，也就是通过一系列已经设计好的问题，让回答者说出提问者想让对方说出的回答。这有些类似下棋，开始的问题往往听起来很"无辜"，但却一步一步把回答者引入"死局"。这种技巧的关键在于让回答者的回答揭示出事物的自相矛盾。例如：

记者：您是 2004 年成为首相的吧？
采访对象：是的。
记者：您当时在就职演说中说，你要毫无私心地为这个国家服务。您做到了吗？
采访对象：我一直在这么做。
记者：但最近媒体揭露，您的家人首先富裕起来了。是这样吗？
采访对象：……

使用这种技巧，意味着记者心中已经有了一个目标，而一系列的问题都是慢慢把采访对象引向这个目标，也就是说，先有结论，再去论证。因此，记者在如此提问前，要保证这个结论是合理的，要避免先入为主，没有确凿证据就盖棺定论。这种提问技巧通常使用在负面采访中。

2. 提选择题型问题

选择题型问题也是限制采访对象的回答范围，如果回答者不能跳出记者提供的框架，无论怎么选择，都会落入问题的圈套。例如：

对于这次煤矿透水事故,您认为应该是严惩责任人还是赔偿受难者家属?

您公司的员工屡屡自杀,您是觉得自己在管理上负有责任,还是员工心理素质不高?

一年前您在这里说过,有点担心中国在美国的资产安全,请问您今天是一样的担心?更担心?比较放心?还是有信心(2010年全国人大记者会温家宝答记者提问的路透社记者的一个问题)?

选择题型问题也通常出现在负面采访中。同样,记者在问题中提供的选择体现了记者本人的假设和报道框架。但是,选择题型问题不像回忆型、封闭型问题设的局,选择题型问题较容易辨认,也更容易应对。

3. 借助第三方提问

借助第三方提问是记者经常使用的提问技巧。在问题中提出第三方,会减弱记者与采访对象之间的张力,而记者则躲在第三方后提问,或让采访对象躲在第三方后回答。例如,一位意大利记者采访邓小平时问:

据说,毛主席经常抱怨您不大听他的话,不喜欢您,这是否是真的?

借助第三方提问,记者可以提出一些尖锐的问题而不必担心采访对象生记者的气。这类问题常常以"我听说"、"据说"、"据我所知"等开头。特别是当记者需要采访对象解释一些具有冲突性、争议性的观点时,借助第三方提问能让采访对象把注意力集中在问题上,而不会让对方觉得记者是来找茬儿的、来辩论的。例如:

您因倡导小额贷款获得诺贝尔和平奖,但印度政府指责您在向穷人发放高利贷,您如何看待这种批评?

对比:

您的小额信贷是向穷人放高利贷,您可否解释一下?

4. 设立虚拟情境

这种提问方式,就是在问题中假设一个虚拟情境,然后询问会发生什么或会如何应对,即"如果……会怎么样?"。例如:

如果北京市房价继续上涨,市政府会采取什么调控措施?

您多次说过,中国绝不容忍台湾"独立",很快台湾地区将举行选举和公投,如果公投当中的议案被通过,也就是说选民通过选票认为应该以"台湾"的名义申请加入联合国的话,中国政府是否会认为这等同于事实上的"台独"宣言?是否会采取行动来制止这一做法?另外,现在陈水扁即将下台,您认为是否您和未来台湾新的领导人进行对话会出现更为光明的前景(2008年全国人大记者会温家宝答中外记者中CNN记者的一个问题)?

5. 激将法提问

激将法提问就是记者通过提问的表述,刺激采访对象说话。激将法可以是正面的,如记者希望采访对象能够表达观点意见：

记者：您能谈谈当年您被白宫解职时的情况吗？

采访对象：这件事已经过去了。我不想旧事重提了。

记者：您当时被解职，主要是因为您"高估"了美国发动战争的成本。但现在事实证明，您是正确的。但是，解职这件事，对您的事业和声誉都造成了不利影响，许多人现在都还不清楚您被解职的真正原因。您不想给您的支持者一个令人满意的交代吗？

采访对象：……那好吧。我就说一点。当时的情况是……

记者要避免故意激怒采访对象来制造新闻。加拿大广播公司调查记者哈维·卡舒尔说："不要拷问采访对象，不要和采访对象争论。虽然赢了一场辩论让人很满足，但对记者却没什么帮助。吵架很有戏剧性，但却代表了不彻底的调查。当我很想去和进攻性强或躲躲闪闪的信源争论时，我会问自己：这能帮助我获得更多的信息，还是更少的信息？你也许能直接看出信源说谎，但争论和拷问会让信源难堪、生气。你以后再想采访就难了。[①]"

6. 变换方式问同一个问题

采访对象在回答时会回避一些关键问题，这就需要记者刨根问底，变换方式问同一个问题。例如：

记者：已经有6个病人在接受手术后出现半身不遂，院方认为这是什么原因导致的？

采访对象：我们现在还在调查之中。有了结果，我们会通知你。

记者：这6个病人都是同一个医生做的手术吗？

采访对象：不是。

记者：这6个病人都是因为同样的原因做手术吗？

采访对象：也不是。

记者：他们都是在上一个月做的手术吧？

采访对象：是的。

记者：那这和他们使用的麻醉剂有关吗？

采访对象：现在还不能排除。

记者：他们使用的麻醉剂是同一家生产商生产的吗？

采访对象：是的。

记者：是同一个批次吗？

采访对象：不是。

记者：有没有发现其他医院有类似的情况出现？

采访对象：据我所知没有。请放心，我们和你一样关心这个原因。但是，现在没有找出

---

① Dana Lacey：" A Guide to Investigating Anything". The Canadian Journalism Project. June 8, 2010. http://www.j－source.ca/english_new/detail.php? id=5167.

真正原因之前还不能过早下结论。等我们发现问题关键后,一定会通知你的。

在上面这个例子中,记者并不满意采访对象一开始给的回答,因此更加具体地询问同一个问题。虽然采访最后,记者还是没有找到真正的原因,但是记者获得了更多的信息,这比"找原因"更重要。

7. 抓关键字提问

抓关键字提问就是利用采访对象回答中的一些关键词语、概念继续提问。这种提问方式可以推动采访的进行,让采访对象认识到记者在认真倾听。有时候,抓关键字提问也可以让记者跟进重要线索或澄清模糊的概念。例如:

记者:您最初构思这部小说的时候是怎么获得灵感的?

采访对象:我有一天做了一个梦,梦里有个精灵在我床边跳舞。起来后,我就突然有了灵感,用这个作为小说的开头。但我早就想写一部幻想小说了,小说中的很多情节都是积累了很久的素材。

记者:说到幻想小说,您之前一直以写犯罪小说为主。这次应该是您第一次涉足幻想小说,您会担心小说不受欢迎吗?

8. 问数字问题

数字当中常会隐藏着有趣的信息,记者要培养对数字的敏感,善于问数字问题。当遇到总数时,看看平均一下会是什么样;遇到单位数字时,看看总数是什么样;遇到百分比时,看看变成数字是什么样。例如:

您这3年来,共发表了40篇论文,那就是平均一个月1.1篇论文。您是一篇接着一篇写,还是同时写好几篇论文?

您说您每天能走5公里,那么从出发地点到朝圣地共有2000公里,这就意味着要起码走400天才能到。您这400天的食宿都怎么解决呢?

贵校的就业率据称是10年来一直保持在98%。贵校每年约有2000名本科生毕业,那么这10年来就有大约400人本科毕业时没有工作。学校如何解决这400人的工作问题呢?

但是,数字、百分比等如果不放在正确的语境中理解,也会产生诱导或导致错误信息的出现。看到、听到一个数字,要想想它背后可能代表了什么、意味着什么。这能让你发现更多的新闻线索。

五、为什么要积极倾听

在采访中,提问和倾听是记者最重要的技能,也是记者获取信息最直接有效的手段。提问和倾听有着相辅相成的作用,有了好的问题,才会有好的回答;有了好的倾听,才能抓住有用的信息;抓住了有用的信息,才能继续提出更好的问题。只要你肯去问,聪明地问,耐心倾听,采访对象就会告诉你更多,包括你意想不到的事情,包括本以为获不到的信息。

听可以分为两种，一种是消极被动地听；另一种听是积极主动地听，也就是倾听。在日常生活中，我们更多地是被动地听。只有话题特别引起我们的兴趣时，我们才会倾听。即使是这样，倾听的效果也时常不尽如人意。

记者采访时必须要克服一般人听的局限，不仅倾听，还要一边听一边思考。这是因为，通过倾听，记者可以获取信息、了解他人的故事、学习他人的经验和知识、拓宽视野、批判性地接受信息等。更重要的是，倾听本身就是一种表态，记者认真听采访对象的话，体现了对采访对象的尊重、对采访内容的好奇心、鼓励采访对象多透露一些信息，并利用倾听建立记者与采访对象的良好对话关系。

有些记者比其他记者更善于挖掘信息，这往往得益于他们倾听的本领。这些记者，问题并不一定很多，也并不一定很尖锐，但他们能够做到认真倾听，给予采访对象及时的回应。想一下你自己，你是愿意对一个一边听你说话一边玩手机的人多说呢，还是愿意对一个认真倾听的人多说呢？也就是说，倾听有时比提问更重要。

每次采访后，你不妨总结一下自己的倾听。下面这些问题可以帮助你发现倾听中可以改进的地方，提高下次采访中的倾听：

- 我是否心里自己跟自己说话？
- 我是否认为自己正确，对方错误？
- 我是否认为自己比对方强？
- 我是否想强烈获得注意？
- 我是否对对方报有成见、偏见？
- 如果对方曾经批评过我，我是否在意？
- 我是否已经知道对方要讲的内容？
- 我是否不愿意看到对方的样子？
- 我是否对对方进行价值判断、道德评判？
- 我是否崇拜对方，把对方的每一句话都当作真理？
- 我是否认为对方是个愚蠢的人？
- 我听对方讲话是否跟听其他人讲话一个态度？

六、倾听的方法

倾听是一项艰苦的工作，它要求倾听者既能从沙土中挖掘出金子，又能保持一种公正、开放的态度让讲话人愿意说下去，同时还能引导讲话人说自己想要知道的东西。换句话说，一个好的倾听者是积极主动地听，思考自己听到的东西，用其他的论据来衡量说话人的观点，不仅听表面文字意思，还要听背后隐藏的意思，并通过反馈传达自己希望更准确了解说话人意思的态度。相反，不善于倾听的人不考虑信息背后的深层含义，对说话人、话题不感兴趣，同时还容易被一些细枝末节、无关紧要的事分散注意力。

无论你认为倾听是一件简单容易的事情，还是一件复杂困难的事情，想要提高倾听技能都需要有意识地训练自己。同其他所有技能一样,首先你需要认识到自己需要这项技能。而有了这种心态,倾听能力才可能慢慢成为你记者职业能力的有机组成。

1. 准备倾听

如果深究起来,在一次采访中,记者可以关注的事情实在太多了:采访的环境(时间、地点、场景等)、说话人的外貌特征、动作特征、神态、表情、采访对象具体说了什么、言外之意是什么,等等。无论一个人有多聪明,注意力也是有限的,而很多东西对最后的新闻产品是无用的。因此,记者在准备采访时,还要策划倾听,也就是判断什么是要重点倾听的东西。这就好比给大脑上了发条,一旦听到重要部分,大脑立刻会响起警报。

例如,如果是想从采访对象那里获得事实类信息,那么记者需要判断什么是关键事实。同样,如果是想从采访对象那儿获得观点类信息,记者就要预测采访对象可能有什么观点,同时也要了解一下这个观点的支持证据是什么、反对证据是什么。

2. 关注变化

正是因为在一次采访中,可以注意的东西太多,记者除了准备倾听外,倾听时要对"变化"格外注意。所谓"变化",就是采访对象在声音、语调、语速、肢体语言、表情、用词等方面突然发生转变的时刻。"变化"意味着说话人的心境、情绪有所转变,而记者要敏感关注这种转变。

首先,在采访开始的"预热"问题中,记者要快速地对采访对象建立一个"基准",这将成为判断"变化"的标准。例如,采访对象在回答预热问题时,语调平稳、语速中等,那么如果一旦回答后面某个问题时,采访对象忽然语调上升、语速加快,记者立刻就可以知道在这里需要认真倾听、仔细观察。即使采访对象一开始很紧张,说话颤抖,这也是一个基准。因为当紧张消失时,记者就可以判断问题要不是采访对象有充分准备的,要不就是对方已经放松下来,愿意透露更多信息了。

其次,当"变化"产生时,记者还要粗略判断变化出现的可能原因。注意,这里说的是"粗略",是因为记者不可能任何时候都准确知道讲话人的意图,而一些训练有素的采访对象能够很好地隐藏自己的意图。之所以要粗略判断,是为记者及时对这种变化予以反馈提供帮助。例如:

记者:您说艾滋病检测率不高,为什么会出现这种现象呢?
(采访对象忽然皱起眉头,身体略微前倾,提高音调。)
采访对象:还不是因为在我国存在着对艾滋病感染者严重的歧视!
(记者已经可以判断这个问题触及采访对象的"敏感神经",需要认真倾听。)
记者:您能更详细地说一下吗?

注意,无论记者是否同意采访对象的观点,都要让对方把话说完,这有助于记者全面理解采访对象的话,也是对对方的尊重。只有当采访对象反复重复一件事、一个观点、严重跑题时才打断对方。

此外,尽量避免直言不讳地指出对方采访时的情绪。一是你的判断不一定准确;二是这会引起采访对象不必要的警惕或不快。例如:

记者:您看起来似乎很生气。您能更详细地说一下吗?

采访对象:你才生气了呢。我没有生气!

(采访很难继续下去了)

3. 通过提问、陈述强化倾听

记者可以通过提问或陈述,鼓励采访对象继续说下去,表达自己倾听的兴趣。例如:

真有意思,那后来怎么样了?

您能举个例子吗?

您当时一定很为难吧?那您是怎么做的?

这么大的事,那您有没有想过要去报警?

记者也可以通过提问或陈述,挖掘采访对象话中的"言外之意"、"话外音"。例如:

您有没有对自己的决定后悔?

提问或陈述还可以帮助记者总结、重复刚才听到的内容。如果有不准确的理解,采访对象可以及时更正。例如:

那您的意思实际上就是,不能用纳税人的钱来拯救资本家?

我对您说的理解是,现在最重要的解决办法就是提供足够的物资。

最后,追问也是倾听的表现。当记者发现更新的、更重要的或有争议的问题,发现对方话中有错误、矛盾或怀疑采访对象试图掩盖问题时,记者要及时跟进追问。例如:

您说的"情况"、"安排"究竟是什么?能不能说细一点?

课堂情境模拟练习

某外商企业罢工。采写一条500字的新闻报道。第一步:请任课教师、助教等充当采访对象,分别是罢工组织者张三,工会主席李四和公司总裁约翰·史密斯。具体细节可以合理想象;第二步:同学们用5分钟时间准备采访问题;第三步:同学们提问采访,时间15分钟;第四步:教师点评同学们的提问;第五步:根据提问过程中获得的信息,每个同学写一篇300字以内的新闻报道。

第12讲

采访的类型

本讲重点学习的知识与技能

- 中性采访：事实型采访、求证型采访、平衡型采访
- 正面采访
- 负面采访：冲突型采访、构陷型采访、一边倒采访、埋伏采访
- 隐形采访

2010年5月8日,英国天空新闻(Sky News)的一位明星主持人凯·波利(Key Burley)遭到了微博网民的批评。原因是,她在采访一位游说改革选举制度的负责人大卫·巴伯(David Babbs)时态度傲慢,不断打断对方讲话,言语中充满了攻击性。

采访时,她对巴伯说:"你的观点不可能改变那些正偷偷议论此事的人的想法,不是吗?""公众已经投票产生了一个无多数议会。我们已经得到了我们投票想要的结果……所以你们今天在威斯敏斯特大街前游行不可能改变任何事。"波利还不断询问巴伯为什么其他人要抗议,并说:"你干吗不回家去好好看我们的天空新闻呢?"

网民们批评波利在采访时居高临下,提问中含有政治议程。一些情绪激动的抗议者高喊:"开除波利!看BBC!"[①]

上面这个故事中,主持人凯·波利对大卫·巴伯的采访就是负面采访。负面采访在电视、广播、报纸、杂志、互联网上越来越常见——大家喜欢看吵架,喜欢看发生冲突。但是,记者的本职工作是挖掘事实、报道事实。在上面的采访中,波利对采访对象冷嘲热讽。好记者通过问题赢得受众,而不是通过傲慢的态度、挖苦讽刺采访对象赢得受众。

本讲从记者采写目的和采访态度,分别介绍中性采访、正面采访、负面采访和隐性采访。在学习本讲时,要注意记者的提问,并思考:记者报道的目的是如何影响记者采访的行为的?

一、采访的类型

按照采访渠道分,采访可以有面对面采访、视频采访、电话采访、电子邮件采访以及短信采访。这5种采访方式各有利弊,记者选择时要尽量扬长避短。

从记者可获得信息多样性的角度看,电话采访、电子邮件采访和短信采访的信息多样性较低,也就是记者只能听或者只能阅读,而不能看见采访对象或观察周围环境。而这对于采访对象也是一样。例如电话采访,记者虽然可以克服空间障碍,可通过电话在全世界范围内寻找合适的采访对象,还可以一边采访一边敲键盘记录,但这种采访形式不利于培养记者与采访对象之间的信任,不便于长时间深入采访,此外,敲击键盘的声音会让采访对象不安,说话也会更谨慎,有的采访对象甚至会要求马上结束采访。电子邮件采访,虽然记者可以很好地构思问题,可以低成本地采访世界各地的人,但这种采访被忽略的可能性更高,即使是得到答复,也是经过精心准备、过滤的回答,有时记者甚至根本不能确定回信的人是自己想要采访的人。而短信采访一般只能局限在国内,无论是提问还是回答,都不可能太长。同样,用短信发送的问题,被忽略的可能性也较高。因此,只要可能,首选面对面采访或视频采访,有条件限制时再考虑电话采访,尽量避免电子邮件采访和短信采访。

[①] BenQuinn: "Kay Burley Criticised over 'Aggressive' Interview", The Guardian - The Observer, May 9, 2010. http://www.guardian.co.uk/media/2010/may/09/kay-burley.

根据记者对回答的控制程度,采访还分为高控制采访和低控制采访。高控制采访中,记者有十分明确的信息目标,问题是已经设计好的,记者也不需要采访对象过度发挥。例如,市政府通过一项民生政策,记者随机拦截采访,询问市民看法。低控制采访中,记者大体知道想要了解什么,但给予采访对象发挥的余地,让采访对象多说,而自己作为倾听者,鼓励采访对象说下去。这种采访常见于人物专访,或者一些生活娱乐类的电视访谈节目。不过,大部分采访还是处于两种之间。

而从不同媒体看,采访可以分为明日报纸消息采访、出镜出声采访和深度报道采访。明日报纸消息采访多见于文字报道,记者的目的是获取事实和观点,采访本身并不会太长。出镜出声采访是广播、电视常用的采访方式,采访全过程或片段会出现在广播或电视节目中。出镜出声采访可分为直播采访(采访的同时就播出)和录播采访(采访经过剪辑后播出)。深度报道采访既可能出现在平面媒体,也可能出现在广电媒体。这类采访的主要目的是深层次地挖掘事件或人物。虽然采访中的许多对话都不会出现在新闻报道中,但需要记者精心准备问题,了解有关背景知识,而采访时间也会相对更长。

这里特别提一下广播、电视的直播采访(或实况采访)。这类采访无论对于记者还是对于采访对象都有很高要求。新闻实习生和初为记者的人较少有直播采访的机会,他们必须在积累了丰富的采访经验和显示了临场发挥的能力后才能胜任这项工作。同样,进行这类采访也要精心选择采访对象,以前没有接受过采访或者一公开讲话就会紧张的人往往不是直播采访的理想对象。

直播采访往往没有"预热"过程,记者一上来就会直切主题,否则很难吸引观众、听众的注意力。因此,记者的第一个问题是关键,它既需要一下子抓住观众、听众的兴趣,也让采访对象能回答上来。直播采访前,最好和采访对象通通气,让对方对第一个问题有所准备。

此外,记者还要对直播采访中可能出现的意外做好两手准备。例如,采访对象突然不知道该说什么了,记者要能及时转移话题;采访对象说不清楚、重复、啰嗦时,记者要能及时打断对方,帮助对方做一个归纳总结;而采访对象说个没完没了,或者不给其他采访对象讲话机会时,记者还要能巧妙地提示对方,或有技巧地打断对方。

按照记者的采访目的以及采访态度,采访还可以分为中性采访、正面采访、负面采访和隐性采访。这也是我们这一讲的重点内容。

二、中性采访

中性采访即记者本着中立、客观、开放的态度采访。在采访中,记者本人不用预设的个人观点左右采访的方向与进程,记者的目的就是获取信息(事实及观点),采访中,记者也不会对各种信息强加或暗示结论式的评价(如正确的、错误的、好的、坏的、道德的、不道德的等)。即使有评论,记者的目的也是希望采访对象能够更多透露信息或澄清含糊的地方。

第 12 讲 采访的类型　167

中性采访的分类

中性采访可以分为事实型采访、求证型采访和平衡型采访。事实型采访也可以理解为获取信息型采访,记者的任务是寻找事实、核实事实;采访的目的是为了获得更多、更深入、更广阔的信息和解释。例如下面这篇新闻报道中的引语,就来自于事实型采访:

【案例 12-1】①

阿尔法磁谱仪明晨的升空令 72 岁的粒子物理学家何祚庥院士兴奋不已。他在理论上探讨论证了 20 年的宇宙中的暗物质将得到一次科学实验上的重要检验。

由中国、美国、俄罗斯等 10 多个国家和地区 37 个研究机构参加研制的这一宇宙探测仪器将于明天北京时间 6 时 10 分由美国"发现号"航天飞机带上太空,其主要使命是测定大气层以外空间原始宇宙射线的成分并探测科学假说中的反物质和暗物质是否存在。"如果能证明暗物质的存在,这对研究宇宙的结构、开发宇宙资源、寻找地外生命等都许多重要问题的研究将有非常大的意义,"这位中科院理论物理研究所的研究员说。

这位满头银发的老人说起话来铿锵有力,充满着激情和活力。在回答记者提问时,他双脚不停地挪动,有时还把一只脚高高地放到桌子上。

……

请注意,在对中性采访的定义中,我们提到记者在采访中不用自己的观点左右采访进程,而是做一个耐心的倾听者。但这并不意味着记者采访前(后)没有报道框架。美国 CNN 记者麦白柯也采访过何祚庥院士。下面是采访记录,阅读时请思考:记者的报道框架可能是什么?记者为什么要问这些问题?记者问的是什么类型的问题?

【案例 12-2】②

1998 年 6 月 5 日一早,北京中关村 812 楼。美国记者来了。准备灯光准备了半天。"实在不好意思,把你们家弄乱了。"记者说。

"准备好了吗?准备好了就开始吧。"何祚庥说。

年轻的麦白柯笑眯眯地开始了她的采访:

麦白柯:中国是哪一天爆炸第一颗原子弹的?

何祚庥:1964 年 10 月 14 日。这个日子我记得非常清楚,中国爆炸原子弹那天,塔斯社报道

---

① 李希光:《寻找宇宙暗物质的人》,新华社 1998 年 6 月 2 日。
② 李希光记录、整理、翻译。1998 年 6 月。

(续)

赫鲁晓夫下台。我们这边爆炸原子弹,苏联那边塔斯社报道赫鲁晓夫下台。有人说是中国的原子弹把赫鲁晓夫赶下台的。

麦白柯:苏联不喜欢?

何祚庥:他们认为是我们的原子弹把赫鲁晓夫赶下了台。因为两件事情凑在一起,在全世界就轰动了。中国爆炸原子弹是大家关注的。今天印度爆炸原子弹一样,人们很关注,巴基斯坦爆炸原子弹大家也关注。

麦白柯:您在哪里读的大学?

何祚庥:我在北京的清华大学,离这不远。国家1954年年底决定搞原子能研究,其实就是搞核武器研究。那个时候是秘密的,现在都已经公开了。

麦白柯:你可以讲讲当时为什么要做原子弹?

何祚庥:可以讲。我不是决定者,但后来参加研究大概知道一些。

麦白柯:您当时在做物理研究,突然有一天得到通知去做核武器研究,心里是什么感觉?

何祚庥:如果讲得更准确一点,我已经预见到会有这个通知。因为我们写了一个报告,表示愿意参加这个研究工作。1959年、1960年,我们在苏联杜布纳核子研究所做核子研究,我在那做理论研究……

麦白柯:在国外,有年轻人问老科学家,核武器本来是杀人的,但你为什么想做核武器?您怎么回答这个问题?

何祚庥:要从现在的观点来看,我赞成全面彻底禁止和销毁核武器。但是,在当初那个时候搞原子弹首先是贵国封锁的后果。我记得1954年中美在朝鲜战场上签定停战协定。但是,在停战协定签署以前,当时在美国国内有人多次叫喊要用原子弹对付中共。不要以为只是空洞叫喊一下,美国人每叫喊一次,我们在前方的部队就要想好各种对策,把洞挖得更深一点,或是部队调动一下……

另一种中性采访——求证型采访,目的是对某件事情进行求证、核实。有一些新闻事件,在新闻六要素上有许多不清楚的地方(谁?什么?什么时间?什么地点?怎么发生的?为什么发生?),有的甚至连是否真的发生了也存在很大疑点。记者为了真实报道,不能偏听偏信,因此要对事实进行求证和核实。特别是报道有许多疑点的或高度敏感的新闻事件,是否求证和核实是对记者职业道德的考验。

【案例12-3】

1998年10月28日上午,一架由北京国际机场起飞经由昆明飞往仰光的中国国际民航班机被劫持到中国台湾。上午11时许,外电和中国台湾电视台开始陆续报道了这一事件。11时10分左右,新华社对外部值班室立即召集负责突发性事件报道的记者和编辑商量对策,同时进入状态,开始用电话联系采访。通过查询很快得到有关主管部门的两个红机号码,但是连拨数次均无人接电话。10分钟以后电话拨通,但接电话人先是说他们不知道有这回事,经记者强调外电已经纷纷报道,新华社作为国家通讯社不能不做出反应时,对方回答这事他们不管,在记者反复追问下,对方推说要找他们的宣传部门,等电话打到宣传部门,得到的回答是:"情况还不清楚,他

（续）

们没有研究,请听候电话。"

与此同时,大约11时30分,中国台湾电视台开始直播,新华社值班人员根据外电和电视台的报道写成英文快讯和中文消息,等待签发。一个多小时过去了,记者连续给有关主管部门打了十几次电话,仍然没有下文,对方竟不愿证实有无此事。在万般无奈的情况下,经请示总编室,新华社对外部于12时30分发出第一条英文快讯,12时44分播发中文消息,12时46分播出英文详讯。整整比外电晚了近两个小时。

一架中国民航客机被劫持到中国台湾

新华社北京十月二十八日电（记者李努尔、聂晓阳） 一架从北京飞往昆明的CA905班机今天上午被劫持到中国台湾,目前飞机已经安全降落在台湾桃园中正国际机场。

据称,这架编号为B2949的波音737型民航客机载有95名乘客,其中20名为外籍人士。机上共有9名机组人员。初步证实,劫机嫌疑犯为该次航班机长。他的妻子也在该次航班上。

事实上,飞机于8时5分起飞,9时15分中国航管中心已经接到飞机被劫持的信息,并通过中国民航公司开始与中国台湾方面进行联系。10时30分该机打出劫机码,宣布遭到劫机。而有关主管部门出于部门保护,却迟迟不肯透漏风声。特别不能令记者满意的是,记者在后续报道过程中再次与该部门联系时遭到拒绝,而且还责怪新华社竟然把劫机犯的姓名也报道出去。直至下午1时整,新华社对外部才收到有关部门发来的一条缺乏新闻基本要素且一篇失去新闻价值和实效的"钦定稿"。对照一下前后发出的两条消息,实在令人费解:

有关部门来稿:

中国国际航空公司一架客机被劫飞台

新华社北京10月28八日电 有关方面证实:10月28日上午,中国国际航空公司CA905航班波音737/2949号飞机执行北京至昆明航班任务,中途被劫持飞往中国台湾,于11点17分在台北桃园机场安全降落。

据悉,机上旅客95人。(完)

平衡型采访是出于新闻公正、平衡报道的原则。一些新闻报道会涉及有关某些人或机构的负面新闻。因此记者必须在发表前,采访被涉及的人或机构,给他们在新闻报道中为自己充分辩护的机会。平衡型采访往往能获得意想不到的收获,它可以让记者得到更完整、更准确的事实。进行平衡型采访,可以更正一篇不公正的报道,从而避免一场新闻冤案的发生。有时候,平衡型采访只是为了得到多方面的看法,而不只是在新闻报道中突出某一方的观点和立场。例如:

【案例12-4】①

房屋管理专家建议,北京市政府应征收空房税以降低北京市的空房率,让更多有需要的人有

---

① Shen Jingting: "Tax on Vacant Homes Proposed", China Daily, MetroBeijing. July 22, 2010. Page M2. 原稿为英文。

（续）

房可住。

"房屋不应该沦为投机者的炒作对象。房屋更主要的目的是为人们提供住处。"北京人大代表卫爱民说。

（……）

"全市人口众多，但土地资源很少，我们不能对空房坐视不管。"卫说。

（……）

但是，许多拥有多套房屋的业主对卫的提议表示不满。

（……）

"外国人可以永久拥有房屋的所有权，但我们只能拥有70年。我们的权利已经是有限的了，为什么国家还要拿走更多？这不公平，"杨说。

三、正面采访

正面采访就是记者通过采访与信源/采访对象建立和谐、融洽、信任的氛围，引导采访对象坦诚、直截了当地说出自己的故事和真心话。这样的采访中，采访对象越是放松，就越愿意多透露信息给记者。正面采访常见于人物专访中。下面的采访片段取自杨澜采访查良镛（金庸）的记录，在阅读的时候，请重点观察杨澜是如何引导采访对象的：

【案例12-5】①

……

杨澜：您在最初写小说的时候，有没有想过要去创立一个通俗文学的新领域，或者是要抱着什么文学使命来进行创作？还是当时觉得，要生存下去就要多写一些东西？

查良镛：我在报纸上写，报纸是很群众性的工具，有群众接受，你才有意义。如果你都在写古文，写的深奥的不得了，只有两三个批评家喜欢，把你捧得很高，群众却看不懂，他们就不会喜欢。

杨澜：您的15部作品的确部部脍炙人口。我看见您办公室门口贴着一副对联，正好是其中14部的第一个字组成的："飞雪连天射白鹿，笑书神侠倚碧鸳。"那15部作品我都看了，在1955年创作的您的处女作《书剑恩仇录》里有一个陈家洛的形象，让我们联想到《水浒》里的宋江，他们的性格好像都有很多矛盾的东西。《水浒》连续剧在大陆播出的时候，许多人对宋江成天要招安咬牙切齿。在您的小说中，其实也写到陈家洛是有这种矛盾心理的旧世英雄人物。

查良镛：对，陈家洛的出身门第比宋江高，所以他的书生气，或者说贵族气比宋江还要厉害。宋江是一个小吏，相当平民化的，而陈家洛地位比较高一点，所以他的封建思想也更厉害一点。

……

---

① 节选自杨澜采访查良镛先生——《与查大侠侃大山》，凤凰电视台，《杨澜工作室》，1998年4月。

四、负面采访

负面采访指的是记者用不友好的,或具有攻击性的态度采访信源。负面采访可以很隐蔽,只是在问题中含沙射影,也可以很公开,直接在话语中透露出不客气的态度。一般来说,采访对象都能够敏感地察觉记者的用意,但不一定能够很好地应对。

负面采访出现的原因是因为记者或其所在媒体在采访前就已经有了负面报道框架,采访的目的不是为了通过采访寻求事实,而是为了让采访本身成为佐证。我们不赞成记者先得结论,再去用采访证明这个结论的方式——记者应该先收集事实,再得结论。但是,由于媒体要吸引受众眼球,要有发行量、收视率才能生存,负面采访并不少见。

负面采访可以分为四类:冲突型采访、构陷型采访、一边倒型采访和埋伏型采访。下面就对它们一一介绍。

负面采访的分类

冲突型采访的目的是为了让争议双方激烈辩论,常见于广播、电视,记者或主持人把持有完全对立观点的人聚集在一起,通过一系列设计好的问题引发双方产生争论。这样可以制造出吸引人的新闻节目,引起受众浓厚的兴趣。

【案例 12-6】

1999 年 5 月 12 日上午,正当北京市民迎接三位中国记者的遗体归来的时刻,美国听众最多的全国公共广播电台(NPR)在其新闻热线节目开了一个特别节目:《热线中国》。通过主持人的采访,人们看到主持人通过新闻背景介绍、讲解、提问引导、打断别人的话和对听众的选择,来制造冲突。下面是采访部分节选。

主持人:我是 NPR 新闻热线主持人克里斯托·赖登。北约误炸中国使馆在中国引起生气是不难想象的,但是令人不理解的是,为什么中国政府在煽动这场抗议的烈火?为什么北京的防暴警察对抗议者往使馆扔石头,扔水泥块,甚至汽油炸弹视若无睹?不加制止?今天,国家控制的《人民日报》报道了北约和美国官员对误炸的道歉,但那是在第 6 版.这张报纸的头版是攻击误炸为"野蛮的罪行"并称北约是"首要罪犯"。许多理由可以认定这是一场政府导演的抗议活动。他们也许利用这场抗议是为释放美国对中国盗窃核技术和卫星技术指责的气愤,也许是为了压制中国人对入关的热情。在这个小时里,我们将讨论在中国的示威。跟我坐在播音室里的客人是哈佛大学肯尼迪学院研究员李希光、普林斯顿大学东亚研究中心的林培瑞教授和《毛泽东传》的作者罗斯·泰里尔将分别通过电话参加讨论。各位听众,你们是如何看待这场示威?你们看

（续）

到的是一个很可笑的动机吗？是感情的真实流露吗？请打热线电话：1-800-423-8255，讨论热线中国。

主持人：李希光，你作为一个在美国的外国人是如何看待这场新闻的？如何看待扔石头的人？如何看待中国政府的作用？为什么中国政府宽容这些抗议者？这里包含一种什么信息？

李希光：这里包含的信息是明摆着的。今天早上，我翻开《纽约时报》，我看到美国驻华大使尚慕杰的巨幅照片登在上面，看到他被困在使馆的照片，任何一个美国读者看了这张极富煽情的照片都会对他和美国使馆表示最深切的同情、可怜和遗憾，对中国人表示怨恨，更不会因此产生对中国使馆惨遭轰炸和中国记者遇难的同情。遗憾的是，为什么《纽约时报》从来没有刊登过一张遇难的中国三名记者的照片？我现在想向收音机前面的听众提一个问题：你们中能有一个人知道遇难的中国记者的名字吗？请现在打电话告诉我。如果，你们不知道他们的名字，为什么？是什么原因？如果你们在包括《纽约时报》在内的任何一家美国报纸看到他们的照片，请现在打电话告诉我（主持人打断）。

主持人：你说得这些究竟与这场愤怒有什么关系？难道《纽约时报》不报道他们的故事和刊登他们的照片，就该生气吗？大多数美国人不知道这三个中国人的名字，他们同样也不知道被南斯拉夫俘虏的三个美国士兵的名字。你承认不承认是中国政府和传媒在煽动这场抗议示威？

李希光：克林顿政府在北约杀害三个中国记者后，如果自己不能亲自来，为什么不能派一个特使去这几个受害者的家庭登门赔礼道歉，向他们的亲属诚恳地表明他的同情之心？这是一个传统。如果你杀害了一个人家里的成员，必须登门去向这个人的父母和孩子赔礼道歉，赔不是。遇难的邵云环是一个母亲，一个女儿还是一个妻子（被主持人打断）。

……

主持人：李希光，你先暂停一下。各位听众，我们现在正在讨论北京的这场示威对美中关系的深层破坏，对扩大巴尔干战争的危害。请打热线电话：1-800-423-8255，热线中国. 现在打进来的是一个名叫理查德的先生。欢迎你，理查德。

理查德：Hello. 我是一个美籍华人，是第一代移民，我会讲两种语言。我个人对中国和中国学生对他们的使馆被炸表现的强烈反应感到非常非常困惑。我认为这种示威抗议是非常可笑的……

主持人：你是说中国人的抗议是伪君子行动，来掩盖自己的罪行。李希光，你是如何看这个问题？

李希光：我认为这位听众先生提的观点很有意思。他的问题令我感到非常困惑。在大家对这个问题进行了这么多的讨论和美国媒体对此进行了这么多的报道后，最后公众得到的印象是：中国人民由于自己的家人惨遭杀害，应该为这场悲剧有一种负罪感……（主持人打断）。

主持人：理查德，你是否要再补充一句？

理查德：让我们忘掉这些枝节和次要问题，我们应该看看整个大的画面。我个人认为，事情已经非常清楚，这是一场完全的无意的事故。中国死了三个记者，是事实。但是，为什么要杀他们呢？我从各个方面看，都想象不出为什么北约要杀害三个中国记者？你必须划清一个界限，那就是，不能由于三个记者死了，我们美国人就该有什么内疚感。

构陷型采访就是记者用对立的口吻、立场,逼迫采访对象承认、否认或解释某件事。例如,我们曾经提到,在一次关于艾滋病的新闻发布会上,记者问发言人:

记者:您虽然没有瞒报全国艾滋病感染人数,但在当前的禽流感中,卫生部有没有瞒报感染人数?

这个问题就属于典型的构陷型采访中的问题。

构陷型采访的目的是为了获得更好的引语、更好的声白,或者更好的画面。记者通过选择报道角度、确定新闻语言、设计报道框架、制造新闻语境、筛选信源和新闻评论员、设计问题等方式来误导被采访者讲出记者需要的话。

【案例 12-7】

真实的对话(何祚庥教授本人提供):

摄影师:中国煤矿每天死多少人您知道吗?

何祚庥:报纸上说每次大的矿难,约有100多人……

摄影师:您相信这个数字?

何祚庥:大体上是真实的……

摄影师:绝对狗屁,有那10倍!您看过《盲井》吗……

何祚庥:我告诉你中国死人最多的不在煤矿,在交通事故,每年12万。

摄影师:交通事故死人,其他国家也是一样,是没法避免的……

何祚庥:哈,你这话就对了,没法避免!中国煤矿死人也没法避免!因为中国的老百姓太穷了。

摄影师:您认为是穷而不是腐败吗?

何祚庥:主要是穷,而不是腐败。为什么工人接受较低的工资、较危险的条件?老百姓不是傻子,他们不是不知道啊。那为什么还接受?因为不接受活不下去。

摄影师:那他们就该接受这样的命运吗?

何祚庥:你不该生在中国,你不该做中国人,谁叫你不幸生在中国了?

某周刊刊登的新闻:

摄影师:中国煤矿每天死多少人您知道吗?

何祚庥:报纸上说100多人……

摄影师:您相信这个数字?

何祚庥:大体上是真实的……

摄影师:您看过《盲井》吗……

何祚庥:我告诉你中国死人最多的不在煤矿,在小轿车,每年12万!

摄影师:交通事故死人,其他国家也是一样,是没法避免的……

何祚庥:你为什么认为小轿车是没法避免呢?为什么这就不是问题?哈,你这话就对了,没法避免!中国煤矿死人也没法避免!因为中国的老百姓太穷了。

摄影师:您认为是穷而不是腐败吗?

何祚庥:主要是穷,而不是腐败。为什么工人能接受较低的工资、较危险的条件?老百姓不

(续)

是傻子,他们不是不知道啊。那为什么还接受?因为不接受活不下去。

摄影师:那他们就该接受这样的命运吗?

何祚麻:谁叫你不幸生在中国了?

注意,在上面这个案例中,记者改动、删去了采访对象说的话,而导致采访对象的本意被扭曲,这是违背新闻职业道德的。

一边倒型采访,就是记者从所在媒体受众市场的需求出发,站在被采访者对立的立场上发问。如果采访对象不能有效应对,会被记者树立成一个"恶人"。不过,我们来看一个记者失败的一边倒型采访——黎巴嫩大使舌战美国右翼电视台——福克斯电视台(Fox)记者。

【案例 12-8】

黎巴嫩驻华盛顿大使阿布邦德接受美国福克斯(Fox)电视台记者专访时的问答全文,采访围绕巴勒斯坦人效法黎巴嫩真主党的自杀炸弹袭击。

记者:大使先生,您认为真主党是恐怖组织吗?

阿布邦德:是的,沙龙是恐怖分子。

记者:对不起,大使先生,我问的是真主党以无辜民众为目标并且杀害民众的行为,请谈您对真主党的看法。

阿布邦德:是的,沙龙杀害了成千上万无辜民众,他是最大的恐怖分子。

记者:大使先生,请回答我的问题,您认为真主党"是"恐怖组织还是"不"??? 您是否反对屠杀无辜民众?

阿布邦德:当然,我反对屠杀无辜民众,但你必须分清楚谁是无辜民众,沙龙屠杀了成千上万的无辜民众,现在还在杀,因此他是恐怖分子。

记者:那么真主党又如何呢?您的意思是说真主党从来没有杀害过,也从来没有涉及杀害任何无辜民众。

阿布邦德:真主党绝不会以平民为攻击目标,不像战争贩子沙龙,只会以无辜的民众甚至小孩为目标。

记者:大使先生,照您的意思,那么您是赞同真主党的自杀炸弹攻击方式了?

阿布邦德:我绝不赞同战犯沙龙的攻击方式。

记者(略显沮丧):大使先生,请不要回避我的问题,请直接回答问题,您是否支持自杀炸弹?

阿布邦德:我不支持杀害无辜民众,但我们必须先厘清谁是无辜民众,谁不是无辜民众,如果巴勒斯坦自杀炸弹炸死一堆以色列士兵,而这些士兵曾经暴力对待手无寸铁的巴勒斯坦人,那么,你认为这些士兵是无辜的民众吗?

记者(叹口气):大使先生,您是否承认以色列人的生存权利?

阿布邦德:是的,我承认巴勒斯坦人的生存权利!!!

记者(面部表情扭曲,难以形容):大使先生,请不要答非所问,请照实回答,您"是"承认以色列人的生存权利还是"不"?

阿布邦德:以色列早已存在了,承认不承认已不重要,重要的是承认巴勒斯坦人的生存问题。

（续）

记者：大使先生，您的回答都是偏袒一方，而且有先入为主的成见，为什么？

阿布邦德：不，你的问题才是偏袒一方，而且有先入为主的成见。

记者（显露完全崩溃的神情）：这位是黎巴嫩驻美大使阿布邦德，谢谢您的应邀访谈。

最后，埋伏型采访，是记者通过提出采访对象意想不到的问题，给对方设置难题，制造悬念，激发受众的期待，从而获得受众的关注。这样的采访在广电采访中十分常见，记者或主持人的语气、态度不一定具有攻击性（因为他们的提问也要放给观众看），而具有攻击性的是问题本身。越是尖锐、复杂、具有争议的问题就越能引起受众的兴趣。

【案例 12-9】

（2002 年 10 月 13 日，朝日电视台《周日论坛》节目中，日本记者田原总一郎就中日邦交正常化 30 年这个话题采访原国务院新闻办公室主任赵启正。在节目开始后，田原首先问了几个有关朝鲜的问题，随后拿出一块纸板，上面是一张柱状图。）

田原总一郎：今天赵主任来到我们的演播现场，为此我们周日论坛做了民意调查。调查显示，日本人喜欢中国的为 38.6%，讨厌中国的为 22.8%，喜欢中国的人比讨厌的人多。朝日新闻和中国（社会科学院）做了民意调查，1997 年喜欢日本的占 10%，讨厌日本的占 34%；2002 年的调查结果是，喜欢日本的 10%，讨厌日本的一下子升为 53%。讨厌日本的一下子增多了，这是为什么呢？

赵启正：我注意到这个调查是说喜欢不喜欢日本，而不是说喜欢不喜欢日本人。这有很大的区别。我觉得中国人对日本人的多数是喜欢的。他们喜欢日本的产品，对日本人在中国投资的工厂都很欢迎。两国朋友之间的交往在增多，中日之间的航线也在增加。最近全日空和日航的日中航班比原来也增加了一倍。这个民意调查要看是什么时候做的，如果是在小泉参拜靖国神社后，或是教科书一类事情发生之后做的，就对日本印象坏一些。但这不表明那么讨厌日本人。一些日本政要去靖国神社参拜，或者有的时候极少数人，也许是日本人的千分之一或者更少，认为那场战争不是侵略，是从白种人手里解放亚洲人，这个时候做民意调查效果会差一点。我作为中国国务院新闻办公室负责人，我觉得中国的媒体也需注意，在报道日本问题时，应该把日本极少数人的思维方法但大多数人的思维方法分别开来。我希望下次调查能够大大改变，把百分比降下来，这是我的愿望。

田原总一郎：这个调查确实是在今年 8 月 26 日到 9 月 2 日之间做的，结果也许是和参拜靖国神社有关系。接下来我想谈一谈靖国神社问题……

五、隐性采访

隐性采访，也称匿名采访或暗访，是记者不告知采访对象自己记者的身份和谈话的目的，以其他人的身份（如假扮成患者、粉丝、同学、老乡等）暗中采访报道。

有关隐性采访，无论是新闻界还是学术界都有很大争议。隐性采访的本意是希望获得最为真实的资料，不可否认，因为记者身份，因为摄影机、话筒的存在，采访对象有时会隐瞒、粉饰一些事实。但是，隐性采访极容易被滥用，有时甚至会被利用而成为敲诈勒索的工具。同时，隐性采访也会造成对记者本人的伤害。记者首先必须自己是诚实的人。隐性采访实际上是一种欺骗，记者不能也不应该使用双重标准，要求其他人诚实，而自己却隐瞒事实和动机。《华盛顿邮报》的一位编辑本杰明·布拉德利说："当我们花去数千个工时揭露他人的欺骗行为时，我们自己不能骗人。如果报纸自身在获取新闻时不够诚实，又怎能为诚实和信誉作战呢？如果警察假装成报社记者，我们会极其厌恶，同样，如果我们假扮成其他人，情况会如何？"①

另外，一些人可能认为舍不得孩子套不住狼，在"小"原则上让步是为了换取"大"原则的胜利。如果你有这样的想法，希望你三思。知情权、公众利益虽然是很好的借口，但它们很难界定，有时还会和个人隐私权以及人们的其他权利相冲突。记者在通过隐性采访满足了一些看不见、摸不着的道德理想时，却常常会造成对一些人群实实在在的伤害。

而即使是揭露了社会丑恶面，也许报道后还引起了轰动，但用"改变世界"来作为隐性采访的理由并不成立。如果你坚持要进行隐性采访，请考虑下面问题，这既是对他人的保护，也是对你自身的保护：

- 我为什么一定要隐性采访？
- 有什么其他方法可以让我不用隐性采访也能达到我的报道目的？
- 我的隐性采访会伤害到什么人？
- 报道后，什么人会得到实实在在的好处？
- 我揭露的内容是公众必须知道的吗？
- 我所在的媒体有相关隐性采访的规定吗（如果有，严格遵守规定；如果没有，不要从事隐性采访）？

课堂练习与课外作业

新闻发布会练习：请阅读下面的文字。

今天上午9时，本市发生一起煤矿透水事故，有79人被困在井下，5人当场死亡。事故发生后，救援行动立刻展开。市政府9点30分启动突发事件紧急预案。

今天下午5时召开第一场新闻发布会，向媒体记者通报情况。

第一步：请任课教师选择4名同学扮演新闻发言人。其他同学扮演记者。

第二步：扮演新闻发言人的同学自行决定应扮演什么具体角色，并商量发布内容。其他同学思考问题。发言人、记者可以合理想象。时间10～15分钟。

---

① 马少华：《"茶水"的风险是什么？》，载《北京青年报》，2007-04-16。

第三步：召开新闻发布会。扮演主持人的同学向记者介绍发言人，宣布发布会开始，并控制发布会场面，选择记者提问。主发言人向记者通报情况。用时5分钟。

第四步：记者问答环节。记者向发言人提问，发言人回答。用时10分钟。

第五步：任课教师点评同学们的问题。

第六步：每个同学根据新闻发布会内容，写一篇200字的稿件。

第13讲

新闻的描写与视觉化

本讲重点学习的知识与技能

- 文字视觉化
- 描写与细节
- 描写的技巧
- 对话制造视觉画面
- 比喻制造视觉效果

1988年10月24日上午,邓小平率领中央高层全体领导参观位于北京玉泉路的中国科学院高能物理所正负电子对撞机国家实验室。新华社文字记者李希光、摄影记者杨武敏和中央电视台时政组的等少数几个记者获得了采访证,可以近身跟随邓小平参观,但不能提问。

在这种情况下,李希光可以选择偷懒的方法,写一条新华体的领导人视察通稿就可交差。但是李希光知道:这是已经退居二线的邓小平罕有的公开露面,国外有很多猜测,特别是对邓小平身体状况的猜测。因此,李希光决定写一篇邓小平这次公开活动的特写。可是,没有提问机会,怎么写特写?

李希光在整个采访过程中,睁大眼睛观察、竖着耳朵倾听、记录邓小平说的每一句话、邓小平的每一个动作细节。最后写出来的中英文稿件被中外多家媒体采用。

邓小平向李政道鼓掌致谢①

"下个世纪将是高科技世纪"

......

接着,邓小平、杨尚昆、李鹏、万里等中央领导人在科学家们的陪同下,沿着楼梯走下来建在地下数米深的安装有直线加速器的隧道。直线加速器是往对撞机打入正负电子的注入器。在长达几百米的窄长隧道内,气温高达30摄氏度。当陪同人员准备搀扶一下他时,84岁的邓小平有力地甩了一下胳膊说:"我可以自己走。"

来到机器轰鸣的高频发射机前,李政道向邓小平做了介绍。接着,邓小平等中央领导人从不到1米高的注入器下钻过去,来到数百米长的储存环,正负电子的对撞点就在储存环上。北京对撞机的总设计师、高能所所长方守贤向邓小平介绍说:"两个电子在一个直径只有头发丝一半大小的空间内对撞,每秒达100万次。"

从隧道内走出来,一位工作人员搬过一把椅子,请邓小平休息一下。邓小平挥了挥手说:"不要。"接着,邓小平等中央领导人又一口气上了数十级台阶,来到对撞机的总控制室。通过荧光监视器,中央领导人看到了正电子和负电子在光靶上的位置。一位专家介绍说,对撞机的上万个信号的测量、控制与处理在这里完成。

最后,邓小平等中央领导人来到了对撞机的心脏部位——北京谱仪。这台400吨重的巨型机器是用来探测可能产生的新的基本粒子的。高能物理学家叶铭汉把1张计算机打印的圈纸交给邓小平,说:"这是昨天晚上首次获得的宇宙线径迹,证明这台机器的性能非常好。"

......

本讲分为四大部分。第一部分简单介绍新闻视觉化对于新闻写作的意义;第二部分讲

---

① 新华社记者李希光:《邓小平向李政道鼓掌致谢》,载《大公报》,1988-10-25。

述视觉化的一个主要方法——描写与细节；第三部分介绍视觉化的另一个方法——对话；第四部分是运用比喻创造视觉化效果的技巧。

一、文字视觉化

"展示，而不是告诉"（Show，not tell）是每一个有经验的作家和记者都会告诉你的诀窍。新闻记者是社会忠实的观察者和记录者，新闻视觉化可以让读者通过记者的观察和记录，亲临现场，亲自"体验和感受"事件。这种似乎亲身经历、亲眼看到的感觉给读者的震撼力比记者自己反复告诉读者这件事有多重要、多独特，这个人有多高尚、多感人有力量的多。

人们常说，1张图片胜过1000个文字。但事实上，用文字创造出来的可视画面比1张图片更好。新闻视觉化打破了记者横在读者与报道内容之间的模式，记者退到幕后，不再对新闻事件和读者指指点点。当然，从某种意义上讲，新闻视觉化让记者用更高明的手段操纵读者。

读者不喜欢抽象的概念、空泛的论述。最终能给人留下印象的不是论述，而是故事。读者不喜欢听记者发表议论，无论这个评论多么机智。读者是想从记者的报道中自己去看见、去听到、去触摸、去品尝……去感悟人生。美国作家唐纳德·莫瑞对学写作的学生说："不要告诉读者如何思考、如何感觉，而要把老马克·吐温的货色给读者——'不要说老妇人尖叫，把她拖上舞台，让她尖叫'。"

新闻视觉化的挑战在于：你要通过你的笔，让你的读者看到一部电影，这是一部有声有色有味的电影。但如果你想成为一名优秀的记者，就需要了解文字视觉化的方法。请阅读下面的报道，体会视觉化对于新闻写作的意义，并仔细观察，记者是如何把读者"带到现场"的：

【案例 13-1】[①]

一家不起眼的宫廷素食

在北京火车站附近一家不起眼的餐馆中，普通老百姓平价就可以享用宫廷菜。

"素菜刘"有3张小桌，9把木头凳子，地面是水泥地。

门背后的燕京啤酒一箱一箱快堆到屋顶。掌柜台在店主卧室门口。卧室是洗菜的地方，也是存放食物的地方。

两个煤炉占去了厨房大部分空间，4名厨师肩并肩地挤在剩下的地方里，在案板和炉火之间忙碌。

餐厅没有服务员，掌柜记下点单后就朝厨房吆喝一声，1个厨子穿过卧室拿走单子，餐馆业主刘文成和他的几个徒弟把食物端给顾客。

每天大约有100多人在这里用餐。一顿饭2元左右（约合0.65美元）。一天下来餐馆总进

---

① 记者李希光：《致敬宫廷素食》，载《中国日报》，1986-04-28。原稿为英文。

（续）

账200元（约合60美元），净收入100元。不过，挣钱并不是开这家餐馆的主要原因。

"挣钱并不重要，"刘文成说，"让我开心的是大家喜欢我们餐馆的菜。"

刘文成，36岁，是八旗后裔。17世纪时，他的祖先随顺治皇帝从东北来到北京。他的祖父刘海泉是慈禧太后时期清宫御膳房的御厨。

刘文成祖父在一些重要场合，如祭祖、斋戒、寿辰等为信佛的慈禧太后烹饪素食。

慈禧太后在颐和园过60大寿时，刘文成的祖父接到命令，要做一道"狮子戏龙珠"的菜。他把自己关在厨房里，冥思苦想3天3夜，最后终于想出了办法。

透明的龙珠做出来了。它用了南方的荔枝，新疆的葡萄，河北的桂花，北方的核桃、芝麻和红枣。据说，慈禧太后尝了之后赞不绝口，连说"好吃！好吃！"

1901年，八国联军打进北京，义和团也闹起了起义。慈禧逃到西安，御膳房也一时闲置下来。刘海泉离开了皇宫，自己开了一家专门经营宫廷素菜的餐馆，起名叫"素菜刘"。

"素菜刘"从一开张就名声在外。它最早的顾客中有清末臭名昭著的李鸿章，还有不让自己士兵割辫子、1911年协助宣统复辟的军阀张勋。

1930年，刘文成的父亲刘云清做了主厨。餐馆一直接待一些声名显赫的顾客，如梅兰芳、裘盛戎、马连良等世界闻名的京剧大师。

1958年，国家对餐馆进行共同管理，并改名为"全素德"，但大厨的地位仍然举足轻重。

1958年，印度总理尼赫鲁访华，刘文成的父亲受邀在北京饭店专门为总理制作素斋。1962年，周恩来总理在人民大会堂宴请缅甸总理吴努，刘云清主厨为国宾烹制全素宴。

1967年刘海泉于124岁高龄逝世，1979年刘云清90岁高龄逝世。

"吃素食让他们长寿，"刘文成说。刘文成自己，也从很小的时候就开始吃素。他和祖父、父亲一样都是佛教徒。

祖父刘海泉遗嘱中吩咐要把家族宫廷菜的手艺传承下去。

自打学会走路，刘文成就想要追随父辈们的脚步。

"小时候我常在家里餐馆的厨房溜达，看父亲切菜，"刘文成说，"5岁的时候，我就开始在厨房帮父亲磨黄豆。13岁的时候，爷爷系统地教给我烹饪的理论知识。从那时起，我就学会做家传菜谱上全部242道菜了。"

但刘文成直到去年才得以实现祖父的遗愿。他辞去工厂食堂的职务，开了自己的餐馆。

去年冬天，他开始搭建餐馆。因为没有资金，他自己又当泥瓦工，又当木匠，又当粉刷工。

"我在城里各个地方收集废砖头，"他说。

"不过我有点迷信。我想让我的餐厅有一个好的基础，碰巧紫禁城正在翻修旧墙。我找到那里，他们给了我两大块砖。现在餐厅可是稳稳地压在圣石上面。"

"有些朋友警告我，我早晚有一天会后悔不要工厂的'铁饭碗'，"他说，"不过我觉得我们的政府不会再改政策了。"

目不暇接的菜单

刘文成配调料酱料有自己独门的一套方法。

"一盘菜的色泽必须要养眼，所以烹饪的时候一定要考虑颜色的搭配，"他说。

(续)

刘文成做菜不仅不放肉,就连洋葱、大蒜、生姜、大葱、茴香也不用。据他讲,这五样调味菜叫"五小荤"。

"'五小荤'强烈的味道会喧宾夺主,"刘文成解释。"我做的菜要色香味俱全。"

在刘文成菜谱中的242道菜中,全素鸡、全素鸭、全素鱼、全素龙虾是最具创新的"四大件"。这些菜全部用蔬菜做成。

"大部分菜里都会用到豆腐,我在厨房里捏豆腐都快忙疯了,"刘文成说。

刘家菜谱,传了一代又一代,别的地方很难找到。

"刘家菜不是我的私人财产,而是民族遗产的一部分,"他说。

为了能让更多的人品尝到刘家菜,他已经在当地政府的资助下,两次到地方演示厨艺。

此外,刘文成还在写一本关于烹饪的书。

他感叹自己读书少,书写得太慢。

"我希望将来能在全国开'素菜刘'的分店,"刘文成说。

他现在还在指导从吉林、河北、山东来的五个徒弟。

刘文成的大徒弟顺心,去年春天来北京前是个年收入300元人民币的农民。现在他已经学会做20道菜,并打算将来在山东海滨城市青岛开一家素菜刘的分店。

刘文成说,"在我徒弟用素菜刘的名义开店前,我起码要教会他们做150道菜。"

二、描写与细节

新闻视觉化的一个主要方法就是描写。描写可以让一堆杂乱的事实变成一幅清晰的画面,可以激发读者情感,可以制造戏剧化的效果,还可以暗示读者的思考方向。

1. 观察是第一步

想要获得好的描写素材,观察是第一步。观察要求记者高度警觉,不仅宏观观察人、事,还要不放过任何一个微小的细节:说话人额头上突起的血管抽动了一下、书架上摆放的一本乌尔都语小说、传达室挂的钥匙少了一串、办公室的挂钟停了……观察不仅会帮助你搜集到更多的素材,有时甚至还能让你发现新闻。

【案例13-2】

郭超人报道中国登山队首次攀登珠穆朗玛峰

原新华社社长郭超人当记者的时候,指出"记者要去第一线,用眼睛去看,用耳朵去听"。为什么?因为记者不亲自观察,就无法写出真实的报道,就会失去抓住新闻线索的机会。下面是郭超人在《关于记者》一书中对观察重要性的论述:[1]

---

[1] 郑鸣主编:《关于记者——郭超人新闻思考》,94~95页,北京,新华出版社,2010。

(续)

记者要去第一线,用眼睛去看,用耳朵去听

技巧和方法犹如武器,掌握在不同人的手里,发挥的作用亦不同。我们倡导记者要去新闻事件的第一线,用眼睛去看,用耳朵去听,观察现场,捕捉感人的、形象的东西。这些对记者最基本的要求,有的人却学不了。为什么?因为有的人不情愿到有危险和艰苦的地方去,甚至不情愿到需要付出任何辛苦的地方去。

1960年,我参加了中国登山队首次攀登珠穆朗玛峰的报道。据了解,此前曾有过3次登山报道,都是记者坐在大本营,等运动员下来问。这样报道就不具体,没有身临其境的感觉。

讲技巧,我或许赶不上经验丰富的老记者。但当我参加登山报道时,我就希望要有突破,我要到现场去看,亲身去体验,看在冰山雪岭上,登山队员的第一步是怎样跨出去的,登山时人的肺部呼吸是什么感觉,在不同的海拔高度写东西时,手的感觉会怎么样。

那年我26岁,抽调我搞登山报道时,登山队对我进行气压仓抽氧智力测试,即模拟相当于海拔6000米、7000米至8800米高度时的环境,检测人的感觉、思维状况。当抽到5000米时,我没有异样感觉;抽到6000米时,感到呼吸困难,但我仍说没事;抽到7000米时,我心里发慌;抽到8000米时,身上汗都出来了。他们说,不能再抽了,这已是极限。我说抽吧,一直抽到8800米——几乎是珠穆朗玛峰的高度。这时,他们对我进行智力测验。一共出了3道题:

$1+1=?$

$1-1=?$

$3+7=?$

结果前两题都做对了。第三道题,心里想的是10,可出来一看,不知怎么回事,我写的是0。

上山还要负重,我的负重有效高度是6000米。所以我写登山运动员怎样吃力,写我自己就行了。

过去报道珠峰"鹅毛大雪"。我登山时察看了一下,哪是什么"鹅毛大雪",山上面基本上都是下雪粒。当爬到7700米时,一位运动员的肺动脉爆裂了,但这位运动员临死时,还艰难地赶紧把测风仪递给另一个队员。

采写这样的报道,还仅仅是技巧问题吗?

在登山的过程中,我的心脏也出毛病了,全身都肿了,眼睛肿得睁不开。开始时,我用一只手扒开眼皮,另一只手写。后来,这样做也看不清了,只能口述,让报务员唐永兴记,直接用电码发出去。(……)

与画家不同,记者观察不仅用眼,还要用到其他感官。好记者总是睁大眼睛,竖着耳朵,深深地用鼻子吸气,像狗一样嗅着什么,让身心沉浸在人的5种感觉之中。只有记者经历了这种完完全全的体验,他/她才有可能用文字再现这种体验,把这种体验带给读者。而这种体验,比看图片、看电影还棒。图片、电影无法让你闻到、摸到、尝到。美国作家威廉·巴勒斯说:"一般而言,如果他没有看见、听见、摸到或闻到什么,他就写不出什么东西。"为了更好地观察,记者要随身携带笔记本,记录各种可能有用的信息,包括:各种事实、对话、访谈笔记、自己的感受以及各种感官的发现。

2. 新闻需要什么样的描写

在新闻报道中加入描写，不是为了增加字数，而是为了帮助读者进一步了解与故事主题有关的内容，让读者能有亲临现场的感受。描写调动的是读者的形象思维和情绪。

1) 硬新闻的描写

一般说来，硬新闻主要强调 6 要素，即谁、什么时间、什么地点、发生了什么、怎么发生的、为什么发生。硬新闻的写作需要一种"该是什么就是什么"的口吻，因此描写在篇幅上比软性新闻少，出现频率也低得多。但这并不是说描写不能在硬新闻中出现，记者通常只选择与主题直接有关、最具有代表意义的细节。例如：

【案例 13-3】①

> 救护车周一晚排满了通往煤矿的双向公路，与此同时矿工家属聚集在煤矿建筑周围。附近怀特威尔的一座教堂通宵敞开大门，让小镇的居民可以来这里守夜。

上面这一小段描写出自《纽约时报》首次报道 2010 年 4 月西弗吉尼亚州煤矿爆炸事件的硬性新闻。整篇报道的要旨就是告诉读者西弗吉尼亚州的一个煤矿爆炸了。文中的这一小段描写可以让读者产生现场感，似乎真的看到爆炸现场的慌乱、人们震惊、想要寻求慰藉的场景。

硬新闻中是否加入描写是记者的主观选择，而描写什么也要由报道内容具体而定。硬新闻的描写必须是记者亲眼目睹的，特别是像上面这种随时可能点燃人们情感炸弹的灾难、事故、战争等报道，如果记者依赖目击者的描述，很容易被目击者的情感左右而失去公正。即使记者自己也很有可能被当时的状况感染，而不能客观地观察。

描写什么、不描写什么有很大学问。记者在现场观察、采访中会收集到很多可以用来描写的素材，但写作中要舍弃与主题无关的素材。在写硬性新闻中，如果你打算加入一小段描写，要考虑下面几个问题：我的描写能说明什么问题？这个问题与我报道的焦点有直接关系吗？如果它能使报道的焦点更清晰，我可考虑使用描写。这段描写是导语要求的吗？如果描写没有呼应导语，就不要描写。这段描写能回答读者的问题吗？如果能，我可考虑使用。

2) 软新闻的描写

软新闻、特写或讲故事新闻中描写的篇幅会多一些，出现的频率也更多。这是因为，如果没有描写，读者只能听记者转述，但有了描写，读者就可以借助记者的笔"看见"故事在眼前展开——描写让记者的故事更有活力和感染力。

记者通过描写，其目的是：描写推动了故事的发展，揭示了故事的主题。记者所描写的

---

① Ian Urbina："Toll Mounts in West Virginia Coal Mine Explosion". New York Times. April 5, 2010. http://www.nytimes.com/2010/04/06/us/06westvirginia.html? fta=y.

事物一定是经过严格选择，与主题无关、或只有点微弱关系的内容一律不要。精心选择的描写片段能让读者觉得它是文章必不可少的一部分，无用的描写则会分散读者注意力，让读者发问：这有什么关系吗？

（1）不要无缘无故描写天气

【案例13-4】①

日出千山秀，花开万里春。气势雄伟的人民大会堂，在旭日映照下更加庄严肃穆。3月15日上午，九届全国人大五次会议闭幕大会在这里举行。

……红日已近中天，阳光普洒大地。步出大会堂东门，走下39级台阶，代表们豪情满怀。

……才送春风吹绿柳，又见桃花映红墙。"十五"开局之年盛事不断，喜事连连。今年，将迎来党的"十六大"的召开，共和国的历史上，这一页不同寻常。

……"二月二，龙抬头"。今天恰逢农历二月初二，东方巨龙将再一次昂首腾飞。

这篇报道从开始到结束都在大赞天气、时辰，但天气时辰与会议成果有什么直接关系吗？若这次"欢欣鼓舞"的会议是因为"春风、红日、花开、绿柳"，第二年的会议万一"漫天风雪、飞沙走石、乌云密布、狂风落叶"，是否就"垂头丧气"？而一旦大江南北并非春风吹遍，那是否"天谴"？

记者要观察应该观察的事物，流出笔尖的描写更是要与主题直接挂钩，不要像算命先生，非要强调良辰吉日。即使是想要烘托气氛、全景，也要选择有意义的细节，不要试图用天气情况渲染心情。除非报道内容与天气有直接关系，如"大雪中登山"，"烈日下值勤"等，再去描写天气。而就算遇到这种情况，描写的对象仍要对焦在"人"，而不是"天气"。

（2）不要描写次要人物、次要场景、次要事件

同样，次要人物、地点、事件的描写会让读者分散注意力。读者阅读时会有一个假设：如果记者肯花时间描写一个人、一件事，就说明这个人、这件事有意义。记者要把这种读者赋予的重要性用在报道焦点上，而不是与之无关的人事上。

（3）不要描写大家都熟悉的事物

描写的作用是推动故事发展，揭示故事主题。大家都熟悉的东西不能达到这个目的，因为它缺乏新意，太容易预测而让人感到无聊。因此，不要把笔墨浪费在大家都熟悉的事物上，如天安门是什么样子，奥巴马长什么样子。

相反，描写事物的与众不同之处，描写别人没有发现的细节，并且这些与众不同的地方要能反映你报道的主题，揭示人物的特点。例如，天安门城楼换了一幅新的毛主席画像，奥巴马脸上长了个脓包。

---

① 记者韩振军、赵承、白林：《未来让我们共同开创 九届全国人大五次会议闭幕会侧记》，新华网2002年3月15日。http://www.china.com.cn/chinese/lianghui/119729.htm。

【案例 13-5】①

李家的院墙与福银高速公路桥的间距不足 1 米,院外几棵树紧贴高速公路桥边,公路桥面的排水孔直对着院落。

高速公路大家都见过,农村小院是什么样子大家也很熟悉。在上面的报道中,记者没有把描写浪费在农村小院或高速公路上,而是突出了一个与众不同之处:高速公路旁的农村小院。而这也正是报道的主旨:修建高速公路给一些农民带来的负面影响。

3)描写的基本方法

描写是文章中最能凸显作者文笔的地方。学习描写没有捷径,记者需要学会观察、大量阅读并不断练习。

(1)描写不是形容词、副词的堆积

抽象的形容词、副词很少会让记者的文字更精彩。当你一写出一个抽象空洞的形容词,你心里应该抖一下,手会颤一下,问自己:我是不是太夸张了?同样,描写中不要堆积形容词,让事实细节展示,让读者自己感受。这并不是说绝对不可以使用形容词、副词,优秀的作者只在最关键的地方用准确的形容词、副词,并用相应事实说明这个词用得合理。

(2)使用准确、清晰的词语

描写是让读者"看到",模糊的描写给人的感觉就像近视的人看世界,还是很不清楚。记者要努力让读者看高清电视,而不是模模糊糊的印象派绘画。因此,描写要使用准确、清晰的词语,而不是大而空的词语。

【案例 13-6】②

瘦瘦小小的赵骏,光着上身,挺着皮球一样胀鼓的肚子,面无表情地坐在板凳上,全身上下无数鲜红的疙瘩溃烂流脓。环顾四周,除了一张木板床,整间屋子空空荡荡。几个干裂的馒头躺在筐箩里,上面爬满了苍蝇。

使用准确、清晰的词语意味着记者要抓住最牵动人心、最传神的细节。如果你能抓住细节,想用大而空的词语都难。

(3)描写不宜过长

描写过长容易让故事停顿,花大量篇幅描写一个地方、一个人物,就等于故事没有在发展。作为记者,你没有长篇小说、甚至短篇小说作家那样的奢侈,可以在文章中嵌入大段人物、景观描写。新闻作品的描写要快速,准确,这样才能保证读者对你的文章一直有兴趣。简短的描写意味着记者要选择与主题最相关的事实和细节。

---

① 记者郭绪雷:《生活在高速公路的"阴影"下》,载《宁夏日报》,2006-06-06。
② 记者周欣宇:《镜头里的艾滋童年》,载《中国青年报》,2006-12-13。

（4）运用描写、行动、对话，推动故事发展

仅仅是描写一个地方什么样，一个人什么长相，很容易让故事放慢速度，但如果把描写、行动、对话等结合起来，就可以在向读者展示场景的过程中，推动故事前进，避免出现乏味的段落。

【案例 13-7】①

去镇上要走 4 公里山路，裸露的黄土路面上偶尔驶过几辆摩托车，扬起的尘土就落了一身。晓梅在尘土里慢慢走着，她没有力气走得太快，那样身上会出虚汗，腿也隐隐会有些发软。路上碰到几张相熟的面孔，隔得远远地淡淡笑一下，晓梅下意识把大化纤袋折得更小，攥得更紧。

在上面的例子中，场景的描写和人物的行动结合起来后（在尘土里慢慢走着），场景（山路、尘土）就成为故事有机的一部分。也就是说，让读者看到在这个场景里发生了什么、谁说了什么话、谁做了什么。纯粹的场景描写一是容易与主题关系远；二是容易变成无病呻吟。

（5）读者喜欢人、喜欢动态中的人

比起场景、事件，读者更喜欢人，更喜欢动态中的人。只要可能，在你的描写中加入人的元素，让人物动起来，这会让你的描写更生动、更人性化、更贴近读者也更有生命力。

（6）描写不是虚构

最后还要再次强调，描写不是虚构，记者必须以事实为基础，不能为了描写而描写，为了描写而牺牲新闻的真实性。

3. 细节是记者的指纹

1）细节为何重要

请比较下面两段文字：

（1）在拉萨采访拍照街头艺人，这时一位穿藏袍的 80 岁老太太走过来，站在摄像机前说："我给你唱一曲。"然后，张口唱起了《青藏高原》。

（2）在拉萨采访拍照街头艺人，这时一位穿藏袍的 80 岁老太太走过来，站在摄像机前说："我给你唱一曲。"老太太用手从嘴里掏出一块口香糖，然后，张口唱起了《青藏高原》。

上面两段文字，你更喜欢哪一段？有"掏出口香糖"这个动作和没有这个动作有什么区别？

想要让你的描写吸引人，抓住细节是最重要的技巧。《风格元素》(*Elements of Style*)的两位作者写道："最能唤起读者兴趣、引发读者关注的是那些明确、具体、特定的细节。"

为什么需要细节？这是因为，新闻作品的权威在于真实，而真实来自细节。细节带来的这种真实感，能够把读者与现实世界联系起来。读者通过细节，可以看到、听到、闻到、甚至

---

① 记者王鸿谅：《湖北调查：家园开始"温馨"》，载《三联生活周刊》，2003-11-20。

触摸到你笔下的人物,而这种声色感能把读者带入现场。如果仅仅是无用的形容词、副词,读者无法对你要讲的故事产生共鸣,甚至还会问:那又怎样?但有了细节,就可能牵动读者。

细节向读者呈现的东西比记者自己概括总结的要更多。细节描写,可以展现人物性格、状态、心情……深刻的故事隐藏在最表面的细节中,看不见的东西隐藏在看得见的细节中。也就是说,通过细节,可以以小见大,看到事物本质,即"见木,方能见林"。许多好故事都是通过精彩的细节和瞬间展现的。

细节是作品的指纹,它区别了你所写的人、故事和其他记者写的人、故事的不同之处。善于运用细节的作者,也会受到读者尊重:它说明你追求人性故事、是一个善于观察的聪明人。

2)如何运用细节?

首先,细节不是胡编乱造的,能够写出细节,要求记者亲临现场,并对细节敏感,仔细观察。一些新闻工作者甚至认为,如果你在采访后,笔记中只有数据、引语,而没有细节,你的故事就已经丢失了一半。因此,为了有好的细节,你必须先有足够数量的细节可供选择,尽管许多细节最后都用不到。

其次,不要为了细节而使用细节。细节本身不是目的,添加细节是为了服务主题,不要滥用细节。与主题无关的细节,就算再好,也要舍得放弃。细节就像饭菜的调味品,放少了没味,放多了没法吃。而恰到好处、服务主题、推动故事发展的细节则可以有效地增强故事的感染力和效果。

写独特的相关细节。选择那种在时间、地点上独特的细节。如盖·塔利斯在他为《纽约时报》著名的讣告作者阿尔登·惠特曼写的讣告中用到的细节:

"惠特曼的殡仪车从殡仪馆的广告牌旁驶过。"

用细节刺激读者的五感,达到新闻感觉化。所谓新闻感觉化,就是指新闻作品刺激读者、听众或观众听觉、视觉、嗅觉、触觉、味觉的能力。这种刺激能够给读者带来愤怒、悲伤、压抑、快乐、愉悦、甚至疲劳、口渴、饥饿等感觉。记者要运用自己和新闻事件目击者的全部感官,去抓取细小、具体的细节,给故事一种生命力。能够刺激读者的感官,说明报道是在展现而不是告诉,好记者会努力去唤醒读者的一种或多种感觉。这需要记者不仅仅提问和做文献研究,还要睁大眼睛看、竖起耳朵听、使劲用鼻子闻,亲自用手触摸,甚至用舌头尝。

【案例 13-8】[①]

仅仅是几分钟前,他的大儿子、18 岁的阿卜杜拉·加夫尔还跟他一块在店里。他一听到爆炸声,立即跑回市场。他的父亲躺在血泊里,他的血渗透了周围的大蒜。

---

① 记者菲利普·谢维尔:《火箭击中巴扎,买卖照常进行》,载英国《每日电讯报》,2001-10-24。

如果可能,选取那种可以唤醒情感的细节。人最原始、最持久的记忆是感觉带来的记忆,你可能已经记不得小时候玩伴的名字,但你可能还记得你们一起玩耍的快乐。能够激发读者情感的细节也可以有效地把读者带到故事中。

【案例 13-9】①

我喜欢这个狭窄的胡同,是因为它没有被重建。理发店、裁缝铺和推小车沿街叫卖各种食物,如土豆和柿子,混杂在显示旧时代标志和招牌的老店铺中。有几个店铺出售盗版光碟。有一些店面还残留着几个世纪前的铺面板,包括屋顶上有特色的厚厚的屋檐。

如果你偷偷地顺着半开的大门往四合院里看,你会看到有人在洗衣服或干其他家务。你会很稀罕地发现院落里原本有几个大花园,这些四合院就是根据这些花园的名字命名的。在毛泽东时代,好几家人挤进了本来住一户人家的四合院,过去的花园被丑陋的砖房给占据了,这些房屋一直占据到今天。大部分的院子住有 2~3 户人家。四合院采用原始的下水道,用煤球取暖。

如果你现在逛累了,到 40 号(门牌),你做一个头部和颈部按摩,2 美元按摩 30 分钟。对面是 37 号,是一处破败的佛教寺庙,屋顶长满了草。墙上有一个牌子表明为文物保护建筑。但是,陪同我的老洪说:"遭受了这么多的破坏,这个标志毫无疑义。"但是,老洪说,今天住在庙里的人家做装裱传统的字画生计。

最后,我们来到了挨着胡同口的 5 号。这里过去曾经是享有盛誉的销售烟袋和烟草的店铺,一直到 20 世纪 50 年代中期共产党决定接管私营店铺时才停止买卖。这个建筑的一部分被封起来了,一部分被一个裁缝铺占着。但是,这个建筑基本完好地保存着 19 世纪的木板店面。你可以透过旧招牌发现木板上残留的绘图。在木板上,残留有弯曲的铸铁挂钩。要看清这些残迹,需费点神。但是,如果你能停留 1 分钟,想象 100 年前这里的场景:大胡子的旗人走进来,品尝刚刚到货的云南烟草。

细节越具体就越真实,越能让读者"看到"现场。例如比较下面两句话:
她拿出一支笔,记下了地址。
她从屁股口袋里掏出一支黄色荧光笔,记下了地址。

记者在采访、观察中对这样的细节很注意。有的记者会仔细观察采访人用什么牌子的打火机,甚至还会问是多少钱买的;有的记者会认真记下采访人宠物的名字;有的记者参观时还会一阶一阶数有多少阶台阶。当然,细节"细"到什么程度要由报道的内容而定,但你在观察采访中能多细致就多细致,这样在后面写作的时候你才可能有细节。当然,使用细节必须要和主题有关,例如上面的两句话,如果你的细节反映出人物的某种性格、特点,且这个性格、特点和主题有关再去运用,否则这是一个多余的细节。请看下面的案例,记者为了获得这些细节,不但仔细询问采访对象,还亲自去数:

---

① Erick Eckholm:"Back in Time in Old Beijing",New York Times. February 13,2000.

【案例 13-10】①

在赵志忠家唯一一间房间的墙上挂着一幅长 134 厘米，宽 35 厘米的书法作品。这幅作品，每个字间隔相等，从上到下，从左到右，抄录了三国时期曹植的一部散文作品。赵志忠花了足足 6 个小时才写完这 937 个字。

上面的报道针对的读者是外国人，所以曹植的作品是什么并不重要，因为即使说了，绝大多数读者也不会有什么感触；相反作品的大小、有多少字更能体现人物的特点。记者在收集了所有有关的细节后，有选择地在报道中选择重要的细节。

如何提高细节写作？没有捷径，你要先做读者，再做记者。学习他人如何运用细节，对你会有很大帮助。在此基础上，还要不断练习。

三、用对话制造视觉画面

对话是制造现场感、视觉感的有效技巧，它让读者看到事情正在发生，而不是已经发生，而读者更喜欢这种亲耳听到的感觉。列夫·托尔斯泰说："我不讲述、我不解释，我只是展现，让我的角色替我说话。"

记者写讲故事新闻时，时常会嵌入一小段对话，增强故事效果。

【案例 13-11】②

李秀华突然哭了，"我今年年初做检查，发现被他传染上了。"

"夫妻生活没有采取措施吗？"刘艳平问。

"没有。"李秀华抹着眼泪，一边的李本才垂着头："2002 年中英项目办开展前，我们不知道艾滋病的传播途径，夫妻生活一直没有用安全套，她也没有被传染上。项目开始后，知道不采取措施会很危险，这才用上了安全套。"李本才说，"就是去年年底才不用的。"

"不就是为了再生个孩子嘛，"李秀华接过话茬，"女儿因为以前受到歧视，性格内向，我们就想再生一个。镇上其他感染者也有这样做的，生了孩子，母亲也没感染，谁想到我们就这么倒霉。"

【案例 13-12】③

89 岁的托平为我开车

深秋，托平夫妇听说我到了纽约，打电话约我去他们位于纽约市远郊的家吃晚饭。

"我可能要带好几个朋友去你家吃饭，可以吗？"我说。

---

① 记者李希光：《从普通工人到著名书法家》，载《中国日报》，1986-07-22，原稿为英文。
② 记者杨江、苏婧：《奇迹等待复制》，载《新民周刊》，2006-12-01。
③ 李希光：《我的美国忘年交》，第一部分《89 岁的托平为我开车》，李希光博文 http://blog.sina.com.cn/lixiguang2010。

(续)

"非常欢迎你的朋友们一块来我家吃饭。"托平说。

"我们怎么走才能找到你家呢?"我问。

"我们家在森林里。你们下了火车,得在森林小道里走大概几公里。"托平说。

"纽约天黑得早,你家又在森林里,我们会迷路的。"我说。

"没关系,我会安排两辆小车去火车站接你们。"托平说。

火车离开纽约中央火车站,经过一个多小时的行驶,在纽约市远郊的一个位于森林里小车站停下。我们走出站台,发现托平教授和她美貌优雅的妻子托平夫人双双地站在车站门口等我们。

走出小火车站,来到森林旁的停车场,果然有两辆小汽车停在那里,一辆是由托平教授驾驶,另一辆是由他的夫人驾驶。我简直惊呆了,托平教授89岁,而他的夫人也84岁了。

"你们老两口怎么活得这么精神啊,89岁还自己开车?你的眼神还好吗?"我问。

"没关系,反正我已经结婚了,"托平说,"我用不着晚上出去约会了,所以眼神不好也没关系。"

"您为什么活得这么健康?"我接着问。

"因为我是记者。"他说。

"记者就活得长么?"

"记者是活到老,学到老,写到老。"

到了托平家里,托平向我展示了他正在写的一本关于"淮海战役"的小说和他去年出版的另一部小说《北京书简》。

美国作家、剧作家爱默尔·莱昂纳德说:"你需要的所有信息都可以在对话中找到。"但是,不可以报道通过非法、不道德途径获得的私人对话,如窃听来的、偷录来的这种讲话人在完全不知情的情况下获得的对话。即使说话人谈的是犯罪计划、黑幕也不可以。真的遇到这样的事情,你要做的是报案,而不是报道。报道中需要这样的对话时,采访警察或查看口供。也就是说,只有谈话参与者同意刊发、或者对话本身就是公开的时候,才可以报道。记者也要小心他人转述的对话,不要随随便便就把它当成真实的,特别是转述的对话中有对某人的指责、指控或名誉上的诋毁时,不要使用。

在合法、合乎新闻报道伦理的范围内,选择能够推动故事发展、突出人物性格特征心情,或能让读者产生情感震撼的对话。从语言上说,好的对话是口语化的,句子结构是简单的。如果故事要求速度感,选择以短句为主的对话,对话只有两个人时,省略无用的"他说";如果故事要求读者细细品味对话,体会交谈者的心情,可以尝试把描写和对话结合。

四、运用比喻创造视觉效果

比喻是一种在读者脑海中描绘图案,激发画面感的有效修辞方法。请看下面这句话:

保加利亚跪下了。闷了很长时间的经济危机爆发了,把这个国家凶猛无情地紧紧地拥抱在怀里。

无论是明喻、暗喻、隐喻，比喻把甲和乙联系起来，这可以让一个抽象的事物具体化，陌生的事物熟悉化，复杂的事物简单化，无聊的事物生动化。例如英国《每日电讯报》记者在一篇对巴基斯坦总统穆沙拉夫的专访中这样写道：

【案例 13-13】①

他的风格就像他那双黑亮的军靴一样明快。他对问题的回答就像他那一尘不染的卡其布军服的裤线那样锋利。

昨天，穆沙拉夫总统坐在被他用作办公室的总统府里，重申了他支持军事打击巴基斯坦的老朋友塔里班政权和这个政权的"客人"奥斯玛·本·拉登的决心。

特别是解释技术含量高的信息，比喻会让内容更好理解。例如：

【案例 13-14】②

对于股票期权的授予者来说，采用股票期权制度的目的是要吸引人才、留住人才，并且激发他们的创造力，使他们心甘情愿地戴上这只金手铐，与企业同舟共济。

北京协和医学院公共卫生学院院长黄建始就用比喻的方法向观众介绍"甲流"：

【案例 13-15】③

黄建始：流行性感冒的一个特点就是多变。我们人身上有个免疫系统。免疫系统打比方说就像"保安"一样，那么疫苗就等于是上面给你一个指示，今年指示你穿红衣服的人不能进来，那么今年这个感冒它穿红衣服，"保安"就把它挡住了。明年它换个蓝衣服，"保安"不知道了。怎么办呢？再打疫苗告诉"保安"，明年穿蓝衣服不能进来，这是每年针对普通流感要打疫苗的原因。

使用比喻时，要使用有新意的比喻，重复别人用烂了的比喻，等于在使用一种已经失去任何活力和画面的语言。例如：大会堂里响起了雷鸣般的掌声，小女孩的笑声像银铃，青少年是祖国的花朵等，这样的比喻不能为你的文字添彩，只会徒增字数。要使用自己发明的比喻，因为只有人们过去从未见过的比喻才能在脑海里激发栩栩如生的视觉画面。例如，美国《芝加哥每日新闻报》战地记者凯斯·比奇是这样报道 1975 年美军从西贡撤退的情景：

我们为了活命而战，我们又抓又挠往墙上爬。我们像动物一样……我像一条刚刚被捕捞上岸，扔在地上的鱼，躺在锡皮屋顶上，张着大口，喘着粗气……

---

① Patrick Bishop："There Can Be No Turning Back, Warns Musharraf"，The Daily Telegraph. October 27, 2001.
② 记者巩双印、孙静惟：《职工持股激发创意，股票期权制成趋势》，载《大公报》，2001-02-20。
③ 《小崔说事》，中央电视台新闻频道 2009 年 5 月 24 日。

课堂练习与课外作业

1. 课堂讨论：假设你采访一个火灾现场，你观察和寻找什么细节？为什么？
2. 任选一个人物，用 200 个字构建一个丰满的人物形象（半小时交稿）：
   (1) 学校一名保安
   (2) 食堂一名厨师
   (3) 学校某老师

第14讲

新闻故事化的技巧

本讲重点学习的知识与技能

- 好记者写的新闻都是人性的故事
- 新闻故事化的要素
- 新闻故事化的技巧

在清华大学初级新闻采访与写作课堂上，任课教师李希光总是会问一个问题："在英文写作中，'新闻'怎么说？"同学们回答："News。"

"是 story，故事，"李希光说，"我们从小都爱听人讲故事，'讲故事'也是人类最古老的交流方式之一。记者采写的首先要掌握'讲故事'的本领。"

为什么同样的报道，有的枯燥无味，有的生动活泼？这是因为那些枯燥的报道中一般很少有故事，都是大段的套话、行话、空话。而会讲故事的记者总是把读者最关心的内容放在文章的开头，利用戏剧性的情景抓住受众的注意力。

一、为什么记者要会讲故事

记者的职责就是做好邮递员，准确无误地传递信息。但如果传递出去的信息无聊，没有人想去阅读，不但记者所在的媒体没有了竞争力，公众也难以实现自己的知情权。记者和媒体机构不能要求读者：你要想得到你的知情权，你就必须阅读我们的报道。尤其是在各种信息丰富多彩的时代，在一个信息的"买方市场"，记者要想方设法让自己的报道吸引受众的注意力。

讲故事是吸引受众的一个有效技巧。从人类有了语言开始，故事就诞生了。会讲故事的人受到部落成员的尊重。部落的历史、价值观都由故事体现。故事是文化的载体，从故事中，现代的人们了解了古文明的各个方面，从政治宗教到婚丧嫁娶。故事同时也是一种古老的娱乐形式，一个好故事不仅能够展现出主人公以及所在社会的人生观、价值观，同时也能够牵动听故事人的心，让他们永远难忘。你可能已经不记得小学老师讲的人生道理，但你可能对奶奶、邻居大妈讲的《牛郎织女》还记忆犹新。想想你喜爱的电影。人不容易被大道理说服，但却容易被小故事说服。

讲故事的新闻报道不是套路化的宣传。什么时候需要讲故事的新闻？一些新闻事件自然而然就需要你去讲述一个故事，例如偏远山村的孩子渴望求学、一名乡村教师成为劳动模范，等等。这些事件本身时效性低，必须用软性新闻报道。通过一个个故事来讲述，新闻的价值可以得到体现，重要性也能够被受众认识。另一些新闻事件，如某地发生地震、某个重要活动开幕、某项重大科学发现这类严肃、重要事件等，即事件还是"生米"时，也就是还没有人报道时，用硬性新闻的模式报道，做"白饭"。但如果已经有人对它进行了报道，你就需要把"白饭"变成"蛋炒饭"，把新闻事件"故事化"，这样你的报道才不会重复已有的信息，才能有自己的新意，才能说服读者去阅读你的作品。

新闻故事化绝不意味着记者可以去编造故事，报道必须全部基于事实。新闻的故事化也不是让记者抒发个人感情。叙事性报道需要记者细致观察、采访，然后在报道中重构记者观察和采访到的鲜活、具体的场面。

美国记者威廉·布隆戴尔说："我们理应是故事的讲述者和事实的提供者。当我们不能完成这个职责时，就不会有人读我们写的文章。"德国哲学家汉娜·阿伦特说："讲故事揭示意义，又让讲故事的人不犯对故事下结论的错误。"中国的记者和媒体常被人指责为宣传品,主要的原因是记者在其新闻作品中没有写一个好故事,记者用自己的嘴在发表个人观点。会讲故事的记者,不但可以吸引受众,还能够凸显新闻的重要性和价值。

什么样的新闻会让记者一夜成名？名人轶事、丑闻、暴力事件、灾难、性犯罪、突发事件、生五胞胎的妈妈……一些记者靠这样的报道迅速蹿红。但这样的故事,并不能说明记者本身的水平,而是故事本身满足了人们猎奇的心理。

真正有水平的记者可以把普通人的故事写得像上面这些事件一样好看。而这些普普通通的人的故事才是社会真正的缩影。每一个人都有一个动听的故事,叙事报道要坚持报道社会现实中的真人真事,敏锐地追踪时代的发展趋势。作为记者,你会有机会撰写"重大新闻",但如果你能够发现并讲述普通人的故事,报道当今媒体很少报道的故事,你会赢得人们的尊敬。

现在许多人抱怨媒体市场化后,国内的新闻变得向西方的新闻一样,都是"忧"而不是"喜"。但实际上许多西方媒体同样也报"喜",而且是数量相当大的"喜",但只不过这些正面新闻都是通过讲故事的方法报道的。用讲故事的方法报道正面新闻,"宣传"的痕迹小,动人的故事更能让受众自愿地接受媒体影响。这也是记者为何更要学会如何讲故事。

会讲故事的记者能够深入读者的灵魂,打开读者的心灵之窗,用人性的观点和一套娴熟、敏捷及精确的手法采写作品,并把新闻写作当作艺术,用艺术家那种苦心孤诣的精神,钻研写作艺术,勇于探索,尽善尽美,不留遗憾。

二、新闻故事化的要素

1. 高情感场景

一旦开始故事化新闻的写作,你首先遇到的问题是:写人？还是写事？如果是围绕时事性的话题写,那可能是一种非线性的故事；如果是围绕这个人的故事写,那更多的是一种线性的、按时间顺序发展的故事。在讲故事新闻学里,人物高于主题。就像一本小说那样,小说里到处都是人的故事,新闻故事也是通过人的故事传递信息。如果人物故事构思得巧妙,可以在叙述中转换话题,而读者很可能毫无知觉地被故事中的人物牵着鼻子走。此外,高情感的场景描写,而不是低情感的事实堆砌,是一篇激动人心的新闻故事所必需的。

新闻的故事化写作和报道最好是选择一个平民视角,而不是专家学者或官员视角。即使是报道重大突发性新闻,比如"伊拉克战争"或者是"非典",最有感染力的作品不是从萨达姆或者拉姆斯菲尔德的立场报道这场战争,而是从普通的巴格达市民的眼光和感受报道战争；不是从政府官员的立场报道中国的"非典",而是从北京普通市民的眼光和感受报道"非典",报道在这场战争中,人与人之间的关系是更亲近了、热情了,还是冷漠了？平时见面连招呼都懒得打的,在"非典"期间,是否开始相互问候了？

在故事化新闻的采写中,要确定你采写的故事或人物是一个高情感故事？还是低情感故事？高情感故事是指那些能激发人极度情绪化反映的故事或人物。例如,一个名叫阿里的伊拉克少年,全家7口人,除了他之外,全被美军炸死了,而他自己的双臂也被炸飞了。他成了无臂少年,痛苦孤独地躺在病床上。再如,山西某医院拒绝接受"非典"病人、南京阻挠记者采访报道造成多人死亡的投毒案。读者在读这类报道的时候,无须你做任何铺垫,无须加任何背景或语境,仅仅需要把事实简单明快地叙述出来,就能让读者激动起来,把读者牢牢地掌握在你的手心里,读者会听从你随意把他们对事件的理解放在任何语境中。

2. 感性化细节

叙事报道采访中,注意寻找感性化的细节,尽量采用那些能引发读者视觉、听觉、嗅觉、触觉和味觉的细节,让读者在你的叙述中有一种感官的刺激或经历。在语言上,用干净的词句,即明白无误的语言,使用有动感的动词、视觉化的副词和形容词,多多使用趣闻轶事。

让读者在你采写的人物身上感受到情绪的刺激,而不是从记者的个人感受那里获得情绪化的反应。比如,采访治疗"非典"病人的医生时,记者走进医院病房的走廊,大呼:"呛死我了,这么浓烈的消毒液味道。"读者应该从医生护士那里听到这句话。记者应该采写他们对这种空气的描写:医务人员办公室里充满了呛人的消毒液味,"我们没有感觉到难闻的味道呀",一个端着一碗热腾腾方便面的值班护士说。

日常的新闻报道,包括高情感新闻需要的是抢时间,争时效。而普通人物故事或通讯更多地需要的是与被采访者磨时间,把他(她)生活的方方面面慢慢地捉摸透,慢慢道来。在与被采访者在一起的时候,不可放弃他的每一个动作、细节、言语。在与被采访者在一起的时间越久,交谈得越多,对他(她)观察得越细,越能获得各种细节。对所获得的各种细节、直接引语,要特别挑剔,只选择那些真正能让读者兴奋的趣闻轶事,新鲜的细节、惊人的直接引语。但是,有的细节可能也很有意思,但是,如果偏离了主题,应该毫不吝啬地舍弃。

在新闻故事化报道中,要采访新闻人物生活圈子里的人,他(她)的朋友们、男友、女友、妻子、儿女、父母、兄弟姊妹、同学、同事,等等。通过这些人,你换一个新的角度观察和了解你要报道的这个人物。通过这些人的语言和描述,你的人物会更加丰满起来。

3. 聚焦人物

新闻故事化的一个基本要则是新闻中要有人。人们往往会对其他人的故事更感兴趣,当事件本身的新鲜感减退后,在这些事件中的人物就会为新闻带来新意。新闻报道中有人物(事件个人化),文章就能更加聚焦、更有人情味,也更能让读者体会到事件对人的影响,也就是事件本身到底有什么意义。

中国主流媒体记者喜欢从整体出发进行综合性报道。这种报道往往很少去描写个体或讲述个人的故事,如颁奖大会、国庆报道,只报道领导人讲话和出席领导人的名单,而很少篇幅报道获奖个人或解释他们为什么获奖。这种综合性、"无人"报道方式对事物的报道无法深入,读者所获得的印象也就是大概而失去精微的。

故事中人物不要太多,最好能有一个主人公。"群生像"是最难把握的讲故事技巧,人物多了令读者眼花缭乱,名字都记不过来。特别是一般新闻报道篇幅都不会太长,记者不可能把许多人的故事都说清楚。因此,最好只突出一个人,让他/她的故事说明问题。记者也可以让许多人出场说话,引用他们的话支持记者的主题,但在故事中,人物越少焦点就越突出。

什么人的故事吸引人? 最能打动读者的故事,是那种故事中的人物努力与其他人、事业、目标、大自然等建立联系的故事。我们每一个人,一生都在寻求某种联系,无论它是事业、爱情、友谊、正义、大自然、还是其他。而这种寻求联系的渴望和情感是最人性的,也最能引起共鸣。只有故事中的人物有了情感,读者才能有情感。记者在采访中,尽量找出故事中的主人公渴望建立的那座桥梁,发现他/她为什么渴望建立这座桥梁,探索他/她是如何尝试建立这座桥梁。每个人对自己的个人经历都有一种感情上的反应,引起感情激烈反应的那段经历可能就是个能够说明问题的好故事。如果你能在报道中体现出故事主人公尝试与外部世界建立联系的努力——无论是成功还是失败——那么你就可以做到让读者对普通人的故事产生好奇心和共鸣,用新颖的叙述角度和叙述形式讲故事。请看下面的例子:

【案例 14-1】[①]

从普通工人到著名书法家

早春 5 月,54 岁的铸造工人赵志忠(音译)以他蓝纸金粉小楷作品获得了全国书法比赛一等奖。

评委表示,赵志忠的书法作品复兴了中国传统书法中的彩色书法,对中国书法发展作出了特殊贡献。1982 年,赵志忠参观北京的中国美术馆,当时正在展出两位日本书法家的金色楷书作品。他由此受到了启发,并下决心一定要振兴这门艺术。

作为北京第一机床厂的一名工人,赵志忠 30 多年来的工作就是把金属熔液注入铸模中。从这个工作中,他体会到了书法艺术和铸造技术的内在联系。

"中国书法就是起源于刻在青铜器上的商朝(公元前 16—前 11 世纪)大篆。至今保留最古老的书法作品都是青铜器上的刻字,"赵志忠解释说。

赵志忠认为小楷是书法的基础。"如果没有这方面最基本的训练,你最多也就只能算是业余爱好者。"

赵志忠 7 岁开始练习楷书,不过他最美好的年华都用在铸铁上了。

1957 年当赵志忠 24 岁时,他因为肺结核而失去了 1 个肾。厂长让赵志忠离开铸造车间去做宿舍卫生员,但赵志忠谢绝了厂长的好意。

事实上,他比其他工人都要干得更好。30 多年来,他做出了 100 多项铸造技术创新,有些创新还成为当地报纸的头条新闻。

艰苦的环境使他一直未能实现长期以来的梦想。他一家 4 口住在 14 平方米的小屋,根本没有什么地方可以摆放他的文房四宝。

1976 年夏唐山大地震后,赵志忠和许多北京居民一样,都在家附近搭了地震棚。

---

① 记者李希光:《从普通工人到著名书法家》,载《中国日报》,1986-07-22。原稿为英文。

(续)

之后的 10 年中,他就用这个窄小简陋的棚屋作为他的书房。而就在这个昏暗的棚屋中,他练习书法用坏了 50 多支毛笔,用掉了上万张宣纸。

他的妻子常抱怨他花太多精力和金钱在书法上,然而赵志忠却不觉得书法造成任何困难。

"当我写字的时候,没有人能够拿走我的毛笔,"赵志忠说,"我全部的思想和力量都集中在笔尖上。我的力量从中枢神经产生,传到整个身体,再到胳膊和手指,最后传入笔尖。"

"可以说,练毛笔字就像练气功,通过运气而使身体更健康。"赵志忠补充道。从肾病恢复后,他就从未生过病。

"中国的文字来源于自然。一个符号就代表一个字。比如说,当你写'体'字的时候,你应该尽量让这个字体现和谐平衡的感觉,就像一张和谐默契的结婚照一样。"

在赵志忠家唯一一间房间的墙上挂着一幅长 134 厘米,宽 35 厘米的书法作品。这幅作品,每个字间隔相等,从上到下,从左到右,抄录了三国时期曹植的一部散文作品。赵志忠花了足足 6 个小时才写完这 937 个字。

今年 1 月,53 岁的赵志忠从工厂退休。虽然这个年纪退休要比一般退休年龄早很多,但他解释说:"孔子曾说,'五十知天命',我必须要清楚我的天命是什么。我想我已经够格做一名职业书法家了。"

今年 1 月在东京美术馆举行的书法展览中,赵志忠是中国唯一参展的书法家。他的作品吸引了许多日本著名的书法家。

"我还在事业的起步期呢!"赵志忠说道。

三、新闻故事化的技巧

1. 人物的细节描写

有时候,你会需要描写人物的外貌细节。但单纯凭借外貌描写,会让故事停顿。描写人物外貌时,注意以下几点:

描写与主题有关的外貌特征,避免用固有成见说明人物品性,客观中立地描写。在一般情况下,外貌特征的描写要尽量简短。记者用外貌描写并不是要说明人物的"品性",记者用形象的比喻让读者产生视觉感。描写人物外貌时,要选用最具有代表性的细节,特别是一些著名人物,更需要新鲜的细节。无谓的外貌描写,只能给文章徒增字数。特别是现在新闻报道常会配有图片,读者看图就知道人物的长相,因此记者更要挖掘图片上无法显示的细节。避免带有偏见、歧视的外貌描写。例如,与主题无关地描写黑人的肤色、描写女人的发型衣着等。新闻教育家卡罗·里奇说:"当你决定描写人物外貌时,要注意性别歧视、种族歧视或其他带有偏见的写作。"

描写人物最好的方式是运用细节,通过人物的言语、行动来显示人物的性格或心境。这可以避免纯粹的外貌描写带来的静止感,让新闻报道更加故事化。好记者会让人物的语言和动作来讲故事,让人物说话,用行动动词让他们动起来,让读者听到他们、看到他们活动,让故事产生镜头感。记者不可以自作主张地评论人物的性格,猜测人物心里想什么,但却可以通过人物的语言、动作来揭示这一切。例如,描写人紧张的样子:

"他在椅子里烦躁地挪动身子。一只发颤的手在不停地转动桌上的圆珠笔。"

使用细节,也可以显示出一个人的性格或心情,而最好的细节是对一个人的概括。例如:

【案例 14-2】①

他(江泽民)能讲英语、俄语和罗马尼亚语,并初通法语和日语。他翻译过《机器制造厂电能的合理利用》一书。

……江泽民还喜爱读书。他读的最多的是最新的科技书籍。他也喜欢读马克·吐温的小说,他能熟练地背诵莎士比亚《哈姆雷特》里"生与死"的独白、《雅典的泰门》里关于"金子"的台词和英国诗人雪莱的《西风颂》。

……江泽民的家里无一人抽烟,平时也不喝酒。每次吃饭,有二三个菜一个汤就满足了。在餐桌上,他经常对孙子、孙女说:"你们要珍惜粮食,不要剩饭,农民伯伯种点粮食不容易。"遇到小孩吃了一半不想吃了,他自己三两口地把剩饭吃了。

2. 使用轶事

在新闻的导语或文中使用轶事,利用过去发生的某件轶事,来讲述现在的事件。使用轶事,选择那些能让读者产生悬念的故事。例如,在导语中使用轶事:

【案例 14-3】②

当袭击发生时,萨米·乌拉正在睡觉。他是从朋友们和邻居那儿获知这个炸弹击中了他家的房子,以及这次轰炸给他和他的家人带来的灾难。

这天晚上早些时候,美国飞机曾经飞过这里。但是,为什么等大家都上床睡觉后,这些飞机又回来了?而且,这些飞机不是朝两英里以外的塔里班阵地扔炸弹,而是朝塔林寇特镇的一个居民区扔炸弹。

乌拉先生的伤势十分严重,倒塌的房屋刺伤了他的身体,一块榴霰弹的碎片钻进了他的肚子。从倒塌的房子里,只救出了他的一个表亲,剩下的人全死了。从爆炸发生到他最后苏醒过来的 11 个小时中,乌拉先生的妻子、4 个儿子、他的父母和他 5 个兄弟姐妹的尸体被从废墟里扒了出来,并被埋葬了。

---

① 记者吴复民、李希光:《江泽民:把充满活力的中国带入 21 世纪的领导核心》,新华社 1997 年 9 月 10 日电。

② 记者理查德·帕瑞:《家破人亡:这场"正义战争"的恐怖真相》,载英国《独立报》,2001-10-25。

【案例 14-4】①

时间：1492 年 11 月 2 日；地点：靠近美洲沿岸的光涌的海面；场景：克里斯托夫·哥伦布在狂风中站在他的旗舰"桑塔·玛丽亚"号的甲板上。

"很肯定，这就是大陆，我现在已面临刺桐和京师了"，哥伦布在当天的《航海日记》中写道。

刺桐就是今天福建省的泉州，在中世纪时代，这座城市闻名于西方世界。

当世界各国正在为明年隆重纪念这位热那亚的水手横渡大西洋、发现新大陆 500 周年展开各种活动时，中国学者对哥伦布究竟发现了什么这一问题提出了新的见解。

在导语中使用轶事，奠定了全文的基调和方向，因此一定要选择最有代表性、最精彩或最能引起读者好奇的故事。我们再来看一个在文中使用轶事的案例：

【案例 14-5】②

手握着卡拉什尼考夫冲锋枪和机关枪，巴格拉姆的女人们时刻准备与塔里班拼命。

在阿富汗北部这个男人居统治地位的伊斯兰地区，抵抗战士有一个秘密武器——他们的妻子。

家在喀布尔北部 25 英里前线的沙丽发极少离开过她家的那个泥坯的院子。除了直系亲属外，她还被禁止与任何男人交往。她是透过从头蒙到脚的博卡的网眼里看这个世界。

但是，3 年前，自从塔里班民兵袭击了他们的村子后，她的丈夫教她使用 AK47 步枪。去年，当塔里班再次攻击这个村子的时候，男人们都躲到壕沟去了。她的枪法救了她自己的命。

村子里的妇女们从房顶上看到了来犯者。包括沙丽发在内的 9 名妇女抓起她们的丈夫给她们留下的武器，用火力把进犯者挡在了一片玉米地里。

"我打了 500 发子弹，我们共消灭了 25 个塔里班民兵，"沙丽发骄傲地叙述。当问她如果塔里班再次来犯时，她将怎么办，她坚定地说，"我将向他们开枪。我不会犹豫。"

在文中使用轶事，可以让读者读到一半最疲劳的时候轻松一下。这里的轶事能够解释、举例，或者深入主题。

3. 幽默轻松的叙事方式

无论是战争报道还是反腐打黑新闻报道的新闻写作，记者没必要总是采用一种沉重的笔调叙述，让读者总是看到一种黑暗的场面，心情十分压抑。记者在叙述过程中，有时采用一种类似罗素·贝克的幽默轻松的叙述方式，同样会产生巨大的冲击力。如《美军占领巴格达：贼获得了解放》(英国《独立报》记者 Robert Fisk)：

这是贼的节日。他们洗劫了德国使馆，把德国大使的办公桌扔到了使馆院子里。一群

---

① 记者李希光：《"哥伦布相信他发现了中国"》，新华社北京 1992 年 11 月 12 日电。
② 记者菲利浦·谢维尔：《蒙面纱的女人是致命的：她们是蔑视塔里班的战士》，载英国《星期日电讯报》，2001-10-28。

中年男子,戴着面纱的妇女和尖声叫喊的儿童争来抢去地穿过领事办公室,莫扎特的唱片和德文历史书从楼上的窗户中纷纷落下。我抢救出了欧盟盟旗——它正插在签证处外的一滩水里。几个小时后,斯洛伐克大使馆也遭到了破坏。

从20世纪80年代起就一直致力于保护上百万伊拉克儿童性命的联合国儿童基金会遭受了一股盗贼的洗劫,他们把崭新的复印机摞在一起,联合国关于儿童疾病、流产率以及营养方面的文件如瀑布般一泻而下,散落在地上。

美国人也许认为他们"解放"了巴格达,但成千上万的窃贼对解放一词似乎有不同理解,他们以家庭为单位,开着卡车和汽车在城市里巡逻,搜索战利品。

美国对巴格达的控制充其量只能称为微弱——这一事实在昨晚几名士兵在一起自杀性爆炸事件中身亡后表现得尤为明显,而爆炸地点就在周三推翻了萨达姆·侯赛因一座雕像的广场附近,那场推倒雕像的镜头是精心导演策划出来的。

整整一天,美国军队都在同据说是来自阿拉伯地区其他国家的萨达姆拥护者进行枪战。四个多小时的时间里,海军士兵在巴格达中部地区的清真寺与之激烈交火,此前曾有传闻说萨达姆·侯赛因及其统治集团的高级官员在此逃跑,不过后来事实证明这个传闻是错的。

作为占领者,美国有责任保护在其控制地内的大使馆以及联合国办事处,然而昨天它的军队看着盗贼们运送一车桌椅出了德国使馆前门而无动于衷,并扬长而去。

这是耻辱,是一种顽疾,是盗窃癖的一种表现形式,而美国军队却高兴地对此熟视无睹。在城市的一个路口,我看到美国海军陆战队的狙击手站在高楼楼顶扫视下面的街道,提防潜在的自杀性爆炸者,然而就在下面的大路上,一队盗贼堵塞了交通——有两名盗贼正开着偷来的双层汽车,里面塞满了冰箱。

我观察到,整户整户的家庭顺着底格里斯河沿岸抄家,被抄者有易卜拉辛·哈桑,萨达姆的半个兄弟同时也是前内务部长、前国防部长,萨达姆最亲近的一名安全顾问萨顿·夏科尔。阿里·侯赛因·马吉德——他因对库尔德人使用毒气而被称作"化学阿里",上周于巴士拉被杀,以及萨达姆的私人秘书阿贝德·莫德。盗贼们都是驾着卡车、货柜车、大巴甚至是营养不良的驴拉板车而来,再把这些人豪宅里的值钱货席卷而去。

这也提供了一睹社会复兴党高级成员在装潢方面孜孜以求且令人瞠目的品味:廉价的粉红色沙发和精心修饰的椅子,塑料手推餐车以及价值连城的伊朗地毯,重得要三个肌肉发达的小偷才能扛得动。在前内务部长那已遭破坏的住宅外,一名胖胖的男子戴着一顶偷来的高帽正在向人炫耀,活像狄更斯笔下的人物,他正在疏导造成交通堵塞的盗贼。

在底格里斯河的萨达姆桥上,一名窃贼把他那满载偷来物品的车开得飞快,一头撞上了中间的混凝土堆,做了轮下之鬼。

盗贼之间似乎形成了某种规定。一旦有盗贼把他的手搭在了椅子、吊灯或是门框之上,那这件东西就是他的了。我看到没有人为此争吵或是拳脚相向。德国大使馆的几十名盗贼就是这样沉默地干着,还有一些小孩在一旁帮忙。妻子指出她们想要的家具,丈夫就把家具搬下楼,而小孩就被利用起来开门,拆下灯饰,这是在联合国办事处。更有甚者站在大使的办公桌上卸掉了天花板上的一个灯泡。

在萨达姆桥的另一边,还能看到更为离奇的一幕。一辆装着椅子的卡车上还有两条白色的猎狗,这两条猎狗曾为萨达姆的儿子库赛所有,现在却被两条白绳拴在车上,留下一路犬吠。穿过城市,我还看到萨达姆的四匹马,包括在某些总统肖像中曾经出现的白色牡马,也被装上了拖车。塔里克·阿齐兹的别墅也遭洗劫,包括他图书馆里的藏书。

……

同时,在道拉的郊区,伊拉克平民的尸体——其中许多都是在本周早些时候被美军打死的——在他们还在冒烟的汽车里渐渐腐烂。而昨天还仅仅是巴格达"解放"日的第二天。

4. 清新鲜活,令读者耳目一新的叙事风格

故事现场的描写是叙事新闻作品中最有挑战性的环节。优秀的现场描写读起来应该是鲜活的、清新的,有声有色、令人耳目一新。现场描写包括:自然景物、光线、气候、温度、空气、气味、对话。请看新华社陕西分社两名记者20世纪90年代在秦岭采写野生大熊猫的稿件:

特写:与大熊猫和谐相处的小山村

新华社板桥村十月二十六日电(记者马集琦 李勇) 娇娇又生了个漂亮娃,忙得王文树天天往她栖身的山洞跑。望着他那细心劲,家里的妻子吃醋地说,"我坐月子时,也没见他这么忙乎。"

温顺憨厚的娇娇是一只15岁的大熊猫,住在离王文树家所在的板桥村5公里的一个山洞里。过去8年里,娇娇在板桥村附近的几个山洞里先后生下了3儿1女。这些山洞在古城西安东南600公里的秦岭南坡茂密的竹林里,那里海拔1400米,生存着250只大熊猫。目前,全世界仅存大熊猫约1000只。

给北京大学熊猫研究小组当过向导的农民王文树从娇娇生第一胎时,就与她建立了友情。在娇娇哺育她的4个幼崽期间,他每天都去山洞看她们,给她们带去新鲜的竹笋、玉米面馍馍和糖果。

王文树形容把小熊猫搂在怀里的感觉说,"那毛茸茸的小家伙爱伸懒腰,可爱极了。"他后来给自己的小儿子干脆取名熊猫。

在有40户人家的板桥村,像王文树与大熊猫这样"相亲相爱"的人真不少。村民们不仅常在山野和村里遇见过大熊猫,很多人还救护过大熊猫。

一年冬天,村民发现3岁的冬冬在水洞沟里摔断了前肢,行走困难。刘国政和十几个村民找来担架,铺上被褥,抬回村里。在此后的两个月里,板桥村的100多村民轮流当护士,喂她白糖稀饭吃。有时给她土豆、白菜、甘蔗和苹果吃。孩子们还跑进山为她采竹叶和竹笋。

笼笼是板桥村民们时常惦记的另一只大熊猫。在一个秋天,廖长发父子放牛时发现了奄奄一息的笼笼。他们用架子车把她拉回村。笼笼拉痢疾,经过打针吃药,很快康复。她在

板桥村住了一个半月里,拉屎撒尿都在廖长发的家里。廖长发和几个村民每天给她打扫卫生,并采来新鲜的竹叶。廖长发家贫困,村里人凑钱买奶粉喂笼笼。笼笼在放归山林时,她依依不舍,一步几回头。在离开后的头几个月,她经常返回板桥村,把这里当成了一个窝。

板桥村村长张泽国说,在村民们眼里,大熊猫是吉祥动物,称其为花娃子。村里的猎人从祖先那里继承了一个说法:打猎不打花娃子。

3年前,国务院决定把板桥村周围的山林划进陕西长青国家自然保护区,村民的猎枪全部收缴。今天,这里野猪和野鸡成群出动,糟蹋庄稼。一个村民无奈地说,"没法子,为了保护熊猫,不能下套子,连野猪都沾了光。"

保护区的官员说,近20年来,这里未出现一起大熊猫冻死、饿死或被伤害的事件。"这里的大熊猫很聪明,只要病了饿了,就卧在路边、河边容易让人发现的空地上,或者干脆到村民的房前屋后,登门拜访"。前年春天,大熊猫茅茅在板桥村的邻村九池村当了一回座上客。那天晚上7点多,茅茅推开村长谷应明家的后门,大摇大摆地进来。谷村长的母亲一看来了"贵客",忙找吃的喂他。茅茅先吃了几块切好的腊肉,又凭着嗅觉找到放在屋角的一罐蜂蜜,吧唧吧唧美餐了一顿。这天夜里,他睡在村长的牛圈里。

第二天,茅茅又来到王德刚家。在他家饱餐后,用前爪拍拍肚皮,然后晃着脑袋一屁股坐在火炕旁烤起火来。王德刚全家老少与茅茅围坐一起,与他逗乐。茅茅不时发出几声"汪汪"的狗叫或"咩咩"的羊叫。

在秦岭考察的北大教授潘文石说,板桥村的情况使他对人类与熊猫和谐相处有了信心。"这里的大熊猫是中国最有希望抢救成功的野生种群。"他说。

记者离开板桥村时,王文树又讲了一个新闻。村民们最近常发现一些大熊猫幼崽。他自己就亲眼看到他曾抱过的娇娇的女儿正带着自己的幼崽在林里溜达,这意味着娇娇已当了姥姥了。"看到娇娇子孙满堂,我真高兴。"他说。

5. 细心观察

记者作为观察者,只要处处用眼、用耳、用鼻、用手、用心采访观察,就能获得真实的细节和精彩的直接引语。记者通过事实的选择,通过尽量客观的描述,读者自然会在记者提供的事实和细节中对这个人物的性格和特点做出自己的判断。

【案例 14-6】[①]

每个星期,伊拉克副总理塔里克·阿齐兹都要在执政的指挥委员会的巴格达总部与萨达姆·侯赛因和其他部长围坐在一张擦得锃亮的内阁会议桌,决定政府政策。

上周,阿齐兹先生正是坐在这张桌前,告诉我为什么他的国家为迎接美、英的袭击而备战。

---

① 记者哈拉·贾波尔:《阿齐兹警告:对伊拉克的攻击"将是严重的错误"》,载英国《每日电讯报》,2001-10-28。

（续）

作为伊拉克政府的外交脸面，阿齐兹先生没有采用伊拉克总统萨达姆·侯赛因吹胡子瞪眼、敲桌子的谈话方式。在我们谈话的内阁房间里，墙上有一幅萨达姆的画像，他正用眼睛蔑视地看着我们。这位满头白发的部长轻松地谈话，与这个政权所即将来临的袭击恐惧不符。尽管桌子上散乱地摆放着一些水晶烟灰缸，阿齐兹先生在一个半小时的采访中，暂时戒了他抽雪茄的习惯。这是自9月11日纽约和华盛顿遭袭击以来，他第一次接受一家报纸的采访。虽然他说话平静，但是，他的手却在不停地动。

他坚持说英国和美国将用反对恐怖主义的战争为借口，决心要推翻萨达姆政权。阿齐兹微笑着挥了一下手说，有关巴格达卷入了9月袭击的指责是"无根据的"。

上面这篇报道记者通过个人对采访环境和人物的细腻观察，如"擦得锃亮的内阁会议桌"、"墙上有一幅萨达姆的画像，他正用眼睛蔑视地看着我们"、"桌子上散乱地摆放着一些水晶烟灰缸"等，拉近了读者与阿齐兹这个神秘人物的距离，大大提高了读者的阅读兴趣。

6. 直接讲故事

如果事件本身就能够吸引人，不如就直截了当地按照时间发生的顺序讲述故事。例如：

【案例 14-7】①

哈米德·乌拉哈躺在一条肮脏的床单下。他的全身，从脖子到面部，身体布满了散榴弹的烧伤。服了大剂量的镇静药后，这个12个月的婴儿手抓了一下用来安抚他的一个玩具熊，然后把玩具推开。

他的妈妈拉迪古尔躺在他身旁，但是，拉迪古尔不能给她这个唯一幸存下来的孩子任何安慰。拉迪古尔的右胳膊肘下有一个裂开的血淋淋的伤口，护士们正在这间布满灰尘、设备恶劣的病房里给她的伤口涂抹消炎药。拉迪古尔尖叫起来："请不要弄痛我。"

拉迪古尔和她的儿子是昨天从坎大哈的一个村子逃出来的几个幸存者。昨天两枚美国导弹把这个村子抹去了。幸存者说，有25人在这场袭击中丧生。

这个妈妈找不出任何理由，说明他们的小村庄为什么遭到袭击。村子里没有士兵或军事设施。她也不清楚附近的山区有任何本·拉登的训练营地。她唯一能确认的是：她的另外4个孩子死了。

新闻写作的能力就是对细节和人物的观察能力。讲一个好故事更是需要细节和画面感的支撑。文字对细节的观察跟电视记者的摄像机或广播记者的录音机一样，不是纪录看到或听到的一切事物。记者只是纪录新闻事件关键时刻的场面、声音和画面。记者只选择那些能说明新闻事件意义、帮助读者理解和欣赏新闻作品的细节、人物和事实。记者在一次采访中可能记录了一大本子细节，但是，在实际写作中，只使用符合新闻叙述框架的细节，选择

---

① 记者桑德拉·拉维勒：《幼小的轰炸幸存者得不到任何安慰》，载英国《每日电讯报》，2001-10-25。

那些能帮助读者"看到"现场的细节。

7. 用第三人称叙事，也可用第一人称讲故事

因为读者需要了解的是被采访人的观点，而不是记者要说的话，新闻写作的客观性要求记者用第三人称写作，以防把自己的个人意见写进稿件中，但是，有的时候，在某种特定的情景中，如果用第一人称写作能够使读者更深刻地理解记者的感觉或记者的观察有助于帮助读者理解新闻事件或新闻人物，记者也可以用第一人称写作。事实上，如果你是一个文笔娴熟、观察力细腻敏锐的老辣记者，用第一人称写通讯，不仅增加报道的可信度，而且使作品读起来有一种个性的东西，加深作品的深度和独特视角。记者马克·菲兰切尼用第一人称描述的他亲眼看见的画面：

"我们向平民开枪"

英国《泰晤士报》(2003年3月31日)记者马克·菲兰切尼

天空泛着异样的灰黄，一阵阵灼热的风提醒我们沙尘暴即将来临……

一夜振聋发聩的枪炮射击过后，周遭的静谧显得愈发诡异。我拖着沉重的步子迈向纳西里耶桥，一派可怖的景象呈现眼前：路面上横着一辆小型货车和十几辆卡车，全都布满了弹孔。有的还在燃烧，还有的已经被烧成了一堆堆变形的金属片。

在路面和路边的水沟里，我看到了12具尸体，全是伊拉克平民：一个男人的尸体还在燃烧，嘶嘶地冒着烟，胸前堆着一叠快成灰烬的钞票，看样子是他带在身边的积蓄；一个小女孩趴在路边，身上穿着漂亮的橙色和金色裙子，她还不到5岁！她的父亲倒在她身边，半个脑袋已经被炸飞；旁边的一辆被打扁了的车里，一位伊拉克妇女倒在后座，也许她是这孩子的母亲，她身上留着美军M1主战坦克压过的印迹。这并不是这些尸体中唯一的家庭，就在不远处躺着一位父亲、一具女婴和一具男婴！

这些都是为了躲避美军飞机大炮的伊拉克难民。为了活命，他们连夜逃离纳西里耶城，不幸的是，他们走上了美军把守的用于输送补给的一座桥，撞到了刚刚接到命令可以向任何移动车辆射击的美军枪口上。

我的身边就站着一位深感内疚的枪手，马特·马丁的眼睛湿润着，匆匆掩埋了那具女婴，我知道就在来海湾地区的路上，他的第3个孩子出生了。他抱歉地看着我："我实在不愿意看到孩子这样被杀，可是我们没有选择。"

和马丁的悲痛形成鲜明对比的，是他的战友们疯狂的兴奋。瑞安·杜普雷歇斯底里地喊着："恶心的伊拉克人，我已经开始憎恨这个国家了！等着瞧我怎么活捉个伊拉克人吧。不，不用等我活捉，我会直接杀了他们的！"

就在几天前，这些年轻的士兵还都只是些眼神清澈的乡村大男孩，他们奉命把守纳西里耶的几座桥梁，保证通向巴格达的交通枢纽顺畅无阻。原以为这是个轻松差事的他们，却亲眼目睹了战争的残酷，看到了伊拉克人诈降伏击给他们的战友造成的惨重

伤亡。

　　我还清楚地记得23日那天的情景：当接到开往纳西里耶保护桥梁的命令，很多士兵都遗憾只能在战场上当个"小角色"。然而还没开进城里，先头部队遭到诈降伏击的坏消息就传来了。激战在没有任何先兆的情况下打响。我亲眼看到一辆美军AAV两栖装甲车被炸散了架，到处都是血肉，散乱的扑克、杂志、可乐罐和沾了血的泰迪熊中间，横着一条还穿着军靴的腿……没有人受得了眼前的一切，25岁的坎贝尔·凯恩怎么也止不住牙齿上下打架："我们不该来这儿，不该来，我们还要更多的坦克和直升机！"他身边一个更年轻的士兵则吓得呆住了，不停地重复着："你看到那条腿了吗？看到那条腿了吗？"

　　我们的队伍越接近那几座桥，看到景象就越惨烈：到处是七零八落的尸体，其中有我认识的，有几天前还和我一起散步的，还有即将被升为中尉的老兵。

　　愤怒和伤心折磨着这些年轻的小伙子，他们中的大多数人在此之前还没有真正参加过一场战役，没见过一具真正的尸体。而现在，他们稚气的脸因为痛苦而变了形，有的在战友的怀里哭泣，有的翻开《圣经》默默地祈祷。也就是从这一刻开始，他们已经不再去想"保护平民"的命令，一心只想铲平伊拉克。只要一有伊拉克车辆经过，无线电中就会响起疯狂的叫喊，请求射击。24小时前这样的要求一定会被拒绝，但现在，射击被批准了。

　　当我们终于来到第三座桥，搭建了简易营房后，士兵们已经不相信任何伊拉克平民了。

如果你是一个文笔娴熟、观察力细腻敏锐的老辣记者，用第一人称写通讯，不仅增加报道的可信度，而且使作品读起来有一种个性的东西，加深作品的深度和独特视角。

　　夜幕来临，两辆坦克和三辆AAV两栖装甲车被安插在桥北，所有的枪口都对准纳西里耶，命令是：可以射击任何开往美军方向的车辆。

　　如果那些平民徒步过桥，也许还能活命。但只要是开着车的，一律会被枪炮追着打。惊恐的车子越加速，炮火越猛烈。整整一夜，枪声响起了数次。

　　于是，天亮以后，我看到了那条橙色和金色的裙子，那散落一地的钞票，那些着了火的车子……

　　迈克·布鲁克斯是下令射击的指挥官之一，他有一个在家乡当护士的妻子，一个6岁的儿子和一对4岁的双胞胎。开战以来，他每天都写日记，但关于那对被他手下打死的婴儿，他却无法下笔。当我让他用我的卫星电话跟妻子说两句时，他拒绝了。他说："她能从我的声音里察觉情况的。现在一切都已经不对劲了。也许，等我有机会活着回去，会向她说起这些的。"

　　最后要强调的是，在新闻故事化的写作中，记者与读者有一种契约：任何故事都是真实的，不是虚构的；读者看到的是记者用故事化手法认真、诚实再现出来的现实。

课堂练习及课外作业

1. 一分钟故事：每个学生用一分钟时间讲述一周来亲身经历的一个故事。由老师或者同学点评：是否把故事讲清楚了？这个故事是否吸引人？为什么？

2. 一分钟故事：每个学生拿一张照片，用一分钟时候向全班讲述照片上的故事，老师或同学点评。

3. 选择下面任意一个题目，进行采访和文献研究，写一篇不超过400字的新闻故事。

（1）你所在城市的一个建筑物：这个建筑物的特点？历史？故事？传说？

（2）你所在城市的一个街道：街道名称背后的故事。

4. 撰写"我的童年"故事，不超过800字。

第 15 讲

让你的报道流畅起来

本讲重点学习的知识与技能

- 报道的展开
- 报道的过渡
- 报道的结尾
- 最后的修改

在前面的 14 讲中,我们学习了新闻的结构、导语、直接引语、新闻的语言、描写、新闻的视觉化、新闻的故事化等写作技巧。本讲是把不同的新闻写作技巧要件组织起来,形成一篇读起来流畅的新闻作品:新闻报道的展开、激发读者兴趣的方法、新闻背景的使用、不露痕迹的过渡、新闻的结尾、对新闻稿件最后的修改。

一、报道的展开

如果你有一个本身就很吸引人的故事,你几乎不用过多考虑就可以顺畅地把报道写完——故事本身就足以吸引读者,例如警察如何破获一起案件、一个人如何在没有麻醉的情况下接受了手术等;但大多数情况,特别是从微观到宏观、个体到群体、此时此地到彼时彼地的过渡中,读者很容易失去兴趣,中途放弃阅读。而你的任务是:不仅让读者读下去,而且要读完。这就需要你不断用精彩内容展开你的报道。

1. 让读者产生疑问

说服读者读下去的最好办法就是让读者不断产生新的问题。如果读者有疑问而没有得到回答,那么他们就更有可能继续阅读,直到这个问题得到解答。大部分新闻报道是要通过一件事、一个人的故事说明更宏观的问题。最好的办法就是提出一个问题,回答一个问题,在回答上一个问题时,让读者产生新的问题,这样直到回答了读者可能所有的全部问题。要注意:读者合理的问题不能不回答。例如,你报道一个人在地震中三天三夜获救的故事,读者自然而然会问:他在获救前,吃什么?喝什么?获救后他现在怎么样了?这些问题是合理的,你必须在文中有所交代,否则读者会有一种报道不透彻的感觉。

读者问题的合理性是有限度的。有时,读者看似合理的问题是不应该回答的,例如你报道一名大学生感染艾滋病后返校的故事,一些读者必然会问:这个大学生是怎么感染上艾滋病的?有职业道德的记者会回避这个问题,因为他们知道这样的问题只是为了满足读者的猎奇心理,如果回答了,很可能会加深人们对艾滋病感染者的歧视。要特别注意,患病者、受害者、弱势群体等人群需要的不是公众的指责或居高临下的同情,他们更需要人们的理解以及能够切实解决他们所面临困难的办法。避免回答涉及他人隐私的问题。

让读者产生问题,激发读者对你的报道感兴趣,需要你在接到报道任务后以及后面的采访、调查、研究中不断预测读者可能会有的问题。从一个读者的角度采访、搜集素材、写作,会让你的采访报道更有针对性。

2. 用新闻六要素展开新闻

你可以事先把读者可能会有的问题按照六要素(或加上"那又怎样?")的思路具体列出来并不断展开新闻。在采访、调查过程中如果发现新的问题添加到问题列表中。没有意义、无法获得解答的问题也可以及时删掉。例如,你要报道一次"联合国环境问题元首会议":

什么时候召开？
为什么要选择在这个时间？
会议之前和之后发生了什么，还会有什么可预测的重大事情？
这些事件和此次会议有关吗？
如果有，有什么关系？
什么地点召开？
为什么选择这个地点？
什么人参加？
政府要员？科学家？其他领域学者？社会活动者？跨国组织？
是否有什么意想不到的人参加？
什么人发言了？什么人只是出席？
发言的人一贯持什么观点？
会议的内容是什么？
会议的议题是什么？为什么这些议题重要？
会议是否提出新的观点？
会议是否提出新的行动计划？
会议如何进行的？
会议是什么气氛？紧张？友好？敌对？
与会者如何看待会议中的观点、计划？支持？反对？犹豫？为什么？
与会者如何看待会议本身？
会议中有没有发生什么有趣的事情？
为什么要开这个会议？
会议组织者如何解释会议召开的原因？
与会者如何解释？
局外人如何解释？
此次会议是否和当前的热点话题有什么关联？
这个会议和我的读者有什么关系？
会议中什么内容会让我的读者感兴趣？
会议中什么决议会影响到我的读者？怎么影响？影响程度如何？
是否有某些与会者会让我的读者感兴趣？他们说了什么我的读者会很想知道？
上面这些问题只是一个模板，你可能会根据实际情况细化或增加一些问题，或干脆删掉一些可以确定没有意义的问题。

3. 根据新闻现场发展，扩充新的问题

根据你的报道框架，选择与之有关的问题，或扩充新的问题。有时，编辑会直接要求你

报道特定的主题，为你设置好了报道的角度；有时你则需要在挖掘新闻的同时思考如何报道。早定下报道框架，你可以尽快定位读者可能会有的问题，但过早定下报道框架，你可能会遗漏重要内容。另外注意如果新闻事件中有多个兴奋点，要一事一报、一人一报，避免把许多问题集中在一起，重点不突出。

假设中美财经峰会在天津召开，一群环保主义者在会场外面抗议。这是一个兴奋点，你打算报道。你预测的问题就要从"会议中有没有发生什么有趣的事情"延伸。下面是读者可能的问题：

这些环保主义者什么来路？他们一贯的主张是什么？他们曾经做过什么？

他们为什么要在一个与环保无关的会议期间抗议？抗议领袖是怎么解释的？

他们是如何抗议的？抗议的场面、标语是什么样的？

会议组织者对抗议持什么态度？与会者对抗议怎么看？

其他环保主义者怎么看？

他们的抗议有道理吗？

列出这些问题，你会发现，新闻报道想要做到没有立场有时是很难的。因为如果你要回答"他们的抗议有没有道理"这个问题时，就要做出价值判断。无论你支持还是反对这次抗议，如果你想让你的读者满意，就需要用事实来说服。你想左右读者如何思考则在于你对事实的选取，而不是你自己告诉读者抗议有没有道理。

4. 写出中心提要、组织问题顺序、写下导语

通过你的采访，你得知这些环保主义者抗议的原因是他们认为会议上美国政府在资本集团追求利润的驱动和操纵下，让华尔街资本无节制地在地球上流动，加重了地球的资源负担。你同意他们的观点并打算写一篇特稿，你的中心提要可能是：

××××年××月××日，在天津召开的中美财经峰会开幕时，一群环保主义者在会场外面抗议。他们指责美国政府在华尔街财团压力下，提出美国的减碳政策是虚伪的。

那么你对问题的组织，也就是文章的组织就可能是：

以抗议的场面开头

这些抗议者的来路

为什么抗议＋直接引语＋背景说明（为什么美国环保政策是虚伪的）

这些抗议者的一贯主张（直接引语）＋做过什么相关的事（事实、轶事）

支持抗议者的人的态度＋直接引语

反对抗议者的人的态度＋间接引语为主，直接引语为辅

支持者的回应＋直接引语

以一句支持者的好引语结束

现在假设你不支持他们的抗议，那么你的中心提要是：

××××年××月××日，在天津召开的中美财经峰会开幕时，一群环保主义者在会场

外面抗议,他们的抗议会让今后的减碳进程困难重重。

这时你对文章的组织就可能是:

美国政府提出的减碳政策

专家们的支持评价+直接引语

有抗议发生+简单的原因、背景介绍

专家们对于抗议者的驳斥

抗议者的回应

专家的回应

以一句反对抗议者观点的引语结束,或指出美国政府减碳政策给未来带来的好处。

如果抗议规模不大,你也可以选择不报道。这从某种程度上也反映了你对抗议的不支持。

有了思路后,你需要花很大精力在导语上。我们曾经强调过,如果你两个小时写作,那么一个半小时要用来写导语。这是因为,导语确定了你报道的方向、基调、思路和框架。好的导语让读者根据你导语的思路提问,而不会超出导语提问。你的导语强调什么,读者就会关注什么,这让你能够进行事实选择。

另外,无论你是支持还是反对,要用中立的语言,特别注意不要让极端的情绪左右了你的写作,这种极端情绪会从你的文字中表现出来,那么你就算再有道理,只要读者觉察到你头脑不冷静,他们就很难相信你的意见。

从上面虚构的例子中,你应该能够体会到记者身负的责任。记者的笔,可以成就一件事,也可以阻挠一件事。这里,希望你思考一个问题:我做记者,是为谁报道?

5. 其他技巧

如果你报道的事件很重要,但读者不一定爱看,例如,政府的一项新外交政策、古生物学的最新研究成果,你就需要审视一下报道内容:是否能让新闻故事化?是否能让读者不断产生疑问(好奇心)?除此之外,还有一些技巧可以让读者更愿意读下去:

1) **越是复杂的信息,就越要使用简单的句子。**如果艰深晦涩的内容再配上艰深晦涩的语言,就等于在读者面前竖立了两座大山,读者要翻越语言障碍后,才能真正理解文章的内容。这要求记者自己要首先消化信息,不能直接使用没有经过处理的政府文件、专业文件、科学论文等。

【案例 15-1】[①]

股票期权,指公司给予其经营者在一定的期限内,按照某个既定的价格购买一定数量的公司股票的权利。比如,公司今年给了你 10 万股股票期权,允许行使期权的期限为 10 年,约定你购

---

① 记者巩双印、孙静惟:《职工持股激发创意,股票期权制成趋势》,载《大公报》,2001-02-20。

（续）

买这些股票的价格为 1 元/股。假设 2 年后，公司上市或股票上涨到 20 元/股，你可以按约定的 1 元/股购进，再按 20 元/股卖出，你将获利 190 万元；如果预计经营状况良好、股票会进一步升值，你也可以等到股票价格更高时再行使权利。当然，如果公司的股票一跌再跌，股票期权也可能成为空头支票。

上面这一段文字，是对股票期权的解释。请注意记者把复杂信息简单化的技巧：(1)能断句，就断句，让读者有一个停顿、消化的机会；(2)用大众语言来解释股票期权；(3)只说明与文章主题有关的内容，不涉及无关的股票期权的内容；(4)用举例的方法解释。

2) **列清单**。如果可能，列清单也可以让文章快速进行，并把复杂的内容简单化。适合列清单的内容包括：科学研究成果、政府决议、原因、目标、办法等。列清单可以让读者很快了解事物的全局。例如：

【案例 15-2】①

据近期在淮北矿务局举行的一次研讨会上的报告称，自 1983 年来，煤炭部在淮北实行了一个试点项目，考察三种再利用撂荒土地的办法。这三种办法是：

- 使用废石填补地面下陷。由于原料成本低廉，既可以节省开支，还可以消除煤矿常见的废石堆积。淮北矿业已经在再利用土地上修建了一个游泳池、一座体育馆、一个运动场和一所中学。
- 使用附近发电厂的尘土填补地面下陷。尘土填补的耕作层可以让小麦、芝麻、番茄、西瓜和各种蔬菜大量生长。
- 以多种方式再利用土地，使其与周围生态系统相协调。例如，如果某一土地下陷地区更适宜养殖鱼类，那么与其填补下陷，不如挖得更深。

3) **在文中设计一个"谜"**。有的新闻故事本身错综复杂，可以考虑在文中设计一个"谜"，吸引读者继续读下去。当然，并非所有的新闻事件都可以这样处理，你还需要根据具体报道的内容判断。有时候，设计"谜"相对容易，例如，一个起关键作用的人物在事件中出现、事情突然发生转折，等等。还有时候，你需要自己提出问题，给读者一个"助推"，吸引他们阅读。下面这段文字节选自一篇新闻报道，报道揭露了"三K党"的发家史。记者从开头起，就提出一连串问题，引起读者好奇，在文中，记者又重新提出问题，让读者读下去，同时又能给报道一个清晰的脉络。

---

① 记者李希光：《煤矿努力解决耕地再利用问题》，载《中国日报——商业周报》，1986-10-22，原稿为英文。

【案例 15-3】①

什么是三 K 党？

它是怎样在 5 年内由一个 34 人的秘密小团体发展到拥有 50 万人以上的成员的？

它的"领地"、"版图"和"分部"是怎样扩展到全国除蒙大拿、犹他和新罕布什尔这 3 个州以外的所有各州的？

为什么一个宣扬仇恨犹太人、天主教徒、黑人和外国出生公民的团体能够存在？

为什么一个在半夜三更躲在面罩和长袍之后盘查私人行为，动辄施以鞭刑、将人的身上涂以柏油并粘上羽毛的秘密组织能够存在？

对于一个其成员不必正式入伙而是"自然加入"、宣誓终生服从一个"皇帝"的团体，人们应该怎么办？

对于一个作为其成员的推销员首先在法官和警察中，继而在陆海军预备役军官中开展工作的组织，人们应该怎么办？

（……）

它是怎样筹划、发展得如此迅速和广泛呢？

（……）

三 K 党这样的组织究竟为什么能存在呢？

（……）

除了上面说的这些技巧，前面几讲曾经提到的使用轶事、对话、平行结构，也可以让报道更有趣味、文字更加易懂。

6．新闻背景的使用

新闻背景是新闻报道必不可少的部分。新闻背景虽然有时会枯燥乏味，但是它能够把新闻事件放在相关的语境中，让读者知道应该知晓、但很可能并不了解的事实，了解新闻事件的意义。如果缺少了必要的新闻背景，读者阅读会产生困惑，极有可能放弃阅读。美联社总汇新闻主编杰克·卡朋说："在新闻写作中，为了准确表达意义，必须确保在充分的语境中报道任何事件、演讲、局势或数据。没有什么比这更重要了。"因此，任何可能让读者产生困惑的地方，你都要尽力提供背景，例如，一个新上任官员的资历、一个专业词汇的含义、一段读者应该了解的地理、历史、文化知识等。

新闻背景会拖慢故事发展的速度，同景物描写一样，你在介绍相关新闻背景时，也就意味着故事没有在发展。此外，长篇大论地介绍背景，就好像喂给读者一粒难吃的中药丸，逼着读者一次吞下。因此，新闻背景要简短，这样读者可以尽快回到事件；新闻背景要分散，

---

① 罗兰·托马斯：《南方的秘密帝国》，载《纽约世界报》，1921-09-06。选自沃尔特·李普曼、詹姆斯·赖斯顿等著：《新闻与正义——普利策新闻奖获奖作品集 I》，展江等译，253～256 页，北京，中国人民大学出版社，2009。

这样读者只在需要的时候了解需要知道的背景。例如：

【案例 15-4】①

在江苏省 1000 多公里长的沿海线上，曾经是海水浸泡的滩涂茂盛地生长着稻米、小麦、棉花和青草。

几十代人沿海造田的努力，终于把滩涂变成了绿洲。

900 多年前，宋朝(960—1297)著名文人和政治家范仲淹带领人民在江苏沿海搭建起 400 公里长的海堤。20 世纪初，清朝官员张谦组织当地群众围出 27 万公顷潮区泥泞低地。

今天，黄海已从几个世纪之久的海堤往后退了 60 公里，露出 1.5 万平方公里可被再利用的滩涂。这也是世界上最大的沿海滩涂之一。

长江和其他河流冲击下来的沉淀物每年也为江苏省增加 4000 公顷的滩涂低地。科学家预测，不断增加的滩涂将在下个世纪使江苏版图扩大 2 万平方公里，沿海线向海面推进 10 公里。

案例中加粗部分就是一小段背景知识。没有这段背景介绍，新闻稿仍然可以写出来，但是它对于读者了解江苏省沿海造田的意义十分重要：读者可以把沿海造田今天取得的成绩放在 900 多年的历史中考量，新闻报道的价值和知识性也得到提升。

有的新闻背景，不需要一段的文字，你可以随时用破折号、括号、逗号等标注背景说明。例如：

俄亥俄州——相当于 4 个我国台湾地区面积——在 2004 年美国总统大选中起到了决定性作用。

判断什么样的内容需要新闻背景要从读者的角度考虑。例如，如果你面对的读者是企业高管，那么文章中的最基本的商业用语可以不用解释，但如果你面对的读者是普通大众，那么你就要仔细考虑是否一些商业词汇会给读者造成困难。

新闻背景可以让记者隐晦地表达自己的立场和观点。使用什么样的新闻背景，就等于记者选取什么样的事实。例如：

【案例 15-5】②

从前，气势庞大的扬子江曾经是几千头中国河豚的游乐场。而今天，这条河成了它们的坟场。

这种看上去优美的、长鼻、白肚皮的河豚，在神话中被传说为能在湖面和江河上驮着神仙狂奔的骏马，今天正在遭受铁钩刺杀、渔网缠绕、污染窒息和挖泥爆破和轮船螺旋桨打成碎片的残害。

今天，中国的河豚(中国人称其为白鳘豚)漂浮在灭绝的边缘，这是人类在经济发展的长征中又一个牺牲。专家估计，中国的白鳘豚目前不足 100 头，成为世界上最靠近濒临灭绝边缘的动物之一。

---

① 记者李希光：《江苏沿海农场》，载《中国日报——商业周报》，1986-08-20，原稿为英文。

② Steven Mufson："Fabled Dolphins Face Extinction in Yangtze", Washington Post, December 9, 1997.

二、报道的过渡

所谓过渡,就是从一个句子到另一个句子,从一个段落到另一个段落的衔接,也就是不同信息点之间的衔接。

新闻写作,忌讳像论文一样,过渡过于明显。这是因为读者阅读新闻和论文抱着完全不同的心态。在新闻写作中,不可用"首先"、"其次"、"一方面"、"另一方面"等过渡词。读者打开报纸、杂志、网络,希望的是了解最近发生的新故事、有趣味的人物。新闻事件都是故事,讲故事时要让故事自然地发展,过于明显的过渡词会打断读者的思路。

当然,过渡词并非绝对不可以使用,但你要使用那种不会引起读者注意的过渡语句,那些和文章内容融为一体的过渡语句。看一些例子:

在中国,周末大街上熙熙攘攘。……但在美国许多城市,周末街上却很少有人。……

今年年初,张三先生接到一个陌生人的短信。……李四先生也遭遇了相同的经历。……

A公司的股票今年涨了30%,销售额也令人瞩目。……但是,A公司内部人员管理混乱,辞职的王五小姐说:……

多吃蔬菜可以让你……吃蔬菜的另一个好处是……

许多新闻故事可以按照时间发展顺序写作。但完全按照事件进行的先后次序会造成主次不清,并且和列出一、二、三没什么区别。你可以适当调整顺序,把一些次要的事情插在事件主线中作为补充。例如:

赵小姐×月××日终于决定买下这只3万块钱的手提包。……

一周前,她在××百货看到这只手提包。"当时我就有一种冲动,不吃不喝也要把它买回家!"没想到手提包买来两天后竟然自己裂开了。……

赵小姐第二天找到×商家……×商家一个月后的答复是……

另一种过渡技巧是变相重复上一段的关键词,或对上一段的内容用一个词、一句话总结。例如:

【案例 15-6】[①]

XBOX,微软14个月前推出的游戏机,技术上先进,并且从多个角度看,是网上对战的最佳选择。

但这些好处并没有变成微软希望的回报。微软只卖出了900万台XBOX游戏机,公司的最低预计;每卖出一台,微软就亏一笔;并且其销售量远低于索尼公司的PlayStation 2,目前为止卖得最快、最多的游戏机。华尔街分析员对微软XBOX是否成功看法不一,但他们都同意微软还

---

① Matt Richtel:"Who's Blocking the Xbox? Sony and Its Games",The New York Times,2003.

（续）

要努把力。

像布莱恩·格林,26岁的游戏迷,每周花好几个小时比较两种游戏机,他对微软为什么没有达到目标有个很简单的解释:"XBOX很酷,"他说,"但好游戏只能在 PlayStation 2 上玩。"

这对微软来说并不是个好消息,因为人们会根据可选软件的数量来选择硬件。……

使用直接引语也可以让文章顺利过渡。你可以用引语回应一种观点,或用引语引出一个新的信息点。

最后,大的信息单元可以加小标题,这种方法可以让报道不需要过渡词就自然过渡(小标题已经帮你过渡了),在新闻写作中很常见。

三、报道的结尾

美国记者肯·富森说:"我知道大部分报纸的读者不会读到结尾。但是我告诉自己,如果我写得好,他们会读我的结尾。"在硬性新闻写作中,记者不需要思考如何结尾,因为硬性新闻按照倒金字塔结构写作,最后的内容是最不重要的,也是最有可能被编辑删掉的。记者苦心思考的结尾很可能连阳光也见不到。因此,写硬新闻,话说完了,就可以自然结尾。当然,如果记者希望写出来的硬新闻能整篇刊发,记者可以试试在最后以一句精彩、简短的直接引语结束,总结全文。不过,这不能保证记者能如愿以偿。

相应地,软性新闻需要一个结尾,特别是讲一个故事,如果没有结尾会给人不完整的印象。如果你能吸引读者读到结尾,那么你就要再努一下力,给读者一个满意的结局。

注意:任何结尾形式,都要避免简单重复文中的信息,也不要提出新的信息、观点。一个好的结尾可以总结、可以升华、但要在已有信息基础上,回答了读者所有可能的合理问题,让读者认为,句号就应该在这里。

1. 首尾呼应式结尾

首尾呼应就好像你从原点出发,绕了一圈后又回到原点。这样的结尾可以强调你想要强调的重要信息。例如:

【案例 15-7】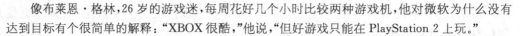

两个极地的空中征服者,海军中校理查德·伯德于今晨1时10分飞进了营地,共经过了18个小时零59分钟的飞行,其间花了1小时在山上的基地加油。(导语)

……

---

① 拉塞尔·欧文:《伯德飞越南极》,载《纽约时报》,1929-11-29。选自沃尔特·李普曼、詹姆斯·赖斯顿等著:《新闻与正义——普利策新闻奖获奖作品集Ⅰ》,展江等译,264～268页,北京,中国人民大学出版社,2009。

(续)

几年前一个年轻的弗吉尼亚人(指伯德)心里产生的冒险念头已经实现了——人们飞越了大西洋,而且驾机环绕了南极和北极。(结尾)

实际上,上面报道的导语和结尾是可以互换的。使用首尾呼应式结尾,你可以从导语中寻找灵感。但如果你发现结尾比导语更精彩,你就需要把它们互换一下了——导语永远是最重要的部分。这篇报道的导语之所以是导语,是因为它更加具体,有更多细节。

2. 高潮式结尾

用正金字塔结构写作的新闻,也就是从头至尾讲述的一个故事,可以用故事的高潮作为结尾。较短的新闻故事也可以考虑这种结尾。使用这种结尾,你需要保证故事的确有一个高潮,一个可以冲击读者的结束。例如,努力成功的那一刻,凶犯落网的那一刻。同时,你还需要保证故事中有足够的悬念可以让读者坚持到最后。这种结尾和许多小说的结尾是一样的——最精彩的部分放在最后。

3. 悬空式结尾

悬空式结尾,通常用来报道还没有正式结局的新闻故事。它往往戛然而止,让读者发问:后面发生了什么?未来会发生什么?这样的结尾,重点从事件本身转移到事件的意义上,有时会体现出记者想要引导舆论的尝试。悬空式结尾和倒金字塔结构的结尾不同,倒金字塔结构的结尾是重要性最低的信息点,事件所有主要因素都在导语中给出,也就是事件的结果已知。悬空式结尾使用在讲故事新闻中,这个故事有开头、有发展,但读者希望看到的结局却没有发生。

【案例 15-8】①

就这样,2009 年和 2003 年 4 月的那一天没什么两样。那时,和现在一样,一场战争的结束是另一场更艰难斗争的前奏。那时,许多事情都是模糊不清的,许多后果都是无意造成的。

就像今天一样,那时一切都是"噶米德"(ghamidh)——神秘而模糊的。

上面的结尾出自获得 2010 年普利策新闻奖的新闻作品。此篇报道介绍了 2003 年美国人侵伊拉克后 6 年,伊拉克人民生活的现状。这样的结尾会让读者问:这些人未来会怎么样?伊拉克的未来会是什么样?而这也正是作者的意图。

4. 未来行动式结尾

未来行动式结尾就是在圆满给文章画上句号后,暗示下面可能会发生的事和行动或应

---

① Anthony Shadid: "In Iraq, the Day After". The Washington Post, January 2, 2009.

该采取的行动。如果新闻故事的意义在未来还会对故事中的人物或读者产生影响,这样的结尾可以映射出事件在未来的走向,或起到动员读者的作用。例如:

【案例 15-9】①

芭福尔说她已经下了决心。如果迈尔斯和卡洛·哈里森还是不被允许领养,如果他们用尽了所有办法但还是没法有自己的孩子,她会替他们生一个,当作礼物。

当然,如果未来的行动是报道重要的组成部分,你应该把它放在正文中。也就是说,结尾中的未来行动应该是相对文章中其他内容重要性较低的。

5. 事实性结尾

事实性结尾就是用一则事实,如惊心触目的统计数字、一个无法忽视的现象等来结束报道。事实性结尾相对其他结尾更难处理——这个事实要能有效地总结全文报道,符合报道基调,并引起读者足够的重视。例如:

【案例 15-10】②

现在肯德基在中国有大约 800 多家快餐店,并计划在未来几年内每年新增 200 家,而中国是肯德基仅次于美国的第二大利润来源。

用事实结尾时,尽量选择那种短小精悍的事实陈述,并且最好这个事实能打破读者的某个错误的观念或和报道内容形成鲜明对照,这样会给读者留下深刻印象。

6. 直接引语结尾

如果你搜集到一个好的直接引语,它可以有效地总结、升华你报道的内容、主题,让读者思考,你也不妨用它来结尾。放在结尾处的直接引语不宜过长,也不要是对一个事物的论证,而最好是隐含了说话人的(同时也是你的)观点的引语。同导语中使用直接引语一样,用直接引语结尾,你可以先看看说话人有没有讲出什么妙语、精彩感人的话可以让你使用。例如:

【案例 15-11】③

"我能做的,只有用镜头记录他们的故事,感受他们的伤痛,"曲江涛摇摇头,"但是,一个人、几个人、一部纪录片的力量毕竟太小了。"

注意,"他说"的位置不要放在最后,这会削弱引语本身的力量,把"他说"放在前面或埋

---

① Gene Weingarten:"Fatal Distraction". The Washington Post,March 8,2009.
② Leslie Chang and Peter Wonacott:"Cracking China's Market",The Wall Street Journal,2003.
③ 周欣宇:《镜头里的艾滋童年》,载《中国青年报》,2006-12-13。

在句子中。

以直接引语结尾是记者喜爱的结尾形式,因为直接引语是别人说的话,同时直接引语可以有很大灵活性,前面讲的几种结尾形式——首尾呼应式、高潮式、悬空式、未来行动式、事实性结尾——都可以通过直接引语实现。

四、最后的修改

记者写作时,要能肩负两种身份:创作者和批评者。如果想写出优秀的新闻作品,记者必须对自己足够苛刻,同时也能坦然接受其他人的批评。有批评,意味着有进步的余地,意味着将来能写得更好。如果记者听到的只是别人的赞扬,就等于给自己眼前蒙上了一层黑布——而天衣无缝的新闻作品是不存在的——记者永远有进步的空间。

你在写完稿后,要假设你是一个脾气暴躁、耐心极差的读者,极不情愿地看你的报道。你要对每一个字、每一个词、每一句话都斤斤计较,判断这个字、词、句是不是准确、清晰、合理。如果时间允许,你可以把稿子放一边,过一段时间再去修改,这能让你更客观。如果条件允许,你也可以让朋友、家人阅读稿件,听听他们有什么批评意见,这能让你发现没有想到的问题。

1. 通览全篇

通览全篇时,考察你的文章:
- 是否有足够的事实?这些事实是否是通过个人观察、采访调查、文献研究获得?是否用细节展现这些事实?
- 是否写作时发表了自己的观点、做出不该记者做出的判断?
- 是否有权威的、平衡的消息来源?他们说的话是否支持要旨?
- 是否回答了读者所有合理的问题?是否提供给他们必要的背景说明?
- 使用的例子、证据和引语是否和导语有关?
- 语言是否通俗?文风是否恰当?用词是否清晰准确?

2. 精简稿件

《费城日报》记者理查德·阿古德说:"忍住那种想要把知道的所有事都告诉读者的欲望;大部分内容是无关紧要的。"精简稿件的目的是:让你的文章清晰、准确、没有废话,让读者能一口气读完。第一稿写成后,你要像屠夫一样,剔掉没有用的肥肉。精简稿件时,问自己:
- 我报道的焦点是否集中?是否一事一报、一人一报?是否有一个明确的主题?有没有无关的内容?
- 故事展开的节奏是否紧凑?有没有多余的、无关的语句?有没有空洞的形容词?是否用了行动性动词?用两句话表达的意思是否能用一句话表达?

- 直接引语是否推动故事发展？有没有意思含糊、内容重复的引语可以删掉？
- 是否可以删掉多余的过渡词？

你也可以用乔治·奥威尔的写作六要素来指导你的修改：

（1）不要使用那些你常在报纸上看到的隐喻、明喻或其他比喻；

（2）字用得越少越好，能用一个字表达，不用两个字；

（3）能删的字都删掉；

（4）能用主动的，就不用被动；

（5）能用日常用语的，就不用外来语、专业词汇；

（6）不写粗野语言。

3．核实事实

新闻的核心价值就是真实性，因此你要仔细核实每一个事实，保证数据、引语、名词的准确性。他人转述的事情经过、他人转述的引语不要轻易当作真实发生过的事或别人真实说过的话。即使是权威机构、灵通人士提供的事情经过、即使是目击者发过誓的证词，也要指出消息来源。任何不能确定的事实不要报道，记者绝不要成为他人以讹传讹的枪手。

课堂练习与课外作业

1．全班分组，每个组选择某一个组员经历的人生故事，思考如何讲述这个故事让听众产生兴趣。包括：如何开头，如何推进故事发展，如何结尾。15分钟后，一个组员（不可是经历这个故事的人）上台，向全班讲述这个故事。其他组提出意见和建议。

2．根据下面的信息，按照新闻六要素列出读者可能会有的各种问题：

（1）2010年11月15日，上海静安区一幢教师公寓楼发生火灾；

（2）2010年8月24日，黑龙江伊春机场一架客机坠毁；

（3）2010年11月16日，美国国家航天局（NASA）公布的消息显示，天文学家利用钱德拉X射线望远镜发现最年轻的黑洞，形成只有30年；

（4）2010年3月17日，《中国经济时报》发表《山西疫苗乱象调查》系列报道，揭露"问题疫苗"。

第 16 讲

微博的写作

本讲重点学习的知识与技能

- 策划你自己的微博
- 微博的写作技巧
- 微博写作的道德操守
- 微博的生存法则

1990年秋天,李希光乘坐阿曼苏丹王提供的"和平方舟号"探险船,从威尼斯出发,沿着海上丝绸之路古航道远征,半年后,抵达中国福建的泉州港。英国船长每天发给探险队员一份 log(航海日志),简明地描述每天的天气、海浪、航速、航道、经过的岛屿、登陆的港口和相关的人文地理历史知识和传说等。航海日志这种写作风格很像玄奘的旅行笔记《大唐西域记》:"今所记述,有异前闻,虽未洼大千之疆,颇穷葱外之境,皆存实录,匪敢雕华。"在接下来的许多年里,无论是在海上丝绸或陆路丝绸之路远征中,李希光每天用航海日志的写作风格写了《海上丝绸之路旅行记》(1990—1991年)、《外蒙游牧笔记》(1992年)、《大漠荒城尼雅行》(1993年)等。下面这篇日记是摘自李希光1990年的海上丝绸之路旅行日记:

11月15日　凌晨1时,我回到停泊在萨拉拉港的考察船上,听见船的左舷海水里噼里啪啦地哗哗响。我探头往船下一看,密密麻麻的一大群鱼正在船上射下来的灯光下嬉水跳跃。几个菲律宾船员正在用一种"锚钩"往水里扔,然后猛然一拉,碰巧钩住鱼身,便可钩上一条二三斤重的鱼。

天亮后,我又来到左舷,看到那群鱼还没有离开,正在船的污水出水口争抢下水道里流出来的东西吃。突然,在鱼群不远的海面上,出现了一条脊背尖尖的白色大鱼。这条看上去有十几米长的鱼像潜水艇一样在鱼群周围游来游去。是鲨鱼?还是白鲸?当它游到鱼群中间时,这些鱼如惊弓之鸟,扑通扑通地四处乱跳。

傍晚,考察船途经库利亚·姆利亚群岛。这是个由5个岛屿组成的群岛,这些岛屿峭壁林立。最小的岛屿70米高,最大的岛屿503米高。这个群岛有不到200个居民,这些皮肤棕色的岛民讲南阿拉伯语。群岛周围鱼资源丰富,岛民以捕鱼为生。但是,他们在每年的7、8、9三个月的季风季节出不了海。过去,有一条来自印度孟买开往亚丁的船每年在这里停靠一次,岛民们用鱼来换取食糖等日常生活必需品。1990年年初,阿曼皇家业余无线电学会组织了一个考察队到这个岛探险过。现在岛上的每个家庭可以从政府那里领取一些补助。

过了库利亚·姆利亚群岛,我们朝东北方向的马西腊岛驶去。这个南北方向的岛屿长40英里,距离阿曼本土10英里。岛的西部是山地,东部是低洼贫瘠的不毛之地。春天的夜里,成群结队的海龟登上这个岛屿产卵。岛的四周有无数的抹香鲸、海豚和鲨鱼等。

11月6日早上,船左舷100米处平静的海面突然翻腾起来,一条黑色的鲸鱼喷射出海水,然后把尖尖的脊背露出海面。

2002年春天,李希光邀请美国《圣琼斯信使报》记者丹·吉尔摩来清华演讲,吉尔默首创了"网络日记"(Weblog)的报道形式。丹·吉尔摩说:"虽然我的网上读者远远少于我的报纸读者,但是,我能够从网上听到他们的声音。"Weblog是博客最初的英文名称,由 web 和 log 两个单词组成,按字面意思就为网络日记,后来简化成 blog(博客)。

微博,即微型网络日记(MicroBlog)或微博的简称,以140字发布信息,并实现即时分享。最早的微博是美国twitter。2009年8月中国门户网站新浪推出"新浪微博"。从玄奘的《大唐西域记》，到哥伦布的航海日记，再到丹·吉尔摩的网络日记，再到今天拥有几个亿用户的微博，这些日志的意义在于其纪实笔记或旅行笔记的价值，其写作原理跟传统媒体的新闻写作是相同的，写作目标也是一致的：报道人们不知道，但需要知道并想要知道的人物、故事、思想、观点。

一、策划你自己的微博

首先你要用真名实姓注册微博。一方面，这可以让网民对你传播的内容更有信心；另一方面，这也是一个自我约束。实际上，如果你搜索一下有社会影响力的知名微博，基本上都是用真名实姓注册的。

你写的微博要有一个清晰的主题。如果你的微博昨天是一条新闻性文字，今天却是写你在哪家商店买时装，这样的大杂烩很难让读者产生正确的预期，更难让不认识你的人对你产生兴趣。除非是耳熟能详的名人、明星，网民很少会对一个普通人的生活琐事产生太大兴趣，除非它有什么独特的新闻价值。只有当你的影响力渐渐扩大，有一定声誉后，适当加入个人生活琐事才有可能让人们对你更感兴趣或更了解。在网络上，你只有先让人关心你要说的话，才能让人关心你这个人。

最重要的是，你在写微博时，原创内容尽可能地多。这些原创作品是区分你和其他人的指纹，是你微博个性的源泉。如果大多是转载内容，那么网民不一定非要来你的博客看。应该给你的粉丝一个充分的理由来参观你的博客，跟踪你的微博。

了解你自己。你在开始写微博前，首先要考问一下自己：我是一个什么样的人？我的个性是什么？我的优点/优势是什么？我的缺点/劣势是什么？在微博世界里具有影响力的人大致分为三类：(1)**专家型**。他们的影响力来自于本人的身份、地位或专业知识。这些人包括：政府要员、某一领域公认的专家、媒体领袖（如名记者、知名评论家、知名主持人等）、文化精英（如名导演、名演员、知名画家、音乐家等）、社交圈名人。他们在网络之外的声誉和地位带给他们网络内的声誉和地位。(2)**社交型**。这些人最初都是普通人，但他们能够充分利用各种社交媒体宣传自己，具有一定的个人魅力，并且最重要的是，很善于在网络上和人们打交道，或鼓动网民情绪。(3)**质量型**。这些人最初也都是普通人，他们的影响力来自于他们在社交媒体上和其他网友分享信息的质量。他们建立个人口碑主要依靠他们和人们分享的内容，而不是个人魅力。

你是哪一种人？结合你个人的特质，为你的微博选择一个合适的定位。

了解你的读者和粉丝。谁是你的读者？谁是你的粉丝？他们喜欢什么？关注什么？明确这一点，可以让你的微博传播更为有的放矢，也更可能被阅读。你的微博应能调动粉丝读下去的热情。粉丝在阅读一条微博时，总会有一定的预期，这些预期包括：这条微博将能满足读者的好奇心；这条微博更新了读者的知识；这条微博阐述一个具有争议的事件；这条微博对读者有实用价值；这条微博提供给读者没有想到的思路，等等。

微博五要素：Who：谁是你的读者、粉丝？What：你的微博向你的读者传播的核心信息是什么？When：你何时发布你的微博最有效？How：采用怎样的写作形式最能影响读者？Where：你在哪个平台上发布你的微博效果最好？

体现个性。发表一条原创的微博就是一次孔雀开屏，是你向世界展示自己的机会。在不断的写作中，你应该能找到一个自己独有的微博写作风格。这种写作风格并不需要有多标新立异，即使朴实也是一种风格。独特的写作风格是作者的指纹和签名，是网民认识你、了解你、认出你的镜子。独特的风格彰显的是与众不同的个性，而个性是吸引读者的磁铁。

讲一个好故事。任何一条微博新闻都是一个故事，任何一个生活经历也都是一个故事，都可以写作一条微博。人们通过故事，而不是抽象思维，认识和理解世界。因此，只要可能，每一条微博中都应安插一个小故事。这会让你的微博可读性更强。

维护质量和声誉。不断努力，确保每篇文章、每段文字都是精品。自觉维护粉丝社团。不间断地发布微博，每天至少新添一条微博可以保证读者不流失。

二、微博的写作技巧

微博是一种微笔记、微日记、微旅行记。微博的写作动力是好奇心驱动的，微博可以用来写读书笔记、旅行笔记和记录思想点滴。用微博体写的新闻同样要具备五个W（谁、时间、地点、发生了什么、为什么）。微博在写作上必须具备 故事、人物、画面、引语、背景、解释等要素。好微博的评判标准应考量其故事性、知识性、可读性和思想性。

140个字，能写出满足上述要求的微博吗？能写出一个好故事吗？答案是肯定的。虽然大部分人利用微博记录和分享生活中的点滴经历及感受，但微博也能够言简意赅地把具有新闻价值的信息快速地传播开来。

微博除了记录日常生活工作中具有新闻价值的事件、人物之外，还可从报纸、杂志、电视、广播和互联网上看到的新闻中寻找。一旦读到具有新闻价值的事件或人物，就认真思考，找一个新的角度改写后，再用微博传播出去。此外，生活中任何一个信息来源都可能成为微博写作的源泉，如一封电子邮件、一份调查报告、一篇学术论文、一本书、一件看似平常的小事，等等。

但是，微博并非只是简单地转载、复述媒体已经报道的内容。微博不只是供人们生活中的娱乐和消遣，微博还应引起人们对当今中国和世界的深入思考。

无论是什么渠道的新闻线索，在选取微博内容时有以下的标准：

1. 一个意外的事实

《纽约时报》今天报道：极端的伊斯兰主义者已经成为埃及革命后最有实力的政治力量。曾被穆巴拉克禁止的极端主义组织"穆斯林兄弟会"目前正成为国家的主流。两个月前，那些最积极的广场抗议者和大学生活动分子已经被边缘化（李希光微博，2011年3月25日）。

2．一个具有戏剧性的事件

美国司法部向 Twitter 发传票，对其进行调查。Twitter 被指控为维基解密泄密者开博。美司法部将调查与维基解密所有相关人在 Twitter 上发的微博。目前被调查的"罪犯"包括冰岛议员 Jónsdóttir、学者 Appelbaum、Gonggrijp、维基泄密创建者阿桑奇。美司法部调查还将收集这些人的全部粉丝的个人信息（李希光微博，2011 年 1 月 11 日）。

3．一段极具争议的言论

《独立报》：制造伊拉克拥有大规模毁灭性武器的人公开在 BBC 承认撒谎。记者问艾哈迈德如何看待他的谎言导致 10 万伊拉克平民死于战争，这个叛逃到西方的伊拉克化学工程师为自己辩护说，"我是为了推翻伊拉克暴君"（李希光微博，2012 年 4 月 2 日）。

4．一个具有冲击力的观点

退休记者摩尔说，为什么维基解密在美国民众中引发暴怒？因为民众发现，今天的记者多是不合格的，他们完全没有满足人民的知情权。人民在媒体上看到的东西都是假的，跟政府内部看到的东西完全不一样。记者只关注极端的故事和爱听小心眼人的唠叨。维基解密证明，记者已经成了濒危物种了（李希光微博，2010 年 12 月 10 日）。

5．一个有趣人物，或一个有个性的人物

今晚跟藏族朋友索林喝青稞酒，他谈了对北京的印象："我最不习惯的是，在北京踩不到土路，草地也不让人踩，走起路来硬邦邦的，很不舒服。在我们西藏，到处是土路和草原，回到家里，鞋上还沾着泥土和草叶，心情很舒畅。"（李希光微博，2010 年 12 月 1 日）

西藏老朋友西饶平措和一个上海女孩，捧着哈达来机场接我。西饶平措是康巴汉子，老家是甘孜藏区的。上海姑娘今年毕业上外意大利语专业，自愿来西藏工作一年，曾与两个男生去过最艰苦的阿里地区考察古格王国遗址（李希光微博，2010 年 11 月 30 日）。

6．一个让人哭笑不得的故事或轶事

早上，护士走进母亲的病房问我："血压多少？""体温多少？""氧气多少？"我一一报告护士。"打吊针，"护士命令我。"我还没学会呢。"我说。护士只好亲自动手扎针（李希光微博，2011 年 1 月 4 日）。

今天早上，扎针的护士一直找不到母亲的血管，最后在护工的指导下，终于扎了进去。"以后，不用护士给我妈扎针，直接由你来打针吧。"我对护工说。"看来，我们的工作又将减少一份，"护士高兴地说（李希光微博，2011 年 1 月 6 日）。

由于微博本身字数上的限制，微博作者需要有一个清晰的焦点，一个明确的主题或中心意思。通过各种事实的组合，博文作者让读者顺着自己的思路思考，而不是把个人观点强加

给读者：

德国理论家诺伊曼发明的"沉默的螺旋"理论是指，社会少数派越不敢表达自己的观点，就越不受社会关注，形成一种螺旋形下降的现象，这一理论能够较好地解释从众效应。93岁的诺伊曼2010年3月去世(李希光微博，2010年12月30日)。

让微博吸引人的另一种方法是增强内容的故事性。微博虽然有字数限制，但仍然可以成为故事的载体。一段故事比一段观点更能打动读者，而故事的高潮往往就是最后一句话。例如：

《南华早报》：珠江三角洲的贫穷驱使农民工为2万元卖掉自己的肾脏。他们卖肾理由多样：女友堕胎、赡养祖父、偿还债务、购买iPad和iPhone。面色苍白的小何在东莞一家小旅馆签了卖肾协议后被带到佛山手术摘肾。他用卖肾所得2万元中的9000元还信用卡账单，250元租屋子，剩余钱买电脑，换新手机，所剩无几(李希光微博，2012年3月29日)。

王梦恕院士：动车司机待遇低。以前铁路司机有公寓，司机吃完饭后有充足的睡眠。现在全部市场化，司机要自己买饭、自己找地睡。过去每趟列车有两司机，但为节约成本，变成了一个司机。一个司机上厕所都没机会，穿着尿不湿工作(李希光微博，2012年4月1日)。

增强微博故事性的一个技巧是使用对话。如前面的微博中很多是以对话形式呈现的。我们再看一个例子：

护士走进病房扔给我一个尼龙兜，里面装5袋汤药和1袋豆腐干状的东西。我问："这是啥？"护士摇头说："不知道。"我拎药走进医生办公室问："这是治啥病的？"医生盯着汤药看了半天说："治你妈病的吧？""这又是啥东西？"我指着豆腐干状物问。大夫瞪着眼看了半天说："好像是黄芪吧？"(李希光微博，2011年1月6日)

7. 一个连续不断的旅行笔记。下面是《李希光乌梁海微博旅行笔记》摘录

2012年8月16日07:11 飞机降落在西伯利亚中部一个简陋的机场。机场建在一片原始森林里，长着挺拔的松树和白桦。机舱门打开，一股冷风吹进来，空姐倒吸了一口寒气。大家这才意识经过5个小时飞行，我们已经远离北京炎热的夏天了，到了阴冷的西伯利亚。大家开始穿外套，戴帽子。有的来不及添加衣服穿短袖的学生站在阵阵冷风中发抖。

2012年8月16日07:44 从北京飞来的乘客中，俄罗斯人居多，拥挤在一起，排着长队过海关。中国乘客主要是我们远征队的学生，另外还有两个去图瓦开采金矿的东北人。

2012年8月16日07:52 西伯利亚K机场的一切标识都是俄语，机场的警察和工作人员不讲英文，更不讲中文。大家没有一个学过俄语。苏联解体前(1991年)我在中亚采访，曾学过简单俄语会话。今天全忘了。我们雇的懂英语和图瓦语的翻译还没出现。

2012年8月16日08:16 出了海关，一个身材不高，皮肤黑黑的女子热情地走到我们跟前问："你们是中国大学的？""正是。""我叫阿尔泰雅丝(金月)，我坐了12个小时的车，专程从图瓦来接你们的。"金月教我们用当地语言说"谢谢":图瓦语"茄子丁";俄语"吃吧吃吧"。

2012 年 8 月 16 日 08:36 出了机场,车开上了一条坑坑洼洼的柏油路,然后拐入一条通往图瓦的平坦公路。车上只配了一个司机,他要驾驶 12 个小时,行程 800 公里。要翻萨彦岭进入唐努乌梁海大草原。

2012 年 8 月 16 日 08:42 公路两旁是茂密的白桦树林和针叶林。时而看到俄罗斯农民居住的木屋散落其间。开车的司机是个年轻的图瓦小伙。

2012 年 8 月 16 日 10:13 图瓦导游金月说:"今天的图瓦只有极少数的中国人家住在这里。我认识一家从曾祖父那一代就在这里生活的中国人,他们在西部草原放牧。但仍会讲中国话。"

2012 年 8 月 16 日 10:13 车在西伯利亚原始森林里的公路上疾驶。一只雄鹰展开宽大的翅膀,凶猛地从树冠上冲向我们的汽车,差点撞上司机前的挡风玻璃。

2012 年 8 月 16 日 10:13 森林公路上旁停了 3 辆汽车。几个男子冲我们招手,要我们停车。我们的司机没有理他们。向导金月说:"在图瓦旅行要小心。白天逛巴扎时,要看好钱包和相机。夜里不要一人独行。尤其是外国人要特别注意自己的安全。"

2012 年 8 月 16 日 11:21 雨停了,太阳出来了。车正巧驶出了原始森林。公路上的雨水干了。一只被撞死的红狐狸躺在公路中央。

2012 年 8 月 16 日 12:46 车在原始森林公路走了 4 个多小时,我们走出了阴冷的西伯利亚,海拔越来越高,眼前是起伏的丘陵、辽阔的农田和草原。车穿过一个又一个俄罗斯小村庄。农民住在古老的木屋里,村里没什么人走动,只在村头公交车站看见老人和妇女在安静地等车。

2012 年 8 月 16 日 14:47 南西伯利亚的草原雄鹰看上去都是食肉动物,体积庞大,动作凶猛。经常在我们车的前方上空盘旋,然后突然像高台跳水运动员那样从空中垂直栽下来,当快要落地,我们的车就要撞上时,老鹰迅猛展开双翅,嗖地一下飞回蓝天。

2012 年 8 月 17 日 10:00 早上,走出毡房,阵阵寒风从不远处的叶尼塞河吹来。我退回毡房,套了件厚外套,脖子上围了条丝围巾,戴上帽子,沿着图瓦人称"大河"(叶尼塞河)的岸边往草原深处走,寻找游牧人家。

2012 年 8 月 17 日 10:26 看到草地和灌木里散落着不明动物的粪便,我不敢独自继续往草原深处走,掉头回营地。这时看到一个瘦瘦的看似狗的东西在栅栏外向我们的营地探头张望。狼挡住了我的退路,我正打算绕道走,狼回头看了我一眼,拔腿就逃。我原路返回。

2012 年 8 月 17 日 15:25 今天离开营地外出采访。中午向导给每人发了两个土豆和一个鸡腿。我的那只鸡腿没有煮熟,带有血汁。刚咬了一口,一群雄鹰自天而降,在头上盘旋。我们把吃剩的鸡骨头摆放在地上,群鹰犹如足球场上的健将,一哄而上。群鹰与抢到鸡骨头的鹰在空中展开了搏斗,鸡骨头飞速从一只鹰口中传到另一只鹰口中。

2012 年 8 月 17 日 16:51 在这群围观我们的孩子里,有个前面剃着平头,后边留着长辫子的 7 岁小男孩道鲁儿。道鲁儿一脸中国男孩长相,那条辫子让他更像清宫戏里的男孩。"我们图瓦男人传统上都是留长辫的。"道鲁儿的妈妈说。我没有敢对她说这是清朝的辫子,怕引起不快。

从上面的例子可以看到,让微博更有魅力的技巧是添加你亲历的具感染力和展示力的细节。

总之,微博写作适合以下两类内容:(1)传播者亲眼看到、亲身经历的事件(最好有照片、视频、音频为证)。(2)对传统媒体已经报道的事件通过新闻分析和加新闻背景或新闻语境重新包装。

三、微博写作的道德操守

山林镇是座只有 5000 人的美国南方小镇。网络论坛出现前,大家过得都很开心。镇上的人在小酒馆敞开心扉聊天,居民们夜不闭户,外出不锁家门,停车不锁车,镇上的人互相信任。但是,自从当地的一个网站开设了"小镇热点论坛"后,论坛里出现了大量的匿名帖子,暴露镇上居民的隐私,并伴有网络威胁、毫无证据的闲言碎语。例如,镇上小酒馆厨师的妻子因被传闻感染了艾滋病,只好背井离乡。镇上一个女子离婚,论坛开设专题,讨论她为什么离婚;该女子无法忍受,留下遗言:"唯一逃避网络痛苦的地方,就是去死。"论坛大量传播镇上某牙医患有淋病、镇上加油站的某工人出售毒品、镇上某 13 岁女孩被她妈妈的情人睡了……

随着"小镇热点论坛"的开辟,匿名论坛和秘密发帖暴露了人类最阴暗的本性及黑暗的心理取向。正常的人类在公开场合讲话是有自我约束的;但匿名打字,会把最黑暗的想法清晰地写出来。山林小镇的人格谋杀就这样开始了。过去充满友爱的田园小镇生活突然充满了仇恨和杀机,被侮辱者发誓,要找到秘密发帖人,把他/她杀死而后快。但是,小镇论坛运营商辩护说:"宪法保护言论自由。暴露隐私可以增加阅读的乐趣,匿名可以让人们说出自己平时不敢说的话,有利于流量。如果谁要想删除负面帖子,必须付费。"

美国一家报纸评论说,在这样的网络和社交媒体时代,山林镇陷入了悲哀。关于个人的闲言碎语在大城市很快就被人忘记,但在小城镇,却成了永远的记忆。

一年多前,李希光开通了新浪微博。一位记者朋友发私信给他说:"在微博的丛林中,每个人都有一颗邪恶的心,到处都是隐藏着的恶狼和毒蛇。你最好小心,别给自己惹麻烦。"

中国的微博跟山林小镇网络论坛相比,毫不逊色。在中国的微博丛林里生存,的确面临来自两方面的邪恶势力打压。首先,是中国的言论和思想的流通遭受网管当局和权贵集团的联手操控,他们只允许那些他们喜欢的观点在网上自由流通,而另外的观点遭遇打压。其次,社交媒体的舆论和关注被少数明星式人物,如明星式商人、明星式政客、明星式记者所操控。在这种阴暗的网络环境中,那些知情的、权威的人士在重大事件上,往往拒绝公开表达他们的意见。令人惊讶的是,大多数微博使用者是"应声虫",附和受欢迎的持片面观点的意见领袖。亿万微博用户通过汹涌吼声的统治,建立了最残酷的审查制度。有些知识分子尝试着在微博上传达一些与那些网络明星式人物不一致的意见和事实,却立刻发现自己成为被诽谤和被妖魔化的对象。

微博存在的最大问题是透明度。使用微博发布新闻和看法的人们应该接受道德准则的培训。没有道德准则,微博就像一个公共厕所,任由网管当局与权贵精英集团操纵的五毛或五分们制造谣言和人身诽谤。其结果是,匿名的网民在这种不全面开放的网络环境中,只能获得当局和权贵们要你看到的观点与"事实"。

传统媒体上发布信息的记者编辑受职业操守和专业素养的限制与要求。那么,发表微博是不是不用受这种操守和专业品质的约束?一个好的微博作者不应该利用微博对自己商业上、事业上、政治上、学业上的竞争对手,进行人格谋杀,使用下流或不礼貌的语言。

在微博这样一个虚拟的世界里,如果微博作者坚守传统新闻写作的职业操守,将会给自己带来公信度。为了这样一个公信力,应该尽量明确每条微博新闻的信息来源、信息提供者的身份等。

微博作者可以报道别人的观点和言论,但是,要说明发表这种言论人的身份和动机。如果是匿名引用别人观点,读者就会相信这是记者本人的观点。如果处理不好匿名信源、网络虚假信息、人身攻击、侵犯个人隐私、语言不文明、写作不专业、不公正、观点平庸,以及形式上过分追求商业化(转发量)等问题,公众就会对你的微博越来越不信任。

在传播一件有争议的事件的微博写作中,要让人们通过你的微博听到各方声音。对于有争议的问题,要平衡地采访和报道争议双方的意见。

在转发别人的微博时,不要有偏见性的选择。例如,转发的文章是否反映了各方观点?被你转发的微博作者有无公信度问题。

微博写作的准确性:引用别人的话、报道的新闻事实要有背景、语境。不要断章取义,不要避重就轻。

西方学者曾这样给触犯诚信的媒体这样定的罪:

(1)死刑:编造引语、编造信息来源、编造事实。例如,剽窃、行贿、内部交易、不诚实、对别人的话断章取义地引用;

(2)重刑:写错人名、地名;利益冲突(新闻报道的内容与作者个人或投资的事业有关、隐瞒记者个人或媒体投资者在报道中的利益、报道有政治目的、政治偏见);

(3)犯罪:片面报道、玩世不恭、负面报道、歪曲报道、小题大做;

(4)罪过:报道肤浅、不愿意报道正面新闻、不全面报道新闻事件。

十多年前,美国《今日美国》报创始人纽哈斯对李希光说,今天的媒体上,负面的内容太多,带来的是一种绝望新闻学。结果,记者同时担负了两种使命:检察官和法官。今天媒体的使命不再是知情和教育,而是起诉和判决。媒体正在演变成媒体的所有者或投资者的私人侦探、检察官和法官。

今天的微博更是如此。比如,网络媒体有关名人新闻、个人隐私、性丑闻的炒作。传统媒体编辑记者在采访和报道名人新闻、轶事、丑闻、煽情新闻的时候,美国新闻学者向媒体提

出了这样几个问题,请编辑记者在发布这类新闻前思考:
（1）这条新闻将会如何伤害文章中被报道的人?
（2）读者将会对这样的新闻如何反应?
（3）这条新闻究竟有多大的价值?
（4）公众真的需要这种信息吗?
（5）公众有权知道这种信息吗?

由于微博的普及和深入,亿万微博用户在获取信息方面,享受到了前所未有的信息获取自由和方便。越来越多的涉及个人隐私的内容,如学校、理财、健康、医疗、家庭、购物、生活方式、爱好等都会瞬间暴露于天下。微博作者是否应有责任保护别人的隐私?微博作者有没有权利使用和公开私人的信息:家庭住址、电话、身份证号码、电子邮件、户口所在地等?

在微博空间这样一个公开、匿名和复杂的系统内,作为一名追求高质量微博的作者,应该严格遵守这样几条写作操守,遵循网络写作操守是树立长期威信的基本前提。其中最主要的写作操守包括:(1)尊重他人的隐私;(2)尊重他人的版权,如有转载,应注明出处;(3)不人身攻击、不与他人对骂;(4)不写无关的个人生活琐事;(5)不孤芳自赏。

四、微博的生存法则

微博把每一名使用者变成了记者、意见表达者、新闻发布者和事件目击者。如果你的微博粉丝数量有2000人,那么你就是在经营一本杂志;如果你的粉丝数量超过1万人,那就相当于一份地方报纸的影响力;如果你的粉丝数量有5万,你就是一份大城市报纸的主编;如果你的粉丝数量达到500万人,你就拥有了中央电视台的影响力。

虽然微博已成为中国媒体景观中最显著的特征,但它有时会过分简单化,过分地表达个人的偏见。大多数微博使用者支持那些能证实他们偏见的新闻和意见,而不在乎信息到底是否真实。

学习微博写作的学生应该有一个微博写作的模板。这个模板要尽量发布清晰明了、有实质性内容的新闻和意见,不使用术语,避免过分简单化和过度刺激,最重要的是避免偏见。

微博上的新闻应全面、公正、客观、透明和准确的报道。要做到准确,微博应尽可能地注明信息的来源和出处;要做到公正,微博必须公平、无偏见地报道各种主要的意见看法;要做到透明,微博使用者必须使用真实姓名并公布自己的真实身份,以向粉丝们证明自己的诚信。大多数中国的微博用户都使用假名。目前,关于微博使用还没有手册指南和行为规范。但从未来发展看,博主的声誉最终将受到微博内容的准确性、清晰性和可靠性的影响。微博上的市民记者必须清楚地分辨事实和谣言,区分已证实的信息和推测。许多微博使用者无视确凿的事实,只为满足个人喜好而将推测当成事实。

早年在中国社会科学院研究生院教新闻写作的美国教授葛闻达(Ted Gup)1999夏天发表了一篇《谁是新闻记者?》的文章。他在文中引用一个美国老记者的话写道:"新闻学是一门一个人在4天就可以掌握的学问,而且一旦这个人发现另一份更好的工作时,他就会立即放弃记者的职业。"这个老记者嘲弄新闻界的自负,特别是嘲弄那些给新闻学这门务实的学问注入了一些莫名其妙理论的人。他同时嘲弄有人把记者看成是一个专业。他认为,"律师、医师可以被看成是一个专业人员,而记者是不能被看成专业人员的"。今天,随着微博的出现,好像更证明了这个美国老记者的话是一句真理。任何在微博上发布信息或发表意见的人,都可以向世界声称他是一名记者。随着微博带来的新闻传播革命,每一个微博作者突然发现自己一夜之间变成了一名记者。

但是,微博的到来,并不意味着每个微博作者都可以被称为记者,就好像在卡拉OK歌厅里拿着话筒唱歌的人不一定就是一名歌手。

长期以来,在美国有这样的说法,人们最恨的是两种人:政客和律师。而在今天越来越商业化的媒介化的社会里,最不值得公众信任的增加到了三种人:政客、律师和记者。媒体正在成为最不值得信任的物品。英国作家 Rebecca West 写道,"媒体就是填塞空白的行业"。今天,我们讨论微博,我们自然会问:微博值得信任吗?你敢不敢相信微博传播的信息?微博正在把"内容为王"的媒体时代改造成了"谣言为王",甚至"谎言为王"的时代。就像在100年前马克·吐温指出的那样,"媒体上除了广告以外都是谎言"。

微博在中国发展迅猛,但微博的公信度同时降到了谷底。在微博的新闻写作与传播中,新闻与观点不分。新闻、言论、广告、娱乐在微博中混为一体,无诚实和准确可言。在微博的传播环境里,每一个微博用户,既是内容的生产者,也是内容的消费者。在微博传播中,人们生活在一个使用假名、匿名,张家长、李家短的一个舆论环境中。

课堂练习与课外作业

各小组分别选一条微博,按照微博写作的5个W、好故事等标准,向全班报告你们小组选择的这条微博的写作特点。

教学支持说明

尊敬的老师:

您好!为方便教学,我们为采用本书作为教材的老师提供教学辅助资源。鉴于部分资源仅提供给授课教师使用,请您填写如下信息,发电子邮件或传真给我们,我们将会及时提供给您教学资源或使用说明。

(本表电子版下载地址:http://www.tup.com.cn/sub_press/3/)

课程信息

书　　名			
作　　者		书号(ISBN)	
课程名称		学生人数	
学生类型	□本科　□研究生　□MBA/EMBA　□在职培训		
本书作为	□主要教材　□参考教材		

您的信息

学　　校			
学　　院		系/专业	
姓　　名		职称/职务	
电　　话		电子邮件	
通信地址		邮　编	
对本教材建议			
有何出版计划			

_____年___月___日

清华大学出版社

E-mail: tupfuwu@163.com　　　　　　网址: http://www.tup.com.cn/
电话: 8610-62770175-4903/4506/4315　　传真: 8610-62775511
地址: 北京市海淀区双清路学研大厦 B 座 506 室　　邮编: 100084